Wired for Love: How Understanding Your Partner's Brain and Attachment Style Can Help You Defuse Conflict and Build a Secure Relationship

大腦依戀障礙

為何我們總是用錯的方法，愛著對的人？

史丹・塔特金 博士 *Stan Tatkin* —— 著
童貴珊 —— 譯

好評推薦

「這本書以最先進的大腦科學理論為基礎，卻同時以精彩、友善、充滿鼓舞與務實的詮釋方式，呈現在讀者眼前。它告訴我們，要如何避免陷入死胡同的衝突循環，同時激勵人們關注同情共感、建立熟練的溝通方式與充滿愛意的神經循環系統。這真是精彩絕倫的資源。」

——瑞克・韓森（Rick Hanson）博士

《像佛陀一樣快樂》（*Buddha's Brain*）作者

「我很享受閱讀這本書。在心理諮商的專業上，我從中學到許多可以派上用場的內容與實例，使我受益良多。史丹・塔特金是個偉大的改革者。每一間婚姻諮商圖書館，都該放一本《大腦依戀障礙》。」

——約翰・高特曼（John Gottman）

《信任的科學》（*The Science of Trust*）作者

「如果你在一段親密關係裡感覺迷惘、失落或孤單，不要拖延，即刻閱讀這本書。你將從混亂失序與痛苦中，找到一條出路。這是引領你走出挫折與缺乏安全感的地圖，使你豁然了悟，重尋兩人在一起的初衷。史丹．塔特金的這本書，充滿洞見與啟發，幫助你與伴侶組成一個團隊，共同開展一段安全無慮、投入而深度滿足的關係之旅。」

——彼得．皮爾森（Peter Pearson）博士

婚姻諮商專家、加州門洛公園「伴侶學院」（Couple Institute）創辦人之一

「史丹．塔特金透過這本書，提出一個值得深思的議題：我們的伴侶關係如何表現，取決於我們是否嚴肅看待依附理論與神經科學研究所教導我們的功課。」

——丹．威樂（Dan Wile）

《蜜月之後》（*After the Honeymoon*）作者

「《大腦依戀障礙》挑戰伴侶們以澈底嶄新的方式去體驗他們的關係。這本精彩絕倫的書，教導伴侶循序漸進地按著作者所主張的練習題實際操練，使伴侶學會如何積極投入與經營一段關係，相互扶持與幫助，共築一段彼此都同感安全的關係。史丹．塔特金以簡潔洗練的文字，使伴侶們明白且樂於成為最了解彼此的專家。他建議伴侶們共築伴侶圈圈，在這個圈圈裡，每一個伴侶都是對方人生中最重要的人，同時也是伴侶一輩子可以倚靠的人。」

——馬禮安．梭羅門（Marion F. Solomon）

「樂活學習學院」臨床訓練指導老師

《為自己活，也為別人活》（*Narcissism and Intimacy*）、《來靠我》（*Lean on Me*）作者

「你將從這本書發掘好多改善親密關係的新途徑，使你乏善可陳的關係死灰復燃，同時終止不必要的衝突。史丹．塔特金，無疑是當代婚姻諮商領域裡，其中一位最具創新思想的大師。閱讀這本書，不僅收穫滿滿，而且能使你掌握增進愛意的新模式。」

——埃琳．巴德（Ellyn Bader）博士

「婚姻治療發展模式」的發起人之一、加州門洛公園「伴侶學院」董事之一

《別對我撒謊》（*Tell Me No Lies*）、《尋找不存在的配偶》（*In Quest of the Mythical Mate*）作者

「閱讀史丹．塔特金的書，使你忍不住想要親臨現場，接受他的諮商輔導。帶著深刻而清晰、充滿膽識而創新的內容，作者帶領我們深入戰鬥力十足的人類大腦，在塹壕陣地之中，教你如何做愛，而非作戰。」

——埃絲特．沛瑞爾（Esther Perel）

家族與婚姻治療師、《把X放回Sex裡》（*Mating in Captivity*）作者

獻給我的妻子崔西（Tracey）與女兒喬安娜（Joanna）
正是她們讓我持續地熱愛生活

目錄

活化親密關係的27個練習索引

推薦序

理想伴侶關係、婚姻契合的新視野

早在人類歷史的起源，伴侶關係一直是所有物種生命最基本的社會結構，促使家庭、社群、社會、文化與文明的勃發與急速成長。只是，協助伴侶如何增進彼此關係的品質，則是近幾年才開始出現的顯學。過去，遇到問題的伴侶，他們所面對的選項其實不多，僅能從有限的家庭或社會制度尋得幫助，而且大多以宗教群體為主。但是，我們發現，什麼樣的家庭就決定了什麼樣的社會，再加上伴侶、團體與文化之間恆常存在的衝突與暴力，因此，我們幾乎可以這麼說，這個方法與原則早已捉襟見肘，而且成效不彰。如果我們從一個合理的假設來推論，一對健康的伴侶是打造健康社會不可或缺的元素，反之亦然，那麼，所謂「幫助伴侶」這回事，則必須要從浪漫情感和專業生涯再往上提升到主要的社會價值。如何要一個成熟社會為自己做一件最美好的事？那無疑是在各方面，竭力塑造一位成熟健康的伴侶，而倘若伴侶能進一步為自己、為他們的孩子與他們所置身的社會做一件最美好的事，那就是建立一段健康的關係！這本書為我們指出了這個方向，從親密關係的角度，詳細描述並提供了具體的引導，幫助伴侶轉移焦點，從個人導向的需求，轉向關係導向的需求，期盼由此而進一步轉化社會。

這個近乎激進的立場——藉由轉化伴侶關係來轉化每一個社會結構——大約在二十五年前左右開始出現。我想要藉此來約略追溯伴侶關係的出現，以及後續演變成為伴侶提供「幫助」的觀念——至少，這有助於閱讀這本美好書籍的伴侶們，能夠從中了解——他們在這段基本關係的歷史中，自己到底置身何處。我也想藉此提一提有關《大腦依戀障礙》的內容。

我們對於史前時代的伴侶到底如何擇偶、如何彼此歸屬與認同，所知不多，但卻可從文化人類學家海倫．費雪（Helen Fisher）所提供的資訊與想像，找出一些蛛絲馬跡；約略拼湊出早在一萬一千年前的伴侶，如何為了繁衍後代的生殖與生存需求，而組成「伴侶關係」的連結。她相信，這份關係是基於「分享」的倫理意含，為要滿足雙方的意願、旨趣與需求。他們的分工與角色是具體而顯著的。女性集木生火，照管孩子，採集野果、漿果、堅果與根莖類植物與男性共享分食。男性則在深山野嶺狩獵，將獵物與家中的女性與小孩一同享用，除了裹腹飽足，也藉此保護自家婦女與孩子免受其他男性與野生動物的襲擊。這些伴侶關係顯然是為了性愛的生理需求，因此，他們之間的關係淺薄不長久，甚至可能也並非很親密。一般預估，他們之間的關係大約平均僅維持三年，或直至他們的孩子行動自主之後便分道揚鑣，兩性之間理所當然各取所需，另覓新歡，不斷重新建立一段新的異性關係也不以為怪。女性分別從不同男性生兒育女，因此生下的子女源自不同父親，而那些從男性血緣脈絡所生下的孩子，他們的父親其實花很少時間與這些子女相處，甚至鮮少承認他們的親生後裔。因此，大部分的孩子都由單親媽媽與「階段性、過渡期」的父親養大。

然而，根據上述同一份研究顯示，當那些男性狩獵者與女性採集者慢慢學會了如何種植食物、如何畜牧與養殖、自養自足之後，這一切在一萬一千年前開始有了轉變。他們不再需要為了各自的需求而覓食，他們開始以社群的小單位和村落方式，安身立命，也安居樂業，甚至萌生了保護「產業」的觀念。這樣的觀念首先源於對家禽畜牧與農作物的保護，後來漸漸衍生至家中也需保護的子女與婦女。齊家治國平天下，小型社會團體逐漸發展而成村落、城市乃至國土與帝國，為社會關係增添重要而關鍵的新層面。財產權的觀念，促成了經濟發展，而孩子的歸屬權與他們各自的嫁娶，對社會與經濟結構的發展，也逐漸形成關鍵性的重要指標。於是，第二階段的伴侶關係——「安排婚姻、包辦婚姻」制度，應運而生。這樣的婚姻關係無關乎兩性之間的愛情吸引，一切以個人需求、穩定的婚姻為考量，也與社會階級、經濟安穩與政治權宜的顧慮，息息相關。因此，孩子的父母們，開始積極四處探聽、談論與協議彼此子女「聯姻」的可能性，一般情況下，他們並未將各自子女對結婚對象的喜好與擇偶傾向考量在內，父母在乎的，是為他們的子女覓得一位能為整個家族增進或維繫社會與經濟地位的對象；當然，要父母關注兩位伴侶的關係品質如何，更是天方夜譚了。所謂結婚的伴侶，他們對彼此的感覺和喜惡不但不受重視，還要背負尊崇家庭價值與增進社會各種墨守成規的禮儀等沉重的包袱，以此光宗耀祖。如果伴侶的某一方違背婚姻誓約——不管是棄絕另一半、不忠或做出任何不符倫理的行徑——背約的一方將被規勸、被告誡甚至要接受家族與宗族領袖的懲罰，這些領袖包括：父親、長兄、長老或宗教神職人員。當時，那些我們所熟悉的分析、認同與同理等各種諮商工具，尚未發展亦未被發掘。

十八世紀，隨著歐洲民主政治體系的崛起與成熟，展開了另一個階段的婚姻體現——主張人人理當享有個人自由，其中，包括擁有自由選擇婚姻對象的自由。於是，通往婚姻之門，大開自由之門戶，不再奉父母之命而結婚的人逐漸大增，人人開始追求浪漫的愛情，並為此而婚；這樣的轉變，加劇了為個人與心理層面的需求而量身定制的婚姻，而不再像過去那樣，人們為了社會與經濟需要而結婚。然而，一直到十九世紀末期，隨著佛洛伊德對潛意識的發現與心理治療的出現，大家逐漸認定，人們潛意識的心思與我們個人的選擇之間，存在根深柢固的關聯，而我們過去的人際互動與經驗對我們現階段的成人關係，也帶來莫大的影響力。這個心理層次的新發現，延伸至我們對擇偶的警覺與謹慎，人們開始思索，如果婚姻屬於浪漫的情愛，那麼，婚姻受潛意識心思的影響，遠遠大於我們理性傾向的選擇。換句話說，我們在潛意識層面所選擇的伴侶——不論好壞照單全收——竟與我們童年的照顧者驚人地神似。因此，幾乎可以這麼說，我們在成年親密關係中所追求與需求的對象——那些不曾在我們幼年生活中所遇見的——仿若註定般，竟與我們在童年時錯過的對象完全相似。從這份殘酷的缺憾所衍生的不滿足感，最終助長了離婚率的不斷攀升。一直以來，在過去「包辦婚姻」的傳統下，離婚是嚴格被禁止的，而在自由戀愛的婚姻裡，離婚亦鮮有所聞，當然也不受鼓勵。離婚成為解決婚姻問題的尋常出路，是近代以後的事，其中尤以第二次世界大戰爆發後的五〇年代為分界點；而離婚的白熱化與普遍化，直接促使婚姻輔導與婚姻治療等專業需求的提升。幫助伴侶的呼籲，從傳統的支援系統（宗教、家族），逐漸延伸至處處可見的精神衛生等專業領域，而投入此專業系統內的諮商者，也都各自擁有不同程度的專業訓練、資格與能力。

早期的婚姻輔導模式，是建基於這樣的前提假設：獨立自主的輔導者，藉由諮商的專業能力與認知技巧，透過調節兩個獨立個體的伴侶所面對的爭執，以及他們之間因不同特質所引起的衝突，來為陷入衝突的夫妻整理、解析他們之間的異質性。這份假設，顯然已從專業輔導與心理治療尚未發展成熟之前的那種家長式與宗教勸說、引導與告誡法則，轉而尋求衝突解構、溝通協調與問題解決的專業出路。這樣的方式，對許多狀況不算複雜的伴侶而言，助益很大，但對其他狀況較為棘手的伴侶來說，如此衝突解套的過程只能以失敗來形容。對於深陷較複雜困境中的伴侶，自然被要求接受更深度的心理治療。治療起始，先從他們各自亟待面對的問題著手處理，其實，追根究柢，那是早在婚姻之前便已存在許久的個人問題。將伴侶分開治療的主要目的，是考量他們在治療後回到原來的關係中，可以不再備受個人精神官能症的種種困擾，彼此得以滿足對方的需要、一同面對彼此的當下與過去，同時重新創造一段心滿意足與美好的關係。

然而，這樣的假設與模式，卻無法達成預期中的成效。大部分的夫妻在成功面對與處理各自的心理療程之後，不但不想和好，反倒傾向以離婚收場。離婚率竟扶搖直上，比過去高出百分之五十，而這樣的數據，在過去六十年來持續而穩定地成長。婚姻治療的成功率，則穩定地提升了大約百分之三十——這份統計數據，在剛冒出頭來的輔導專業領域中，顯然不是一份亮眼的成績單。

近年來，我們開始發現這份模式失效的主要問題，在於它把「個人」焦點，當成社會的基本單位，聚焦於個人需求的滿足，並視此為婚姻的目標。假設民主為政治實況鋪成了個人主義的觀念，加上佛洛伊德闡明了人內在深層的組織與結構，由此角度來看，其實頗為合理。這樣的趨勢使佛洛伊德進一步將人類的問題，安放於個人的內在，並開創心理治療，作為治療與處理個人問題與隱疾的解決之道。由於婚姻輔導與伴侶治療的支援，促進了心理治療的成長，於是，婚姻治療便將焦點放在「個體治療好，婚姻關係才能滿足」的先決條件，這樣看來，確實是個合情合理的出路。除此以外，治療師常假設，那些未獲滿足的問題需要個體的「內在」來滿足，而親密關係的存在，便是為了滿足那些需要。這一切解釋，鋪成了這段關於婚姻的敘述：「如果你的親密關係無法滿足你的需要，那麼，你就是所託非人，娶錯妻、嫁錯郎了。你有權利在親密關係中滿足你的需要，如果你無從藉此關係找到這份滿足，則你該另覓新人，重新找一個不同的對象來嘗試滿足你的需求。若以比較直接粗糙的詞句來形容，則容我如此說——你的婚姻終究是關乎『你』與你的需要，而倘若這段婚姻無法提供你所需要的滿足，則結束婚姻是理所當然、天經地義的，不管結束婚姻是否對他人甚至孩子造成任何負面後果。」

這樣的敘述促成了現今各種多元婚姻、單親家庭、留守兒童、起步婚姻、同居取代婚姻等社會現象，甚至包括日益晚婚的趨勢。一如之前所提及，一個社會正好反映了伴侶關係的品質，而這份關注個人的焦點，也多少映照與助長社會上各種權利的濫用與暴力程度，從地方性的特殊負面情境，到家庭暴力、各種成癮現象、犯罪、貧窮與戰爭等。這些龐雜的社會議題根本無從解套與改變，除非我們能找到一種迥然相異的角度，來敘述如何置身於親密關係之中。

我深信，一套澈底轉移焦點的新敘述與新主張——從自我與個人需要和滿足，轉移至親密關係的需求，已然在二十世紀的最後二十五年出現了。七〇年代，一個有關自我作為本質上相關與相互依存的新觀點，開始挑戰另一個領先的觀點，意即將自我視為自主、獨立與自足的個體。這份典範的轉移，由發展心理學家開始引發話題，他們首先將剛出生的新生兒形容為一個「社會」，而非在後期的發展心理學階段才逐漸形成一個社會。他們開始說，人類與生俱來就是相互連結，彼此依存、彼此依賴的。於此同時，其他「兒童與父母關係」的學生則開始主張，其實根本沒有所謂「個人」這回事，自始至終，從來就不是個人的關係，只有「母親與孩子之間」的關係，由此而奠定了親密關係的基礎。孤立與自主的自我，成了不折不扣的天方夜譚。而人類問題的起源，也被重新調整與安置——從自我的內在，轉移為「照顧者與他們的嬰幼兒」之間，親密關係的失敗。新的研究專家指出，這份失效的關係，成了內在靈魂受苦的源頭，解套關鍵在於，參與一段與早期「父母與兒童」的戲劇中，澈底對立的關係。由於這些投入人類情境的學生傾向成為治療師，因此，他們假設最理想的修正關係，就是跟著治療師來進行。

在過去二十年間，這些創見已逐漸成為新婚姻主張的主旨，也同時是婚姻的第四階段體現，我稱此為「意識夥伴關係」（conscious partnership）。在此嶄新敘述與主張中，所謂承諾，是為了親密關係的需求而產生，並非為了自我的需要而出現。其中的意思不外乎：你的婚姻與你無關，你的婚姻是關乎它自身；那是你要對它並為了它而承擔責任的第三方實況，唯有尊重這份責任，你才能使自己的童年與現階段的需求獲得滿足。當你把親密關係與需求分別設定為主要與次要的順序，則你將發展出弔詭的反效果——你若將需求設定為主導，則你的需求將永遠無法獲得滿足。事實上，那與童年創傷的治療沒有太大關聯，實況甚至極可能是治不了的，然而，卻可以鄭重地創造兩個個體之間的互相信任、彼此依存的親密關係。這份全新的情感環境發展出新的神經路徑，百花齊放地呈現出美好的共存關係，以此取代充滿創傷的童年陰影、累積一路舊毒素的途徑。伴侶關係頓時成了喜樂存有的載體，意即一段彼此連結的關係。此外，由於伴侶關係的品質決定了社會結構的主旨，因此，那份喜形於色、溢於言表的喜樂，可以從地方不斷拓展至全球，療癒大部分人世間的苦難。

從我個人觀點來看，由史丹．塔特金所著這本《大腦依戀障礙》，不只是一本指引伴侶的文學巨著而已；也不只是一本集結最新的腦部研究與充滿洞見的附加理論而已；這是一本充滿例證與創新論述的書，發表諸多有關伴侶關係的新典範——這本書的卓然成就，引起各界側目——除了幫助伴侶在他們的關係中茁壯成長，也可以成為有心幫助伴侶的專家，人手一本的重要參考讀物。對那些想要讓人生旅途恆常永浴愛河者，作者特此提供完整的指引，一步一腳印，就是沒有捷徑。一切不言而喻，鼓勵你不要遲疑，現在就開始閱讀！我可以保證，你對如何置身於親密關係以及婚姻的潛在影響力，對個人與社會的療癒，將澈底被攪動，而且永遠改觀。

推薦序作者簡介：

哈維爾・韓瑞斯（Harville Hendrix）博士，臨床心理學教授與「心象式關係治療」（Imago Relationship Therapy）的共同創辦人。韓瑞斯是一名擁有三十五年經驗的資深教育專家與伴侶治療師，同時投身於公眾講座的演講。韓瑞斯是多本書籍的作者，其中包括《相愛一生》（*Getting the Love You Want*）等書。

前言
腦科學幫助我們更相愛相親

環顧四周，你將發現，我們其實活在一個錯綜複雜的世界。多重而大量的配備、機器、科技與各種繁複的過程，實在教人眼花繚亂、不知所措。對許多至今仍活著的人而言，不過數十載之前，人類才逐漸將飛往地球遙遠的另一端視為普遍現象，然後，再逐漸將發生於世界各個角落的事件及時播出。然而，現在人們已經可以與任何想溝通的對象，隨時隨處，針對任何議題，進行及時的視訊對話。我們享受科技進步所帶來的各種好處與便利，但是，一旦這些高科技無預警崩壞時，我們將為此而咒罵不停。當然，它們偶爾確實會停擺而無法運作。為此，我們需要求助於說明書——那是車主手上的手冊，清楚標示的範圍，從你家車子輪胎該如何充氣，一直到你家廚房那台鬆餅機到底可以裝上多少麵糊，都為你一一指示。或許我們討厭去參考這些手冊內容（也可能懶得尋求技術支援，除非在緊要關頭），不過，話說回來，你若不藉助這些說明與指示，難道你真能單憑直覺來成功操作這些器材嗎？

人與人之間的親密關係也是如此錯綜複雜。然而，我們卻經常耗費最少的指引與支援來面對它。當然，我不是建議你該跟著設定好的一、二、三標準步驟來面對你的伴侶。親密關係，從來無法按著說明書的手冊來進行自動化過程的操作，因為我們不是機器人。對其他伴侶有效的方式，對另一對伴侶而言，未必奏效，無法放諸四海而皆準。然而，要伴侶們像大夥兒那樣，既要期待彼此水乳交融，卻又只能憑感覺自行摸索相處之道，難免困難重重。

因此，我們需要一套支援親密關係的完整指引。

在這樣的脈絡之下，到底什麼樣的內容才算完整呢？面對如何影響與幫助伴侶彼此認同與相處的指引，事實上，近十年來，已能在坊間找到大量而令人耳目一新的科學知識與理論基礎。其中不乏含括神經科學、神經生物學、心理生理學與心理學等領域的革命性研究報告。我深信，伴侶們必能從如此豐富的研究內容中獲益良多。別被這樣的想法亂了方寸，不要擔心，我不是建議你辭掉白天的工作而重返校園去讀這些既理論又學術的書。只要以一般人聽得懂的語言來解構與分析這些內容，我深信，要掌握這些理論基礎並非難事。

簡而言之，只要進一步了解我們的頭腦如何運作與活動——換句話說，了解我們如何連結——終將使我們在面對親密關係的議題上，得以從更理想的角度，去選擇更完備與整全的資訊，這是我一貫的立場與信念。科學證據主張，從生物學的出發點來看，人類大多數時候是從一個物競天擇的「戰鬥」本能，與我們的目標連結，而鮮少有彼此相愛的天性。那實在不是什麼好消息。慶幸的是，近期一些研究指出，已有好些不同的策略與方法足以翻轉這項前提假設。原來，我們實際上可以採取一些方法與步驟來確保自己可以為愛而連結。而這些策略不但可以幫助我們建造穩定與充滿愛的親密關係，也使我們藉此而預備自己，更有效地化解一些可能衍生的衝突。

既然如此，何不充分善用這些方法呢？我在本書前三章的內容中，提供了一般性原則讓你參考，這些源自嶄新的研究，是為要幫助你了解，經營一段成功的親密關係，條件為何？如何與伴侶一同貫徹始終？而接下來的後續篇章，則延續此原則與大方向，提出一些務實可行的方式與步驟。譬如，你對伴侶的關係模式——建基於最新進的研究所分析的模式——如果認識得夠深、了解得夠透澈的話，那麼，當任何挑戰與困難浮現時，你們將更容易齊心面對與努力。簡而言之，這本書可以成為了解自己，同時也成為了解伴侶與你們這段親密關係的重要手冊。

讀至此，你可能會對此「個人手冊」的概念瞠目結舌，或深不以為然；畢竟，你的伴侶從來不是屬於任何人的「東西」。關於這一點，我舉雙手贊同。然而，我卻對此比喻情有獨鍾，因為它生動地傳達了一對伴侶的親密關係，彼此之間需要具備何種程度的責任與詳盡的認知，才能維繫一段成功的關係。事實上，我很想要告訴你，幾乎所有伴侶其實都在他們的親密關係裡深受某些守則影響，或遵照某些原則而行。不管有意或無意，承認與否，有一點至少可以確定：他們心中早已擁抱屬於自身的個人手冊。遺憾的是，許多伴侶拿錯手冊；尤其是面對一些心灰意冷的個案，我只能說，這些伴侶經常拿錯手冊也看錯內容。

當我與前來諮商的一些伴侶對話時，我發現伴侶們喜歡自行創建一套屬於自己的理論，來解釋他們所面對的問題。這項行動的背後，是源於挫折憂心與走投無路的絕望，也發自他們對「緣由」的亟待探究：「我為何會陷入如此痛苦深淵？」「我為何感覺被威脅或失去安全感？」「為何這段關係無法如預期般和諧美好？」許多配偶竭盡所能，努力想要在各樣難題中尋找答案與出路；有時候，他們的答案確實在當下使陷落深淵的伴侶暫獲紓解與寬慰（哦，我現在終於知道原因為何了）。

長遠來看，這些理論一般是站不住腳而且行不通的。這些論點，往往無法精準地為這些困難重重的親密關係解套，也無從消解疏離的痛苦，更無法改變我們最基礎的連結狀態。最終，倚靠類似的理論基礎，不過是其中一種憑感覺、不按牌理出招的方式。事實上，一些不精確的理論，經常大大低估了伴侶對安全感與快樂的追求。很多時候，這些似是而非的主張不但無法終止伴侶之間的戰爭，最終因為各執己見，堅持自己的理由與理論，反倒擴大了原有的裂痕與嫌隙，製造更多對立。這樣互不相讓的僵局，為伴侶之間提供了更多彈藥，互相投彈，彼此傷害。

我也發現，許多伴侶們所堅持的理論，大部分時候是祖護自我而非守護這段關係。譬如，其中一個伴侶可能這麼說：「我們之所以會爭吵，是因為他對我所喜歡的都不屑一顧。」另一個伴侶說：「她毫不顧及別人的感受，難怪我會感覺受傷。」或這樣的論調也偶有所聞：「這段關係沒救了，那是因為我根本就嫁錯丈夫。」你是否發現，每一個個案中，焦點一直是個人與他們堅信不疑的論述。伴侶之間能做一件最重大的發現，那就是，他們其實可以轉換立場，從護衛自我轉到護衛關係。當立場與角度轉移之後，我們所聽到的論調與上述爭議將澈底南轅北轍：「我們在建立共識上，面臨一些困難。」或者「我們做了一些傷害彼此的事。」不過，要進行這趟立場轉移的過程，伴侶們要願意放下成見，捨棄各自的老調重彈，採納新的理論。他們需要樂於重新連結。

就個人而言，我是從許多心痛而遺憾的個案中，才慢慢領會這些功課。

身為專業的心理諮商師，我有好多年時間，長期面對飽受人格障礙所苦的個案。因此，我開始對這類人格障礙的早期預防深感興趣。由於我的臨床個案大多聚焦於成人伴侶，我不但認同他們的受苦，也亟欲找出一些預防勝於治療的可行方式，來解決他們的問題與困境。

就在那段期間，我面臨人生中一大震驚憾事，我的第一任妻子與我離婚。我在後續的時日中，以開放而強烈的動機，迫不及待想要探究自己的婚姻何以走向無可挽救的境地，這過程激發我更謹慎地檢視，隱藏於親密關係背後的科學理論與基礎。我意識到自己與同為治療師的夥伴們，當我們面對深陷低谷的伴侶時，我們可能錯過了什麼重點，甚至錯失了一些可能可以提早幫助他們重新建立親密關係的方式。或許我無能為力挽救自己的婚姻，但至少我可以更努力去防範別人步上我的後塵……甚至讓我自己免於重蹈覆轍。

我最終從研究中找出一些關鍵的方向，我深信這些內容有助於標示何為成功與失敗的親密關係，以及其中的差異。我不是指那些我親自指導的研究與論文，那是我之前提及，曾經在過去數十年期間見證了無數卓越進展的研究領域。但隨著這段期間愈發深入探究最新進的研究，並在我的辦公室現場，親眼見證與觀察這些理論如何在日常生活中實踐出來，倏然之間，我的靈思泉湧，思緒也不斷被激發。我發現這些珍貴的知識，其實沒有好好地被整合起來，也尚未將此論點聚焦於成年伴侶身上。面對前來求助的伴侶，治療師其實並未開始將龐雜分散、各種不同情狀的科學理論等脈絡，好好地整合起來。這些治療師，有點像一手拿著早已過期的手冊與說明書，來嘗試幫助那些前來尋求技術支援的人們。他們所能提供的建議與引導，著實有限。有鑑於此，我越來越確信，自己現階段最重要的任務，是致力於找出這方面的相關理論與研究，並將它們整合於務實可行的臨床實踐上，我決定把我的時間與精神，用在結合「理論與實踐」的努力上。

其中一項研究，便是神經科學的領域，那是對人類腦部的研究範疇。我發現這個學科提供了生理學的基礎，使我們在認識自己的強項與弱點更有跡可循，其中包括一些有助於建設親密關係的人格特質。比方說，我的數學學科極差，那是一種受大腦內部許多結構互相執行運作的能力，例如，那和大腦內的頂間溝有關。還好我的工作不需仰賴數學能力，而我與妻子、與女兒的關係，也與數學好壞沒有太大關聯。但是，我閱讀臉部表情的能力，理解情緒語氣、語言或非語言的社交暗示與線索（這部分則由右腦掌控）的能力，則另當別論。如果我在這方面的能力不足，那麼，我可能就無法勝任諮商師的工作，甚至（再度）失去我的婚姻。我們將在本書第二章看見，人類大腦內的某些部分，加重我們在第一時間以尋求安全為首要考量。如果我們沒有學會使用大腦內更為完善的部分來凌駕於這些連結，甚至進一步對原始的部分施壓與掌控，那麼，我們極有可能摧毀一段親密關係而不自知。

第二個研究領域，則是依附理論，這項論述充分解釋了我們的生理性邏輯，需要與他人有情感性的依附與連結，那是我們生命中最早開發與建立的人際關係。我們早期的經驗形塑了一套具指標性的原型，存放於我們的身體記憶裡，最終成為相關連結中最基礎的一部分——免受潛在風險與免受內在恐懼的安全感。簡而言之，有些個人在他們的親密關係中，擁有本質性的安全感，而其他人則常常倍覺威脅與缺乏安全感。安全感的匱乏，將使我們與伴侶保持距離，或在認同的議題上，潛藏難以言喻的矛盾心態。無論如何，一如我們將在第三章內容中探究，假若我們不曾嘗試將早期人生階段所累積的失調傾向重新連結起來，那麼，缺乏安全感的體現，最終將為親密關係帶來重重危機與難以彌補的後果。

我從第三個領域的研究中，找到令人激動而深有助益的發現，那是人性勃發的生物學原理。

乍聽之下，所謂勃發與勃起，或許當下隨即聯想到的，是性方面的勃起。但我在此所指涉的，卻是一般感官的勃發：從某個時刻到下一個時刻之間，我們如何管理自己的能量、投入的警覺與預備的能耐。以伴侶的情境而言，這方面的研究指出，身為伴侶與配偶，我們可以學習如何處理彼此生命中的高峰與低谷。換句話說，我們不需要在對方暴走的情緒和失控的感覺中惶惶不可終日，反之，我們可以將自己視為對方生命中稱職的專業管理者，學會如何在情感中彼此牽動、轉移、鼓舞、影響、安撫與相互激發，而且游刃有餘，如魚得水。

這些研究的每一個面向與範疇，鋪成了這本書的核心內容。過去十年，我努力將這些觀念整合起來，並融會貫通，實踐於我的臨床治療現場。我稱此工作為「生物心理學」途徑。這一路走來，我逐漸理解，這條路徑與方法，不僅對前來尋求治療與諮商的伴侶有幫助，事實上，也對正處於一段親密關係中，或準備要進入、抑或期待要進入一段親密關係的每一個個體，都大有助益。

而我，是最初始、最首要的受益者。每一項苦心孤詣的探究與實驗，為我自己現在的這段婚姻鋪展了一條美好路徑。我由此發現，也由此第一次深刻體會，原來自己也能享受、經營一段功能健全的家庭。這段親密關係成了我不敗的金科玉律，使我得以藉此實驗，謹慎衡量本書所敘述的重要原則。

誠如我所提及的，許多伴侶一心只想從自身問題中尋求解答。然而，他們卻經常解錯題目、找錯答案，所尋得的都是錯誤的理論依據與緣由。我相信，我所提供的各種途徑與方法，卻迥異於此。總的來說，我將以符合科學原理的支援方式，來幫助你將愛的力量，而非衝突的力量，一律套用在你和伴侶的腦袋裡。我在本書中，提出了十大原則，藉此提醒你，如何避免陷落一些阻撓、毀損與破壞親密關係的困境中，而無法自拔。這些祕訣包括：

♥開發伴侶圈圈，藉此讓伴侶之間保持外在與內在的安全感。
♥當大腦內的「尋找安全感」機制開始啟動且焦慮獲得舒緩時，伴侶可以享受做愛，免於衝突。
♥伴侶之間所尋求的認同，以「錨定」（安全依附）、「孤島」（不安全的畏縮逃避）或「浪潮」（不安全的矛盾衝突）為最主要的認同內容。
♥駕馭有術的伴侶，懂得如何彼此取悅、相互安撫。
♥日理萬機、異常忙碌的伴侶，需要開創與善用屬於彼此的「睡前時間」與「起床儀式」，以及分別一段屬於兩人獨處的時間，好讓彼此恆常維持連結與親近的關係。
♥每一位伴侶都應該成為彼此最主要的「那一位」，無論發生任何事，他／她是你第一個想要分享、亟欲諮詢的對象。
♥與婚姻以外的他者共處時，配偶之間要努力讓對方參與其中，避免讓對方感覺自己是打擾而多餘的電燈泡。
♥想要繼續留守在婚姻裡的伴侶，必須學會如何面對挑戰，迎戰難處。
♥伴侶之間可以隨時透過眼神交會與凝視來重燃愛火。
♥伴侶之間可以舒緩與降低彼此的壓力，同時提升彼此的健康狀態。

這些原則都建基於最新的科學論述，但請讓我再度強調：你其實不需要透過科學技術的掌握來理解那些原則。關於這部分，我已經為你做好了。事實上，我甚至已經盡我最大的努力，讓這些看起來沉悶又冗長的理論更好玩、更生動有趣。我答應你，絕不讓你被那些科學的專業術語搞得暈頭轉向。一如我之前所說，人生已經夠複雜了，如果這個世代能有什麼突破性的標誌，我想，或許就是我們的整合能力，將一些艱澀繁複的科學研究與發現，以順暢而頗有成效的方式，落實於我們每一天的日常生活中，使我們更認識自己，也更完整地去愛、去擁抱生活。

除此以外，每一章都包含一些練習題，幫助你將那些連續被討論的原則，實踐於生活中。大部分的練習題，都可以讓你自行練習，你也可以與你的伴侶一起進行練習。事實上，這裡有個值得玩味的反諷意味——這是本書的一項重要前提，那就是，快樂的伴侶分享高度的親密感與聚合感。然而，大部分閱讀書籍的讀者——甚至包括探討親密關係的書籍——卻選擇獨樂樂，自顧自地閱讀。因此，我特別要在此鼓勵你，別跟上這些潮流。請用心將本書內容與你的伴侶分享。你將驚覺，經過分享後的收穫，會加倍多呢！

第一章

伴侶圈圈：如何維繫彼此的外在與內在安全感？

我們當中，誰不想感受被愛？我終於可以按著原來的樣貌做自己，不但活得自在，而且被珍視、被關照、被保護——這是人類自有時間的紀錄以來，一心追求的目標。我們都是社會性生物。我們與他者，彼此仰賴倚靠。我們需要他者。

有些人從父母或手足或親戚與其他家庭成員中，暫時尋獲這方面的情感支援與紓解。有些人則轉向朋友或同事。也有一些人將這方面的需求，藉由毒品、酒精或其他替代物質甚至其他活動來獲得滿足，只為讓自己感覺活著，感覺被需要、被滿足，被讚賞或被安撫。也有一些人將這方面的需要，轉向追求個人內在成長的課程與講座，或甚至尋求心理治療。有些人則全情投入於工作，或將焦點放在個人興趣的開發。不管是哪一種出路，可能是以正向、健康的途徑，也或許有些方式不太體面——無論如何，我們汲汲營營地尋找的盡是自己的安全地帶。

這份渴望安全地帶的需求，是人類之所以想望在一起、成雙配對的其中一個理由。然而，所謂伴侶——不論是愛情關係或帶著承諾的友情——經常在各種惡劣與敵對能量的環境下，無法將對方視為共進退的良師益友。他們錯過了為彼此營造溫暖的家、安全無慮的地方，好讓大夥兒可以輕鬆自在地置身其中，讓彼此感到被接納、被需求、被保護與被關照。我經常在前來尋求幫助的伴侶身上，看到這部分的匱乏與缺憾。很多時候，這是他們尋求專業心理諮詢的關鍵緣由。

一切以親密關係為主

潔妮與布萊利的關係，箭在弦上，瀕臨分裂。儘管他們不想結束這段關係，但不利於彼此關係的事件卻接踵而至，兩人互相指責與怪罪對方。他們從大一新生時開始交往，而今兩人即將從大學畢業。其實，兩人都想要結婚，也想要共組家庭。

潔妮的家人住在距離她所讀大學較近的東岸，她與原生家庭的連結很深，尤其和母親之間的關係格外深厚，兩人幾乎每一天都要講講話。布萊利從西岸過來升造，西岸是他與家人居住的家鄉。由於距離遙遠，他一年只回家一次，一年一度的返家行程，他總不忘邀約潔妮一起陪同。但每一次與布萊利同行時，除了對布萊利父親敬仰有加之外，潔妮總覺得自己備受忽視。布萊利喜歡參加舞會，也花不少時間和朋友共處，這些狀況經常令潔妮得費勁來與其他男人互動，那些交流與對話，對她而言既無聊又無趣。布萊利從來不曾留意潔妮在這些場合中的強烈不滿，但每每聚會結束後，想當然耳，布萊利常被潔妮的後續反彈與情緒，叮得滿頭包。

他們之間的典型對話，不外乎：

她說：「你老是這樣！你把我帶到這些場合裡，然後把我晾在一旁，讓我站在那裡，把我當空氣，好像我根本就不存在。我實在不明白你幹麼要邀請我一起去！」

布萊利的回應，充滿防衛態勢。他回覆：「我對這樣的對話實在感到厭煩和疲於應對。你根本不可理喻。我知道自己沒有犯任何錯！」

為要據理力爭，這時候，潔妮必須提起布萊利的朋友，湯米；潔妮指出湯米曾經對她做出不合宜的行為舉止。潔妮說：「湯米醉醺醺地靠近我，你竟然完全沒注意到。我完全感覺不到你對我的保護和在意。」

此時，布萊利的反應仍舊不耐與不屑一顧。他淡然回應：「湯米不過是愛玩而已。」這樣的對話總是以潔妮的憤怒與拂袖而去告終，而布萊利則覺得自己備受懲罰。即便情境與狀況對調，兩人之間的爭鬧情勢也不見得有多好。潔妮經常回家，也期待布萊利一同參與同行。布萊利常抱怨潔妮和母親、姊妹們毫無預警地搞消失，讓布萊利被迫要勉強自己與她的父親「在一起」，布萊利對此深感為難，他與潔妮的父親之間，幾乎找不到任何共同興趣與話題。當這對伴侶獨處時，他們之間的對話和較早之前的溝通模式，幾乎如出一轍：

布萊利怨聲載道：「我實在受不了，不想再來了。」潔妮不明所以：「為什麼？」

「你不斷逼我和你爸爸相處。我覺得自己在他面前就像一條蟲，因為他老是覺得我不夠好，根本配不上你，而當我們一起吃晚餐時，你的言行舉止卻讓人覺得你似乎還蠻贊同你爸爸的看法啊！」布萊利怒火中燒，聲調不斷提升。

「噓……」潔妮忍不住安撫對方愈發高漲的情緒：「別吼。」

布萊利隨即克制自己的聲量，噘嘴而垂著頭。「我實在不懂……」他的聲音極其微弱。

「不懂什麼？」

「不明白你何必邀請我來。我在你家的感覺真的很不好。」布萊利一邊說，一邊持續垂低著頭，不看她一眼。

潔妮柔軟下來，以充滿愛的姿態趨前走向他，嘗試向他解釋：「我的家庭愛你，我聽過我媽媽和姊妹說過好幾次類似的話。我爸爸也愛你，他只是……他的個性就是那樣。」

布萊利把頭抬起來，紅著雙眼，充滿淚水：「胡說，根本是鬼扯！如果你的家人真的『愛我』……」當他說到這兩個字時，特別揮揮手做出括號手勢，以加重嘲諷語氣，然後繼續怨道：「那為什麼我從來沒聽他們對我說過？如果你爸真的那麼和藹可親，那你幹麼不陪他坐，讓我跟你媽媽一起出去呢？」

「你現在就有點過分了！」潔妮一邊走向門口，一邊不耐地回答：「好吧，那就拉倒！別提了！」

「你知道嗎……」布萊利試圖讓潔妮再聽他說，「你跟你爸一樣！你在大家面前讓我丟臉，讓我抬不起頭來。」

聽罷，潔妮憤而甩門走開。

當我們進入一段親密關係時，我們多麼渴望被伴侶重視，希望隨時被看見、被珍視。而在潔妮與布萊利的個案中，或許我們不曉得如何達到這些期待，但我們如此強烈地需要，於是我們任由這些想望來鋪陳我們與伴侶之間大部分的所言和所行。我們想要知道一切努力是否被留意、被珍惜。我們想要確認這段關係是否被伴侶看重，而不會在其他競爭對象、任務與事物出現時，被隨意貶低到第二甚至第三順位。

大多數時候，情況往往不如預期般理想。如果我們將今天的親密關係與舊的那段親密關係相互對照，我們將為此而備感沉重與失望。在過去的世紀裡，很少有伴侶因為彼此深愛而在一起生活。所謂婚姻，不過是為了各種政治、宗教與經濟目的而安排的兩性結合。丈夫與妻子之所以生活在一起，是為要承擔家庭安全感的責任。同時，父母雙方的職責與義務，卻是為了一個以男性為主導的社會契約。因此，生活與內在的安全感需求則成了情感的代價。但這過程卻無人為此而怨聲載道，那是因為沒有人抱持任何期待。

在我們的現代西方文化中，為愛而婚才是王道，也是最普遍的規範。我們期待被一眼愛上，被拜倒在石榴裙下或因此而感覺完整圓滿，甚至相信自己終於遇見人生中的靈魂伴侶了。而我們期待這份深刻的連結，得以延續我們之間的親密關係。除此以外，心裡眼裡再容不下其他了，一切以此為首。然而，如果身為伴侶，我們無法為另一半提供一定程度、令人滿意的安全感，縱使有再多美好的感受與理想，最終仍要我們為此付上代價。事實上，即便一對伴侶真能經歷一段深刻美好的連結，這也不過是他們親密關係中最初期的表現。對伴侶的一生而言，最終算得上真正天長地久的，是一切絢爛歸於平淡之後的考驗——追求之後，愛戀之後，痴迷之後。真正考驗配偶之間的親密關係，是無論如何始終在身邊支持與陪伴的能力。

來看看另一對伴侶，葛蕾塔與布拉姆，兩人都三十歲。一年前結婚時，合租了市中心的一間公寓，葛蕾塔順利地在附近找到學校教師的工作。布拉姆的家人則住在附近較偏僻的小鎮，他每天通車往返住家與老家，投入家族的農事工作。

每一年，葛蕾塔都被要求參加一場為學校而舉辦的募款晚會。布拉姆對那種喧鬧而正式的場合向來不太習慣，他寧願穿著粗棉布的工作服，也不願衣冠楚楚，那些正式的襯衫、領帶與外套對他來說，就是格格不入。置身於這樣的氛圍，總讓他感覺害羞，尤其面對完全不熟悉的陌生來賓，他甚至會舌頭打結，不知如何自處。但對葛蕾塔來說，周旋於陌生群體中如魚得水，一點兒也難不倒她。儘管兩人個性如此南轅北轍，但布拉姆還是打點好一切，體體面面地挽著葛蕾塔的手，一起出席那場盛典。

他們之間的對話，就在更衣梳妝之間，如此開展：

「你知道嗎，我不是你，」布拉姆的面容關注而認真，一邊嘗試把綁了三次的領帶重新解開再綁，繼續說道：「我就是很不喜歡和一群不認識的人一起相處。」

葛蕾塔回答：「我知道。」一邊對著鏡子畫眼影，然後說道：「我很感激你願意陪我一起出席。待會兒只要你提出想要離開，我們就走，好不好？」

「好吧。」布拉姆接受了，他終於把領帶繫好了。

當她把車子停好之後，葛蕾塔轉向布拉姆，扭開車內的燈，噘起嘴唇，問丈夫：「我看起來如何？」

「一如以往般漂亮。」布拉姆深情地凝視她的雙眼，緩緩回答。

她含情脈脈地回應，有那麼一刻，他們分享了彼此內在燃起的一陣欣喜與興奮。她溫柔建議：「我們來計畫一下，待會兒你挽著我的手一起走進去，我會和幾位認識的朋友見面，你不要離開我，我想要介紹你給我的朋友，好嗎？」

「好吧。」布拉姆帶著幾分焦慮的笑意來回應。「如果我要去上廁所呢？」他俏皮地作弄她。

「你可以不帶著我去，」葛蕾塔慧黠地回答，「但之後，我希望那個超級帥哥可以趕緊回到他美麗的妻子身邊。」

他們相視而笑，互相輕吻。當他們走出車子時，葛蕾塔對丈夫說：「這份工作很重要，但和你比起來，你對我更重要。」

一如你所見，潔妮與布萊利，以及葛蕾塔與布拉姆這兩對伴侶，在面對彼此的差異點時，他們所採用的處理模式何等不同。兩者相較，哪一段關係融洽和諧、感覺較好，而且值得被效法與學習，是顯而易見的。但現在讓我們從更細微的關鍵著手觀察，看看我們能否從中找出一些軌跡，明白他們在關係裡和平共處的緣由，以及他們如何成為自己卻又同時維繫了關係的圓融。

自主自由vs互相顧念

毫無疑問的，潔妮與布萊利的敘述傳達了一份信念，那就是：每一個人都是獨立自主的個體，不該期待被照顧、被呵護。我們可以這麼分析，他們的關係是屬於其中一種自主型的互動模式。換句話說，他們對自己的身分認定，首先是獨立自主的個體，之後才是一對伴侶。面對「自身」與「身為伴侶」的雙重身分上，最終當考驗臨到時，他們會優先將「自身」的需要，擺在「伴侶身分」的需要之上。如果你為此質詢他們，他們或許會回應，他們重視彼此的獨立自主，答案也可能是，他們屬於「自己的完整人格與個體」，因此，他們努力不讓另一半來彼此牽制與掌控。

然而，事實似乎沒有那麼簡單。確實，每一個人都期待對方的言行舉止可以自主自由，但在現實中，這樣的期待往往只為了滿足他或她的目的。當某一方發現，眼前的情勢開始逆轉對調，兩人的角色與位置互換之後，另一方開始感覺被忽視、被遺棄，而且不受重視。當某一方格外需要情感支援來讓自己感覺受重視與被保護時，伴侶之間的獨立感，將因此而變得微弱不堪。但關鍵在於，當他們以為在維繫所謂的「自主自由」時，他們其實渾然不覺自己所面對的問題，往往等他們最終感覺自己竟成了被忽視的受害者時，才痛苦地意識過來。

我想，如果我說，「潔妮與布萊利所暗示的獨立自主行徑，其實並非真正的獨立自主」，恐怕一點也不為過。其實，他們是活在一種前提假設：「如果這對我是好的，那你應該也沒問題」的協議中。於是，他們持續在不同的處境下演出「忘記對方」的劇碼。隱藏在這份關係背後、更深層的意思是：「你做你的，我也做我的，咱們彼此不要互相牽絆。」乍聽之下似乎頗有共識，而且顧慮彼此，不是嗎？但事實不然，一點兒也沒有「互相顧念」，因為這份關係要求另一半必須莊敬自強，否則，最終就是彼此互相怪罪與頂罪，互不相讓。這樣的自主，絲毫無法反映真正的獨立本質，反而是一種對彼此依賴的恐懼；它所呈現的不是堅強反倒是示弱。

反觀布拉姆與葛蕾塔這對伴侶，他們對彼此的想法與感受都了然於心，而且在乎對方的在意。我們可以說，他們的互動模式是其中一種「互相顧念」的典範。那是建基於彼此分享與相互尊重的前提。他們不期待對方為了迎合自己而做出任何改變，而且，不論在私底下或公然敞開的場合上，雙方善用這份共識作為保護彼此、顧念彼此的一種途徑。譬如，葛蕾塔早已預料布拉姆會感覺不自在，但在對話過程中，卻小心翼翼地保護他的尊嚴。葛蕾塔表現得彷彿她離不開丈夫，雖然葛蕾塔內心很清楚，在那樣的場合中，布拉姆才是最需要陪伴與保護的人。布拉姆和葛蕾塔不但沒有彼此推託、相互指責，他們其實是在四周圍建立起守護彼此的圈圈。

我特別喜歡用「伴侶圈圈」這詞彙，來形容彼此一起建立的薄膜、繭或子宮，這些都是包圍、保護與守護一對伴侶免受外在攻擊的元素。伴侶圈圈，是一個由伴侶所創建的親密環境，不但使伴侶之間緊緊相繫，同時也暗示了以下這些保證，例如：

♥「我永遠對你不離不棄。」

♥「我永遠不會故意使你受驚嚇。」

♥「當你沮喪憂傷時，我將安撫你，儘管我是那位造成你沮喪憂傷的原因。」

♥「相較於我是否做對、你的表現、你的外表、其他人如何想、如何要求，或任何其他暗中較勁的價值，這一切都無法與我們之間的關係相提並論。」

♥「我心中有任何想法，你是第一個我要告知的對象，你是第一順位，不是第二個、第三個或第四個。」

我說「暗示」，但伴侶們其實可以也經常做出許多毫不掩飾、清楚而明確的共識，以此作為「伴侶圈圈」的組合元素。

〔練習1〕

你和伴侶有多親近？

親近的感覺，是非常主觀的；你與伴侶感覺多親近、多安全，這兩方面都深藏於你的內在。你可能感覺與伴侶很親近，但對方未必知道你的感受，除非你說出來。而這樣的關係與感受，也同樣發生在你的伴侶身上。

現在，讓我們一起來發掘，如何為你的伴侶提供一些親近的途徑：

一、上一個段落，我列出一些伴侶們會給對方的承諾——譬如，他們會說：「我永遠對你不離不棄。」你會對你的伴侶說出哪些承諾的言語？

二、你想要給予哪些承諾？

三、你想要收到哪些承諾？

四、你不必等到接受伴侶的承諾之後，才願意付出承諾。找個特殊時刻，來讓自己自由表達你對配偶的親近感受，與安全感的承諾。

伴侶如何重視「自主自由」，遠勝過「相互顧念」？

當今的現代西方文化，一直以來所著重的是「自主自由」；環顧四周，日益增加的例證，已足以說明婚姻內在與外在的孤單與寂寥；我們也看見層出不窮的暴力與疏離事件；以及令人憂心的離婚率，或許比例有所降低，但仍舊遠高於理想的界線。一如潔妮與布萊利的例子，深陷低谷的伴侶，經常選擇以下這些表述，作為情感的出路與解決之道：「你做你的，我做我的」，或「你好好保重，而我也會好好照顧自己」。我們甚至聽聞不少類似流行心理學的高調宣示：「我還沒預備好要進入一段關係中」，以及「被愛以前，你得先會愛自己」。

確實如此嗎？如果沒有人先愛你，你真的可能愛自己嗎？

好好想想看。這些言之鑿鑿的敘述，果真正確無誤嗎？若然，那麼，剛出生來到這世界的嬰兒，應該已經懂得愛自己或恨自己了？但我們知道實情並非如此。事實上，人類並非一開始就不分好壞地凡事為自己著想。我們之所以學會愛自己，恰恰是因為我們首先體驗了被愛的經歷。因為有人曾經關懷與照顧過我們，所以我們學會了照顧自己。我們的自我價值與自尊也因為生命中的他者而逐漸發展起來。

如果你對我的主張不以為然，歡迎你來自我檢視一番。回想一段生命階段，當你年少時，父母在某方面選擇不相信你。那時，你是否還能相信你自己？也許你能夠。若然，你到底如何做到？你從何處或從何人身上得到堅持下去的信念？或者，請你回想一位不相信你或對你失去信任的前任情人。縱使歷經這些不被信任的過程，你是否還能相信或信任自己？你從何處尋得這份信念或自信？在這些各別的案例中，我們不難發現，事實上，你若得以持續相信自己，那是一份源自他人曾經對你的信任，而這份信念對你何其重要。那也正是我們「之所是」的緣由：所有較早以前的互動與親密關係，形塑了我們今天的之所是。

現代伴侶之所以在一起，是因為他們彼此共享了對愛情與親密關係的理想和期待，只是，他們之前的愛情體驗，卻不符他們的愛情理想，而且兩者之間存在著落差。那真是個令人沮喪的問題，因為個人歷史的瑣碎真相，經常將理想的期待一一擊潰。這正是我們被連結起來的方式。比方說，如果我們不曾在父母的婚姻裡見證他們的全情投入、以愛相待，那麼，我們就不會在自己成年後的親密關係上，建立起充滿愛與正向的典範。如果我們不曾在自己父母的婚姻中見識到彼此關照、敏銳體貼與相互修復的互動模式，那麼，我們可能也會錯過這些美好的價值與特質。

這一對伴侶毫無掩飾地為我們演繹這個原則。無論是潔妮或布萊利，他們兩個人都沒有擺脫小時候的成長經驗，他們的言行舉止，備受過去的人生經驗百般牽制與影響。譬如，潔妮的母親經常在一些社交場合中不顧潔妮父親的感受，或讓他在一旁獨處，就像潔妮將布萊利晾在一旁或獨留他在家裡。潔妮肯定從來不曾經歷或見識父母所演繹的任何深情愛意或親密感。不但如此，這對父母還經常把孩子的問題捲入他們的爭執與衝突中。潔妮的母親老愛抱怨潔妮的父親，怨他喜歡和老朋友流連酒吧，不顧她，讓她被迫要照顧自己。而布萊利的父母，則是過度忙碌於自己的工作，無暇陪伴與顧及孩子的需要。布萊利的母親習慣對丈夫嚴加責難和批評，布萊利的父親則常常受不了妻子的責罵而甩門外出，這一點正是布萊利的地雷，每一次只要被潔妮當成炮轟與批評的對象，他便難忍內心一股莫名的怨怒之氣。

看看布拉姆與葛蕾塔，他們從不認為自己的父母是完美無瑕的，但他們同時在童年時期便開始感覺到父母之間對彼此的相愛與尊重。布拉姆和葛蕾塔都曾有過類似的記憶，他們記得父母在爭執後，總在最短的時間內趕緊向對方道歉，在尚未累積更多傷害和疙瘩之前，急急修復彼此的關係。葛蕾塔的父親脾氣暴躁又不太容易相處，但母親總有辦法安撫自己的丈夫。葛蕾塔從母親身上也學會如何以最佳方式——顧慮周全的方式——來回應自己的父親，她從來不害怕與父親親近。除了容易生氣的天性之外，葛蕾塔清楚知道，父親其實一心深愛母親，也在乎母親的快樂與幸福。

布拉姆也有相似但角色剛好相反的經驗。布拉姆的母親，個性直率、不善掩飾而敏感，有時候難免在外頭闖禍。他的父親則比較低調，卻懂得如何回應妻子的言行舉止，而且游刃有餘。布拉姆的父親喜歡妻子充滿活力與坦率的勇氣，而母親則對丈夫冷靜沉著與不慌不亂的個性，喜愛有加。當我提及以「最佳方式」來回應伴侶時，我的意思是，這個方式必須是對彼此雙方都感覺有效而舒服的方式。

何必成雙配對呢？

你可能會好奇而自問，我所建議的那些承諾，到底是不是你內心真正想要履行的承諾？事實上，來到這個階段，我們不得不駐足思索一個問題，既然如此，又何必成雙配對呢？

單身其實沒有比成雙配對來得好。但本書也不是要探討哪種身分——到底單身狀態或伴侶狀態——比較理想？我認識許多快樂單身族，他們從不覺得需要逃避與人交往，也從不為自己沒有伴侶的生活狀態而哀戚自憐。像這樣的個體，任何一種生活狀態都能使他們怡然自得，欣然接受：如果遇見了一段值得發展的關係，那真是圓滿幸福，如果沒有，那也無比美好。更何況，針對這兩種不同的身分狀態所進行的研究報告，從來無法對這兩者做出任何明確的結論。有些資訊——包括琳達・懷特（Linda Waite）與瑪姬・賈拉赫（Maggie Gallagher）所合著的書籍《婚姻個案》（*The Case for Marriage*, 2000）曾經提出一份普遍統計與主張——結婚的伴侶比未婚的單身者還要更快樂、身心更健康。然而，也有其他人——包括德國作家阿洛斯・斯塔茲（Alois Stutzer）與布魯諾・費雷（Bruno Frey），以及美國作者李察・盧卡斯（Richard Lucas）與安德烈・克拉克（Andrew Clark）——他們都曾分別報導，結婚的人在第一時間會覺得自己比未婚者更快樂。潔妮斯・基寇・格拉瑟（Janice Kiecolt-Glaser）與她的研究同仁則發現，已婚而不快樂的伴侶，比快樂的單身人更容易罹患疾病。

其中一個成雙配對的理由，是為了生兒育女。這是內置於我們基因的本能，為要確保人類物種的生存與繁衍。然而，單憑傳宗接代的目的，未必需要讓兩個人進入一種長期、互相承諾的親密關係等需求之上。一夫一妻是否為一種符合本性的強制要求呢？關於這個議題，至少就人類物種繁衍的前提而言，肯定找不到任何證據來支持。我從大自然的動物界找到一些頗有趣的現象。我發現有些哺乳動物，例如狼與草原田鼠，牠們都是一雌一雄的單配生物。事實上，研究草原田鼠的神經生物學者曾經為文指出，終生維繫「一夫一妻」的草原田鼠，與「非一夫一妻」的草地田鼠之間，擁有易於辨識的基因差異。或許有一天，科學家們將可以為人類找出可辨識的基因，來解釋我們何以願意或不願意結為連理，進入婚姻關係中。

現階段，為要明白與另一個人成雙配對的目的，我們或許可以從一個嬰孩的處境與立場來思考這個議題。以一般理想的狀況而言，所有嬰兒都有父母或其他照顧者，在生命最初始的階段，嬰兒理所當然需要有一份關係的連結，而且需要在一個充分被愛、安全無慮的處境中成長，與此同時，成人也在這份關係的建立中，享受被愛，享受一起照顧小生命的甜蜜。兩造之間，同情共感於「一起」的美好。我們稱之為最初階的關係依附，因為嬰兒與照顧者之間彼此連結，或相互依附。你可以說這種關係是「嬰兒圈圈」——類似伴侶圈圈的概念，但只發生於生命中最初階的時段。

嬰兒圈圈在生命的後期，設定了一份與他者共創、極為愉悅和充分享受的親密關係。如果我們在生命的最初階體驗過這份安全感，經歷過值得我們信任的深愛，那麼，這份美好的關係記憶，將一生伴隨著我們。及至成人，我們終於有能力重組一份全新的初階依附關係。我們自覺有能力成為剛強、充滿愛與安全感的人。但另一方面，假若在生命最初階的過程中，我們與照顧者或父母之間的關係缺乏安全感，而照顧者又似乎重視其他事物更甚於與我們在一起的時間，那麼，我們極有可能在進入一段親密關係或置身親密關係時，感到恐懼不安或憂心忡忡（有關依附議題，將在下一章更深入探討）。

一切以「我們」為首

我們顯然無法改變發生於嬰兒時期的經驗。然而，如果早年的幼童經驗影響了我們現在對親密關係的感知，如果早年的幼童經驗妨礙了我們，使我們無能在當下的生活中建立起我們渴望的關係連結，那麼，我們其實可以釐清障礙，尋找一條解決困難的出路。對某些伴侶而言，特定療程有助於達致這些關係建立與連結的目的。至於其他伴侶，則可以針對他們的議題，以最輕微的外在因素，透過彼此討論與對話的形式來達成目標。

讓我們來看看，可以採取哪些方式與步驟來建立伴侶圈圈，藉此幫助身為伴侶的你，在這段親密關係裡，讓彼此都感到人身安全，以及內在的安全感。

訂下協議

伴侶圈圈是一項共識，彼此約定將親密關係置於一切人事物之首，沒有任何事物比這份關係更重要了。這意謂著，你要隨時隨地，以伴侶的幸福、自尊與紓解對方消沉的考量為重。那也意謂著，你的伴侶也會如此在乎你的一切福祉與需要。你們之間達成共識，協議如此遵行。因此，你們彼此確認與宣告：「一切以『我們』為首。」如此一來，你開始將這份親密關係，緊緊而牢牢地連結起來。這過程就像訂定協議或立下誓約，或將曾經向對方許下的諾言再說一次。

我們偶爾會聽到這樣的言論：「我不想要許下任何承諾或誓約，除非我可以確定你不會再重犯那些令我非常擔心的事。」長時間從事夫妻與伴侶心理治療師，我聽過太多不同的男生與女生說過類似的話。放眼望去，導致男女關係分手與破局的普遍議題，不外乎：宗教、金錢財務、孩子、時間分配與性生活。但如果要把交往中的伴侶嚇跑，其中一個最常見的理由是，不斷向對方強調與抱怨，他／她在這些議題上無法勝任而不稱職，或堅持要身邊的伴侶得先想辦法證明自己能夠澈底痛改前非，才能確保讓對方得到允諾的安全感。不過，這樣的溝通方式註定是要失敗的。

準備進入伴侶圈圈協議的情侶們，需要澈底投入、深信不疑而全然讚賞。他們需要全程參與。當伴侶不尊重伴侶圈圈，或在過程中抱怨自己並未獲得充分照顧時，其中大部分的原因，其實是他們所付出與所接受之間，嚴重失衡不成比例。你付出了一些，然後也從其他方面有所收穫。或許你現在會為此爭議：「史丹，你怎麼可以說，為了要了解他（或她）是否夠好，我必須要先相信他（或她）？這似乎有點不合理呢！」我的答案是，如果他（或她）的條件離「好」還有一大段差距，那麼，他（或她）根本沒有資格入圍成為角逐者。雖然如此，那通常不是常態。大部分時候，我發現許多伴侶其實在選擇對象時是謹慎而瞻前顧後的，只不過，他們同時也憂心而害怕，一旦深入交往之後所衍生的問題，最終是否會成為情感破裂的致命傷。一般而言，最典型的問題不外乎，那些原來在對方身上所欣賞的正面特質，而今猛然驚覺，怎麼都含括了一些令人惱怒的元素在內。譬如說，你可能對他的幽默感欣賞有加，但現在你卻對他老是在需要嚴肅的時候笑話連篇而討厭至極。也或許，你對她的音樂天分讚賞不已，但當你想要和她一起去散步時，你最終卻因為她堅持要練琴而悶悶不樂。

有時候，置身這一類處境中的伴侶，會為此而討價還價：「我是不是可以只要那些我喜歡的特質，但是拿掉其餘我不想接受的部分？」

抱歉。這不是一場可以讓你討價還價的合夥關係，讓你可以選擇性地挑三揀四。要麼就按著原有的樣子，全盤接受，要不呢，就往前移動，不要耽誤了別人。我知道這聽起來有點粗糙或太直接了，但我卻經常不厭其煩地如此對伴侶們言明在先。他們一般的反應，是謹慎審查與評估整個情勢與狀況。他們終於認清，在親密關係上，終究得要為自己的矛盾付上代價。然後，他們將因此而得以朝向某個共同的方向，一同前行。

我們準備好了嗎？

我並非建議你試著提早去創造伴侶圈圈。有些時候，伴侶會在親密關係最初始的階段，就在雙方似乎毫不費力的狀況內，伴侶圈圈便已於焉成型。其中有個最好的範例，發生於《西城故事》（*West Side Story*）這部電影裡。男女主角湯尼與瑪利亞這對命運乖舛的戀人，邂逅於一場舞會中。他們一見鍾情的深愛，猶如一道聚焦於他們身上的聚光燈，其餘的眾人相形失色，都要黯然退居幕後。當然，如果悲劇沒有使他們的愛戀戛然而止的話，我們其實無從知道他們未來的命運將如何演變。極有可能，他們還是需要努力經營與維繫他們的伴侶圈圈，才得以延續那份關係。

有一點很重要，需要我們謹記其中差異：隨性的約會與追求的階段，和持續進展或以長久相處為前提的親密關係，這前後兩者是截然不同的。在一段關係萌芽的初始，我們被幸福的希望圍繞，也沉迷於彼此的愛慕與深情之中，不可自拔。我們的大腦沉浸於多巴胺與腎上腺素裡，這兩種化學物質大量釋放興奮、聚焦與注目的能量。而當我們暫時分離時，我們的大腦開始與越來越少的血清素奮力交戰，那是一種經常用以安撫焦慮與強迫症的化學物質。我們發現自己忍不住思索：「我要等到什麼時候才能再見他呢？」或「我明天是不是應該打電話給她呢？」蠢蠢欲動的心，使我們在這片社交大海之中，不斷與這些情不自禁的念頭產生連結。

當然，這份彼此共享的愛之饗宴，隱含了一份真相，那就是，我們對彼此其實不甚了解。在那樣沉醉不已的時刻裡，誰管得了那麼多，對嗎？我們就像裝載了充足燃料，發射升空的火箭，一路衝到外太空的邊緣，但為要往更持久、更遙遠的目標發射，我們需要首先投棄其助推器。在一段嶄新的親密關係裡，我們一心為了仰望星星而興奮不已，甚至假設當我們抵達滿天星斗之處，一切答案終將昭然若揭。然而，如果我們真的想要這段親密關係開花結果，抵達婚姻彼岸，以下這些內容，恐怕才是我們確實需要明辨的重點。

堅持下去

伴侶圈圈是由雙方訂定的協議，在這份共識裡的相互補償，是雙方甘於被彼此的愛、彼此人身安全的照顧、安全感與幸福感而相互牽制與影響。這份彼此羈絆的甜蜜負累有多強，就決定了你們可以共享這段關係裡多深刻的感激，與對彼此的珍視。當你開始思索，這段旅程怎麼走得如此艱辛時，或許那正意謂著，你們若想要好好發展這段親密關係，真正能倚靠的，只有一樣，那就是伴侶圈圈。

當然，這不表示你這一路往前走都不會再犯錯，你們當然會偶爾不小心又傷害了彼此。我們也可能在不經意之間，做出一些有違協議的決定，甚至視我們的個人利益優先於彼此的親密關係之上。無論如何，這些事都可能發生。然而，我們仍將竭盡所能，信守彼此所立下最根本的約定：「以『我們』為首。」

然後，當我們之間任何一方犯錯了，另一方就要予以溫柔的提醒：「嘿，我以為這是我們之前就同意要為對方做的事呢！」犯錯的一方可以這麼回應：「啊！是！那是我的錯！」然後，隨即修復錯誤。

〔練習2〕

「伴侶圈圈」問題探測器

一旦你與伴侶一同進入伴侶圈圈的協議之中，下一步則是學習互相監督。雖然協議已然訂定，但維繫圈圈則是一個重要過程；而且是持續不斷進行的過程。你甚至可以說，圈圈有它自身的生命週期。因此，你需要不定期測量其脈搏，檢視其生命跡象。

在這項練習題裡，你將開發一套「圈圈問題測量器」。你將藉此測量器來辨識不同的警訊，這些警訊將告訴你，你的伴侶圈圈並未按照原初的設定，提供你足夠的人身安全與內在的安全感。

一、下一週開始，觀察你自己與伴侶之間的親近程度與感受。當然，親近感自然會歷經一定程度的起伏跌宕。你需要去做的是，隨時保持一定的警覺與戒心，一旦迅速退潮時，就要及時發送警戒。

二、針對狀況連連的時刻，要格外予以關注：到底發生什麼事了？你感覺如何？而你的伴侶感覺如何？你和對方說了什麼樣的話？比方說，你可能留意到自己在那段期間，竟選擇離開，留下伴侶獨自去面對。若然，這便是測量器發出警訊的時候。

三、請將你辨識出的一些特殊訊號，列下一張清單。將這些重點與你的伴侶分享。坐下來，彼此討論，看看可以如何重新創造你們的圈圈，讓這份圈圈堅實可靠，以防任何備受壓力的事件舊事重演。記得：圈圈是為要保護你們雙方的。那是你的圈圈，所以別忘了要經常擦亮它，每天保持圈圈的乾淨澄澈。

在後續的篇章中，我們將更詳盡地探討，如何維繫你的伴侶圈圈。

最初階的引導原則

本書的首要原則是，創造屬於你們的伴侶圈圈，努力將守護對方的人身安全與內在安全感，視為責無旁貸的首要職責。只要你們彼此同心同行，必然得以創造與維繫屬於你們的圈圈。你同意為彼此付出一些沒有任何人會做的事，或至少不計代價，為對方甘心付出。事實上——這一點異常重要，請留心聽好——如果有人為你做一些通常只有伴侶會做的事，那麼，極有可能他／她會向你索取一些回報，例如性愛、金錢或承諾。但倘若你處於一段承諾的親密關係中，而同時有其他人願意為你承擔原該由伴侶所做的事，當心啊！我們都聽過這樣的一句話：「天底下沒有白吃的午餐！」

因此，伴侶圈圈是你們雙方要一起去經營與完成的事。但也要謹記在心，你要在這場協議中為自己負責到底。你堅持維繫下去，是因為你相信這份原則，而不單單因為你的伴侶願意或不願意同心效法。唯有雙方願意按著這份最基礎的原則而行，這項計畫才可能開花結果，而非停留在彼此推讓的「你先來」的階段裡。

這裡有些後續的原則，可以逐步引導你：

一、你要投入而悉心關照伴侶的人身安全與內在安全感，是按著對方的需要，而非單憑自己的想法去滿足對方。有些事物與方式，或許對你來說是安全無慮的，但那未必是你的伴侶所求於你的方式。你的本分與任務，是去認識對方所重視與在乎的是什麼，以及如何令他／她充分感到人身安全與內心的安全感。

二、不要把圈圈戳破了。由於伴侶圈圈有其自身的基礎、不言自明與對安全感的絕對意識，因此，你不需要擔心這些圈圈會輕易被戳破。你的行為舉止若搖擺矛盾，或在親密關係中表現得忽冷忽熱，甚至不惜澈底破壞你所創建的安全感，那麼，如此一意孤行的後果，將使你們其中一方或雙方都得被迫重新接受面試，而且你將失去所有一手辛苦打造的圈圈，所有圈圈的好處也將瞬間消失。

三、確保伴侶雙方都一同維繫、彼此尊重這些圈圈。請留意，這份相互重視與珍惜，與情感的過度依附，是截然不同的兩回事。過度依附的伴侶是倚著對方、或全然為了對方而活，但卻忽視他們自己的需要與想望，因而引致一些患得患失與其他消沉憂鬱的情緒反應。反之，光譜另一端的對比，則是一對配偶共同組成伴侶圈圈，雙方不但在一些原則上建立共識，而且都能按照意願，欣然遵守與行事。例如，我可以自信地說，我的伴侶總能在任何時候滿足我的需要，但我同時也得讓自己可以隨時隨地回應對方的需要，而非期待對方要先做到，我再後續跟進。如果我的伴侶並未遵照之前所同意的協議行事時，那表示我們需要好好溝通。然而，只要我們任何一方持續違約食言，那麼，我們其中一方肯定要被三振出局，退出這個共同的協議了。

四、好好規劃，善用你的伴侶圈圈。這個圈圈提供了一處安全地，讓你與你的伴侶可以向對方放心求助，互相依賴，也彼此示弱，分享你們不堪一擊的脆弱之處。那是你們最首要的相互支援與保護途徑。譬如，任何時候，當你與伴侶準備參與一場社交活動時，特別是當你們要面對一些難以相處的人，你可以預先做好計畫，確保你們倆都一同置身於圈圈的保護範疇之內。一如葛蕾塔與布拉姆所做的，一起規劃，做好約定，如此一來，你們便可在某種象徵意義上，心手相連，一同度過某個場合。透過手牽手，我指的是雙方彼此連結，不讓對方落單，而且在任何有需要的時刻，守候陪伴。伴侶之間要常常保有眼神對望的視線接觸、身體接觸、偶爾前傾在耳畔低語，或默契十足的手勢或求救訊號——任何一種都行！總之，你們需要坐下來，一起商議討論，要如何面對不易相處的對象與狀況。或許在某個場合中，你真的牽起對方的手，或彼此緊挨著坐一起，以具體行動予以對方最實際的陪伴。我們將在第七章，針對「如何保護你的伴侶圈圈」有更詳盡與深入的探討。現階段，謹記那些教人痛苦萬分、不易處理的對象與情境，如何令你倍覺脆弱與不堪。不過，只要一起同心面對，你們一定可以跨越重重障礙。

第二章

大腦的愛恨運作：如何維持愛情的興味盎然？

「一個伴侶圈圈，懂嗎？」雪妮絲剛結束一場心理治療課程，在返家途中對著丈夫說道。

「蠻有趣的概念。」丈夫回覆，繼續專注開車。

雪妮絲持續說道：「但是，如果只有我們其中一方對這個議題感興趣，那我們要如何一起去創造圈圈呢？」

雪妮絲以無比堅定的眼神凝視著丈夫達柳思，只見他眼球轉個圈，一副不以為然的神情。

「別給我那種表情！」雪妮絲對著丈夫吼回去。雪妮絲繼續說道：「或許你有興趣，但可能就是做不到。也或者，你會以為，萬一我做不到呢？但我的意思是，我們所說的，都是真實的對象，真實的生活。」

達柳思與雪妮絲，這對結婚七年的夫妻，育有兩名孩子，兩人自從高中時期便互相傾慕。然而，兩人雖然深愛彼此，但當他們在一起時，仿若鞭炮般，對著彼此引燃，而且事先毫無跡象與警告，某一方經常冷不防被對方「引爆」。

「別把那套東西往我身上套！」達柳思回覆，而這一次，輪到雪妮絲轉了個眼球，不置可否。他說：「我感興趣啊，但是，當你說你沒辦法落實這套圈圈的東西，你真的說對了。記得嗎，當我們去你爸媽家時，我可不是那個會忘記你的人哦。」

「你又想要舊事重提嗎？」雪妮絲把頭往後一靠，神情惱怒。

兩人的朋友與家人對他們之間動輒得咎以及隨時踩到地雷的脾氣，一點兒也不陌生；不論在房子裡兩人獨處時或在外頭與親友互動時，那些爭鬧不休的火爆場面時有所聞。每一次當他們話鋒一轉，又出現類似的話題時，他們所使用的言語與詞句都大同小異，那些切身經歷與受傷、背叛的記憶，不相上下。

達柳思與雪妮絲在早期的磨合關係中，早已張力十足，其實，這樣的緊張關係可以一路追溯至他們各自的原生家庭。在平靜安穩時，他們之間的對話清新而溫和，沒有翻舊帳的針鋒相對，他們會相互逗弄打趣，關係和諧得多。唯有在這些時候，他們會欣然留守於兩人之間的伴侶圈圈之中。然而，當其中一方感知到從對方傳來某種威脅性的暗示時——可能是一個輕蔑的眼神、欲言又止的對話、不置可否的眼神轉動或沉重的一聲呼氣——原有的愛意，頃刻間急轉直下，瞬間降為冰點，旋即進入戰場。他們爭得面紅耳赤，怒目相視，聲量提高，講話的音頻改變了，四肢僵硬緊繃，嘴巴開始念念有詞，磨刀霍霍，準備好開戰前的惡言相向。此時此刻，他們看起來一點兒也不像愛侶，甚至連朋友都稱不上，而是一對劍拔弩張的仇敵。一切有趣的嬉鬧逗弄、所有善意與親切之情以及那些和顏悅色的對話，彷彿瞬間隨風而逝。取而代之的，是無止境的秋後算帳，無解的關係問題，以及再熟悉不過的指控與交相指責。

何以演變至此？

達柳思與雪妮絲，一如我們每一位，在大腦深層的部位，對威脅性的感知與反應，格外有感。不幸的是，我們與生俱來的生理機能無法自動保證，在需要時為我們緊急提供伴侶圈圈。不過，它倒是提供了一套機制，來協助解決各種威脅我們生存的實況。但這不意謂著，我們整個大腦都投入備戰狀態；事實上，只有一部分的大腦會深入處理威脅性的感知與回應，大腦的其他部分則幫助我們建立最深層的愛意、仁慈與友善的自我。是的，它們幫助我們創造伴侶圈圈。

在這一章，我們要深入了解我們與生俱來的生理機能，看看這份上天所賦予的本性，可以如何幫助我們，在一段最佳與最糟的親密關係所衍生的戰鬥實況中，學習如何預防、降低與修復傷害的功課。

你不可被殺

在交往的熱戀期間，情侶對心中深切的希望殷殷期盼，心嚮往之。當兩人的親密關係逐漸加溫而雙方日益親近、越來越相互依賴時，伴侶圈圈可能於焉成型，而他們對天長地久的渴望與感知也與日俱增。當然，那可是他們最期待、互許對方的未來。然而，有時候，伴隨「安全感」而來的，卻是一種截然相反的狀況。源於早期生命對依賴的期待與恐懼，因為沒有在交往熱戀或約會期間出現，卻在親密關係的升溫與互許承諾時被啟動了。結果是，伴侶們竟在他們的親密關係中，開始期待最糟糕的壞事發生，而非好事臨門。期待最糟的壞事，從達成目的的角度而言，一點兒也不合邏輯，從表面的意識與警覺性來看，也毫無必要，因為這一類的期待置身於大腦深層的非語言區域。

身為伴侶與別人的伴侶，我們大部分人首當其衝要面對的，是最基礎的生存法則，以及幾近獸性與本能的自我。事實上，我們幾乎可以這麼說，人類是因為簡單的一條命令「你不可被殺」而安然歷經數千年的。愛與爭奪，同時是我們大腦的生存條件。雖是這麼說，然而大腦最起初、最重要的連結是爭奪而非愛。顯然，大腦最首要的功能，是要先確保我們以個體與物種的本質，先求能讓個體好好活著。其實，這是異常美好而重要的事。

不幸的是，我們大腦中那個善於保護我們免受殺害的部分，同時也有點魯莽與愚蠢。它們最基本的信念是：「先殺再問」。譬如，如果你正站在鐵軌上，一列火車朝著你的方向疾駛而來，此時此刻，你大概不會好奇地駐足沉思：「咦，這火車的速度有多快啊？火車上有多少乘客呢？這列火車從哪一站出發呢？要多久才會抵達目的地？」你若真的這麼呆立原處而自問，你極有可能隨即命喪軌道上。極度危機需要有不假思索的快速行動，而我們大腦內最急速行動的區域，完全不管任何具體與數學計算的內容，也不理會任何耗費時間的元素。它最首當其衝的重要任務，是保護我們免於送死。

因此，大腦在確保我們好好活著的任務與功能上，是不是完美而稱職呢？肯定是！不過，面對愛，它是不是澈底沒轍呢？絕對是！我們大腦的求存技巧與法則，一旦遇到愛與親密關係，就顯得一無是處，格外不對盤。其實那是不難理解的，因為那些保護我們免於被殺的事情，往往正是保護我們免於投入親密關係，或使我們盡可能維持獨立一人的狀態。

最近，坊間有許多涉及大眾心理學的論述，特別針對女性與男性大腦之間的差異，多所著墨。例如，我們從丹麥學者派肯柏（Bente Pakkenberg）與漢斯．甘德森（Hans Jurgen Gundersen）的研究中得知，男性在出生時，便比女性擁有更多的大腦細胞。然而，神經科學家保羅．麥克蘭

（Paul MacLean）卻發現，女性大腦在平衡對稱與融會貫通的能力上，遠優於男性。從物種演變的角度來看，男性大腦在「反應的連結」上，比「威脅感的連結」還要強烈。在這本《為什麼斑馬不會得胃潰瘍》（*Why Zebras Don't Get Ulcers*）這本書中，作者薩波斯基（Robert Sapolsky）指出，男性在面對威脅時，比女性更快速反應，迅速行動，而且維持較長遠的警戒狀態。而女性則為了確保自己的安全，傾向把他人拉進來一起攪和或私下了事。除了男性與女性之間大腦與神經系統的些微差異之外，身為人類，不論男女，我們共享了一般生存與親密關係的動力和欲求。我們大腦內部最基本的機制其實是一樣的。

內在原始人與內在大使

人類大腦專職生存之道的那部分，早已存在一段很長的時間——具體而言，應是我們人類物種最起源的階段。我喜歡將此大腦內的爭奪部分，稱之為我們的「內在原始人」。你可以將你的內在原始人視為內在的一頭猛獸。內在原始人往往不經你的同意便伺機而發。只要面臨任何與生存慣性反應有關的事，他們總是不假思索便發號施令，即刻啟動，想方設法滿足你的所有需要與想望。他們是主戰（迎戰與逃逸）與擊敗（投降與裝死）的代表。

還好，我們也同時擁有一個更進化、更社會化的大腦。相對於我們「驍勇善戰」的大腦，我們另外還有個以愛為功能的大腦區域。我們可以合理地說，這部分的大腦結構一直以來是以愛為連結的。我喜歡將這部分的大腦區域，視為「內在大使」。迥異於內在原始人，內在大使以細緻周到和文明的姿態，與腦部進行互動。你可以將內在大使視為內在的外交官。在真實的世界裡，我們的內在原始人有時候會出現內在大使的功能，同理，有些內在大使也會貿然出現內在原始人的反應。不過，如果我們能稍微簡化一下這兩者的差距，並將他們視為對立的陣營，或許對我們理解伴侶行為的目的上會更有幫助。現在，讓我們更深入來探討。

內在原始人

內在原始人的本性，隨時箭在弦上，蠢蠢欲動。不管那是小戰役或大戰爭，他們總是蓄勢待發，不計代價，隨時做好防衛的戰事預備。內在原始人允許我們去意會、感受與回應，他們也樂於成為所有資訊的首位接收者，包括身體之外與身體之內的資訊。這有助於內在原始人快速辨識危機與威脅，並且善於使用權宜之計來處理這些危機與威脅。事實上，數百萬年的進化所賦予的所有優勢，我們的內在原始人都一應俱全，例如，整合能力、效率與速度。他們總是最先抵達現場的那個人，很可能也是留守到最後（死亡）的那個人。

那麼，具體而言，到底內在原始人如何操作呢（參閱2-1圖表）？更重要的是，你要如何辨識出他們在親密關係中的行動？

表2-1：行動中的內在原始人

內在原始人	主要功能
杏仁核	接收威嚇訊息（例如：語帶威嚇的字句、表情、聲音、語氣、動作、姿態與味道等）。
下視丘	釋放化學物質到大腦裡，同時指示腦下垂體與腎上腺進一步釋放壓力荷爾蒙至全身，發出是否迎戰、躲避或靜止不動的警訊。
腦下垂體與腎上腺	接收下視丘的指令，釋放壓力荷爾蒙。
迷走神經背側複合體（沉默迷走神經）	透過全面減緩心血管與呼吸道系統的運作，對壓力或危急情境做出反應。

本質上，內在原始人的操作是根據一系列的指令，與軍隊中的狀況頗為類似。當他們感知到威脅或危險時，逐一開展的事件與後果，將引致兩種可能性：要麼開戰，要麼消滅警戒。這一切決定，就發生於我們的大腦與身體之內，通常是來得又急又快，有時候遠遠超越我們的警覺，甚至在我們還未意識過來時，便已發生。不過，只要我們學會如何謹慎檢視，其實還是有跡可循的。而且，一旦我們做到了，我們便可以開始思索，如何進一步影響整個發展的過程。想要讓整個後果更容易檢測與掌握，我特別設定了三種關鍵階段：紅色警戒！整裝待發！全面開戰！

第一階段：紅色警戒！

對內在原始人而言，防守的第一守則，首先要充分感知危機臨到，再拉警報，警戒聲則要響亮而明確：「小心！危機！」這是由我們大腦裡其中一個最原始的杏仁核構造所執行的指令。杏仁核持續地針對整個外在環境的安危，進行監測巡視，當然也免不了要耍耍手段，爾虞我詐一番。換句話說，它們絲毫不會錯過任何所能搜尋到的資料與消息。它們不講究策略與方法，也不會停下來分析，判斷那些接收到的威嚇，到底是否屬實？抑或已經迫在眉睫？它們的職責是，當下隨即警報大作，並假設其中一位內在大使可以進行更為審慎的評估，然後，再進一步針對內在原始人在十萬火急的狀況下所做的錯誤假設或判斷，進行修正。知己知彼，百戰百勝，不是嗎？然而，分析戰略與判斷是需要時間的，如果危難已然臨頭，千鈞一髮之際，時間則成了最大的問題了。

當一對伴侶接收了對方臉部表情的不悅、倏忽揚起的聲調、強烈而急促的動作或語出傷人而心生負面感受時，大腦裡的杏仁核便開始包辦大小場面，指揮調度，全場跑透透。與其說是兩個大腦之間的戰爭，毋寧說是一場殊死鬥爭——有點類似電影〈飆風戰警〉（*Wild West*）裡，兩位兵戎相見的槍手，在拔槍之前一觸即發的緊張局勢。就像達柳思與雪妮絲這對伴侶，他們經常在彼此對峙的位置下，搜尋對方的任何威嚇等負面訊息與記號。尤其是右邊的杏仁核，它專挑那些危險的臉部表情、聲調、聲音、動作與姿態。左邊的杏仁核則接收危險的字眼和句子。

再來看看另一對情侶，弗蘭克林與蕾雅。交往約會一年以後，弗蘭克林仍猶豫著是否該向蕾雅求婚，而蕾雅對男友的裹足不前感到挫折不已。蕾雅已幾乎要放棄這段感情，另外再找別人了。情人節一週後，當兩人在車上準備一起晚餐約會的途中，這對情侶吵起來了。

一開始，車內的兩人出奇地安靜，蕾雅耐心聽著車上播放的音樂，一段時間之後，坐在副駕駛座的蕾雅終於忍無可忍，忽然將音響關掉，直接對男朋友攤牌：「我們可以談談嗎？」

弗蘭克林的身體忽然僵硬起來，回應道：「當然可以。」他的杏仁核選取了蕾雅揚起來的聲調，以及剛剛發生的一連串動作與事件：沉默，忽然關掉音樂，以及「我們是否可以談談」的提問。弗蘭克林的杏仁核所摘取的這些訊息與模式，對他而言，其實毫無招架能力，因此，他的身體開始為一場不明所以的戰役緊急備戰。

就在數秒鐘之前，蕾雅坐在車上聽到一首歌的歌詞，反覆唱著：「步入禮堂……」心動與感觸之餘，頃刻間，歌詞的畫面緊抓住她的杏仁核，她沒來由地，就是突然感覺異常惱怒和委屈。她的心思開始轉移到數週前，她一度滿心期待情人節當天的求婚好事，但卻事與願違。就在那一剎那，她幾乎快要釐清到底是怎麼一回事時，那一句「我們是否可以談談」的提問，竟從她口裡說了出來。蕾雅的憂懼使她手腳發冷，她既期待又怕受傷害，擔心弗蘭克林的反應會再度重提那可怕的主題。此時此刻，即便蕾雅避開男朋友的表情，但弗蘭克林在回答「當然可以」之前，那些看似毫不起眼的輕呼一口氣，以及片刻遲疑與停頓等反應，都被蕾雅的杏仁核一一「記錄在案」。蕾雅的身體開始去記憶、辨識並預期一場即將展開的戰爭。雖然她理性上知道，在反應之前，她應該要先為自己的感知檢視一番，但無奈這一切不在她最首要考量的心思之上。

第二階段：整裝待發！

當杏仁核開始響起警鐘時，下一個內在原始人的系列指令，直接跳到腦部的下視丘。下視丘最主要的內在原始人，擔負起整合我們心思與身體的重責大任，為下一步行動而預備妥當，它指示腦下垂體與腎上腺釋放化學物質，以配合我們的行動。這些腺體都是信差與步兵，屬於下視丘的統管範疇，接受下視丘的命令行事。

綜合以上這些內在原始人元素，組合而成我們身體大部分的壓力反應系統，同時釋放不同的物質——譬如，急性壓力反應激素的腎上腺素，以及俗稱「壓力荷爾蒙」的皮質醇——進入我們的血液裡。快速行動的腎上腺素使我們忽然力量大增、士氣大振，摩拳擦掌，隨時可以決一死戰，另一方面，放慢行動節奏的皮質醇，則透過降低我們體內的熊熊烈火與破壞力，幫助我們去適應那些接踵而來的壓力。這一波介於不同化學物質而持續進行的平衡行動，不斷將與戰況有關的訊息傳回下視丘：我們是否應該繼續戰下去？或是該選擇撤退？

一旦開戰決鬥的警訊響起，下視丘即刻給我們三個選擇：我們可以迎戰，可以逃離或靜止不動片刻，重新評估與決定到底要迎戰或逃離。不管我們做出何種選擇，號聲已經響起：「整裝待發！」正當杏仁核對資訊是否正確無誤便已不假思索貿然發出警訊時，下視丘也毫不遲疑地隨即對杏仁核做出回應。顯然，大家依舊假設，內在大使最終會出現，如果需要的時候，內在大使甚至會及時趕到現場來收拾殘局。

回到我們剛剛所提的那對情侶，弗蘭克林與蕾雅的案例，他們的下視丘在第一個威嚇警示響起時，幾乎同時發出列隊出征的命令。我們只需要看一眼這對情侶，便可一目了然：弗蘭克林的肌肉僵直，那是準備迎戰的預備動作。蕾雅的身體因害怕而冰冷，不確定自己是否還能忍受另一個對決（或許他們過去的衝突可以提供一些勝負線索，但她看起來不太像會逃離）。兩人開始噘嘴，啟動唾液腺與消化液。他們的瞳孔擴大，隨著血液急速循環而漲紅了臉。當雙方各自進入備戰狀態時，能量與警覺性也同時不斷攀升與高漲。

第三階段：全面開戰！

在這個階段，內在原始人是個狠角色，幾乎掌控全場。理當在背後忙於檢驗對錯的內在大使，卻不復出現銷聲匿跡了——甚至更糟，疲於應對內在原始人所搞出的緊急狀況而不堪重負。一般而言，相對於內在原始人的激進，慢動作的內在大使經常被躁進與亂源禍首的內在原始人所擊敗。所以，對這對情侶來說，這無疑是一場全面戰爭，在撥雲見日之前，絲毫沒有任何說明原委與解釋的空間。接著，他們將有機會坐下來，集中所有死傷兵卒，細數他們的虧損有多慘烈。

置身戰役中的伴侶，會出現某些特定「說故事」的行為模式與記號。有些伴侶在過程中情緒高昂，其他一些則變得緩慢、愛睏甚至未戰先潰。不管他們所採取的是哪種姿勢，衝突中的伴侶不論所言與所行，難免殘酷而咄咄逼人。每一次當他們爭鬧不休時，他們總是忍不住要翻舊帳，那些反覆重提的怨懟、例證、同樣的理論與不變的解套和出路。當然，偶爾一時興起他們還會擴大戰場，把其他人也拉進來攪局（「就連某某人也說你根本就是個自私自利的人」）；或在無法重來的歷史中，某個關鍵時刻（「我們第一次約會時你就做了同樣的事」）；以及引發爭端的其他議題（「你每一次這麼做的時候，也把我給逼瘋了」）。衝突中的伴侶通常耗費許多時間針對事實而爭辯不休，花許多力氣掙扎重建與重新安排那些充滿壓力的關係與事件，使他們沒有多餘的時間、力氣或資源，去釐清衝突背後真正的原因為何。我們後續將在第九章的內容中，進一步探索如何擺脫舊模式的衝突。

現在，讓我們回到弗蘭克林與蕾雅的後續發展，看看他們之間全面開戰的戰況與局勢發展如何。

蕾雅倒抽了一口氣，鼓起勇氣踩下地雷，開啟了最敏感與可怕的議題：「你記得情人節那天嗎？當我提起結婚的事，你竟然為了這件事而不高興！」戰爭一觸即發。

「什麼？」弗蘭克林立即嚴肅地回應，「你根本就把這件事和前幾天我媽的另一件事混為一談了。我不是告訴你了嗎？每一個人都在催促我要求婚，我只是覺得很厭煩！」

「不，我說的是情人節，」蕾雅毫不客氣地反擊，「我只是問你，是否可以給我一些意見，如果你真的想要……」

「又來了！」弗蘭克林歎了一口氣，繼續說道：「你為什麼老是扭曲每一件事啊？我告訴過你，我愛你，我想要和你結婚。我也說過，時候到了，我會主動問你，而且我也會……唉，好吧，別提了，忘了吧！」

「別叫我忘了！」蕾雅大吼，繼續發動攻勢，「你從來就沒說過那些話。你就只叫我閉嘴。我並沒有曲解任何事實！那一晚，你根本就徹底忽略我。」

「你說什麼？那根本就不是事實啊！」弗蘭克林尖叫一聲，緊急轉向，試圖避開一台停在前頭的車子。

「小心啊！」蕾雅驚呼，緊急靠在座位前方的儀表板，「你差點把我們撞死！」

「不要說我忽略你，」弗蘭克林很努力讓自己看起來冷靜一些，繼續說道：「你常常這麼說！你不能一邊怪我忽略你，然後又同時說你最愛我的深情和體貼。」

「我什麼時候說過這樣的話？」蕾雅不留情面地反駁。

「你那一晚就這麼說過。」

「不，我並沒有說。你也是常常這樣，盡說一些我從來沒做過的事。」蕾雅再度扳回一局。

「我簡直不敢相信你會這麼說！」氣急敗壞的弗蘭克林，緊抓著方向盤的雙手幾乎發抖了。蕾雅默不作聲，緊咬著牙根，雙臂交叉胸前。然後，冷冷地冒出一句話：「載我回家。」

弗蘭克林猛地踩油門，將車子急轉彎。「好，知道了！」他反諷回應，「一切聽你的，你想怎麼樣就怎麼樣。」

當然，並非每一位衝突中的情侶，都像弗蘭克林與蕾雅那麼戲劇性。有時候，戰爭與衝突，未必和聲量、尖酸刻薄的話語或暴力行徑有關。衝突中的伴侶可以是積極參戰，也可以不在戰場；可以大聲咆哮，也可以無聲無息；可以粗暴無禮，也可以「冰冰」有禮。要界定戰爭與衝突，關鍵在乎兩位伴侶如何解讀威嚇的經驗，同時也與他們裡面的內在原始人能否掌控的狀況有關。

戰爭之後，劫後餘生

對伴侶而言，不管彼此的關係或長或短，衝突爭鬧，無疑是壓力重重的一件事。通常，當雙方炮火告一段落時，內在原始人會花一點時間，持續負責其中一位或同時處理兩位的狀況。

就在衝突後一天，蕾雅主動想和弗蘭克林談談，試著要消除彼此之間的烏煙瘴氣。她的內在大使們紛紛出動，預備要維護自己的清白。然而，弗蘭克林下班後，並未打電話或到她家。蕾雅早已從過去的衝突經驗中知道會有這樣的後果，他總會失聯或避不見面好幾天。他下班後回到自己的住處，燈光調暗，隨意躺著，然後關機，看電視到凌晨。蕾雅找不到任何聯絡他的管道，完全無計可施，她總是為此而衍生被遺棄的感覺。過了幾天，等弗蘭克林氣消了，終於擺脫情緒陰霾之後，他通常會主動打電話給她。

內在原始人主導弗蘭克林的反應，這種反應俗稱「沉默迷走神經」（dumb vagus）。按著科學的說法是「迷走神經背側複合體」（dorsal motor vagal complex），但科學家常將此指向「沉默迷走神經」，因為它對任何威嚇都毫無所感，也無從辨識。如果我們被割傷、刺傷或其他任何形式的身體傷害，「沉默迷走神經」透過降低我們的心跳速度與血壓，同時指示下視丘輸送鎮痛劑（一種釋放止痛與製造愉悅感的腦內啡，被喻為人體天然嗎啡）到我們循環的血液裡，藉此啟動保護我們的機制。當你被抽血時，你是否感覺噁心想吐或暈頭轉向？若然，那就是你「沉默迷走神經」保護你免於出血。當然，你並沒有置身於任何危險之中，而那些過度反應，正是「沉默迷走神經」之所以被稱為沉默的緣由。如果我們即將被一頭獅子吞噬且無力反擊或逃跑時，「沉默迷走神經」也會派上用場。

除了身體的傷害之外，情感性受創與情緒受威脅也會挑起「沉默迷走神經」做出反應。它一如以往般，以「關閉」來回應。我們的臉色慘白、暗淡無血色，我們的肌肉失去彈性，我們的耳朵嗡嗡作響，我們的肚子絞痛難耐。我們感覺疲弱無力，每況愈下，崩潰倒下，有時候甚至幾乎暈眩昏倒。我們所有的幽默感、立場與生命能量，一去不復返。我們沉落至死蔭幽谷，在那裡，沒有任何人甚至連自己也不能傷害我們。那正是弗蘭克林與蕾雅衝突之後，發生在弗蘭克林身上的實況。他身體內的天然嗎啡逐漸攀升，而飽受沮喪的憂鬱身體與腦袋，正式進入「能量保留」的狀態，待在那裡一段時日，直到他的內在大使最終將他拉出低谷。

［練習3］

發掘你的「內在原始人」

當你對內在原始人的角色有所意識、保持警覺時，你的親密關係將因此而別具意義，而且令你獲益匪淺。事實上，你是將神經生物學落實在具體的應用上。

下一次，當你發現自己和伴侶開始針對某個火爆議題進行討論而甚囂塵上時，我特別列出以下建議，供你參考。

一、先確定你的位置，請確保你們是面對面坐著或站著，這樣至少你們可以近距離而清楚地看見自己，同時觀察對方。

二、看看你是否可以從我剛剛描述的階段，認出你們正處於哪個階段。例如，你找到任何「紅色警戒」的證據嗎？軍隊是否整裝待發了？

三、在某些點上，你可能想要重讀不同階段的敘述內容，好讓你可以針對各別階段掌握更好而特殊的記號。譬如說，有些時候可能包含皮膚漲紅，雙眼瞇起來，瞳孔放大，聲調上揚，口出威嚇與憤怒的惡言。某種程度上，我們可以說，這些記號放諸四海皆準，不過，我相信你總能發現一些只出現在你自己與伴侶身上，某些獨特的行為反應與模式。

四、參考表2-1，找出你在行動的反應上，屬於哪個內在原始人。

五、當塵埃落定，休戰之後，特別針對彼此的內在原始人，與你的伴侶好好談談。如果你感覺需要把事情淡化，你可以為自己的內在原始人重新命名。譬如說，我喜歡把杏仁核想成威嚇監測器，把下視丘想成訓練官。要如何想像與命名，海闊天空，任君選擇。只要你們覺得適切，你和你的伴侶甚至可以稱呼各自的杏仁核「弗雷德與金格」。

內在大使

內在大使是我們大腦內一個理性、社會化與通情達理的部分。這並不表示他們對自我求存毫無興趣，事實上，只要論及「求存」這議題，他們其實與內在原始人不遑多讓。一如我們所留意的，每當威嚇懼怕被監測到了，他們倆總是不厭其煩地一再檢查與確認所有資訊來源是否正確。雖然如此，不管他們的喜愛與偏好如何，我們的內在大使總是盡速善用他們的智慧來促進和平與社會和諧，同時維繫親密關係的持久。按著內在大使的天性本能，他們本質上是沉著、冷靜與鎮定的，他們喜歡思前顧後，審慎評估各種選擇，善於計畫未來。他們的學習能力強，偏愛玄妙深奧、錯綜複雜與新奇獨特的事物。

多虧了我們的內在大使，否則，我們終將變得孤僻無依、寂寞孤單，甚至可能自我囚禁。內在大使幫助我們建立與維繫關係，並非只為了人類的繁衍與生存，一如我們所熟知、真正的國家大使，他們是我們在這世界的代表。他們以合宜成熟的外交手段與策略，透過我們的外在或內在，致力於安撫恐懼，平息怒火。

我無意在此讓你誤以為內在大使遠比內在原始人更優或更有價值。事實不然。在某些狀況下（我們將在下一章更詳細討論這部分），內在大使也可能令人厭煩，尤其當他們被內在原始人操縱時。或許這也是為何瑞克・韓森（Rick Hanson）在《像佛陀一樣快樂》（*Buddha's Brain*）中，將內在大使形容為「愛之狼」（相對於內在原始人的「恨之狼」）。儘管如此，在一般正常條件下，意即真正自由自在、毫無壓力的情境下，我們的內在大使總是竭盡所能地使我們的愛沛然生動，活在愛中。

讓我們來好好認識內在大使，看看他們如何幫助我們免於身陷戰場，而且能在親密關係中維持和諧與延續愛意（參考表2-2）。

表2-2：行動中的內在大使

內在大使	主要功能
腹側迷走神經（聰明迷走神經）	透過心血管與呼吸道系統的趨緩，發揮鎮定效果（例：藉由長而緩慢的呼氣）
海馬迴	處理短期與長期記憶，控制抗壓力荷爾蒙，追蹤空間的場域與方向。
島葉	提升內在身體情緒的意識感（例：本能感覺），其中包括與他人連結、對他人產生同情共感等感受。
右腦	非語言、直覺；擅長處理與社交、情緒性相關的感受（例：同情共感），以及對身體的警覺。
左腦	語言與邏輯；善於處理很細節的資訊，也擅長整合錯綜複雜的聲音與語言意含。
前額葉皮質	扮演嚴格、堅持的道德角色，善於與內在大使和內在原始人溝通，隨時保持嚴密檢視與掌控。

維持和諧：聰明的迷走神經

幸好，我們的內在大使經常將我們的內在原始人，約束管制得很好。由於內在大使工作的速度遠比內在原始人緩慢許多，因此，當大部分時間由他們掌控時，維持情境的和諧，則成了他們最拿手又稱職的工作。

說來巧合，我們的「沉默迷走神經」有位年紀較小卻更為聰慧的手足，那就是我們的「聰明迷走神經」（又名：腹側迷走神經）。一如它的手足，「聰明迷走神經」使我們放慢下來。然而，它卻不致反應過度而停擺中斷，反而能將我們的頭部保持在水面上，也可說是維持於大氣最上層。斯蒂芬．伯格斯（Stephen Porges）所主張的「多重迷走神經理論」（Polyvagal Theory），解釋了這兩種在我們大腦內的迷走神經，沉默與聰明這對手足，如何以它們各自不同的角度，按著我們在不同時機所引發的不同需求，或開啟，或關閉。伯格斯指出，此現象是我們內在一套複雜的社會參與系統，而我們的身體也藉此或幫助我們或阻擋我們與他者建立關係。

比方說，深呼吸，慢慢吸一口氣，尤其是一口極度緩慢的呼氣，都可以刺激我們的「聰明迷走神經」。如果失去這種緩和心緒、心平氣和的能力，我們與他者之間的外在親近感將變得受限而膚淺，而愛情關係也將曇花一現，稍縱即逝。

如果，蕾雅與弗蘭克林在車上那段時間，彼此都能多一點深呼吸，再慢慢呼一口氣，或許，他們將可免去一場不必要的戰爭。好吧，即便他們之間的衝突已經爆發，戰局似乎也已變得一發不可收拾，但倘若雙方當下都能適度調整呼吸，或許可望停止持續發酵的惡性循環。如果其中一方能夠稍微將他或她的聲調與音量調低，或許他們得以適時休戰，重返較為和諧的軌道上。

享受「伴侶圈圈」的情侶，通常可以從他們的「聰明迷走神經」與友好同事「內在大使」的貢獻中，獲益良多。置身其中的伴侶，能同時放鬆與放慢腳步，彼此安撫，重新親密地連結起來。他們學會如何和顏悅色地向對方說話，學會如何消解潛在的威嚇，盡可能保持平靜和諧。我們將在第四章更具體地檢視這部分。

［練習4］

覺察自己說話的聲調和語氣

當我們與伴侶進行對話時，我們大部分時候不會停下來留心聆聽自己內在的任何聲音。我們也從不關注呼吸的頻率與節奏，只是逕自操控起自動導航模式，持續盤旋飛行。但是，如果你能放慢速度，試著激發你的內在大使，你將赫然發現，眼前的選項如此海闊天空。

下一次，當你和伴侶開始在輕鬆狀態下談話聊天時，試著以此作為一場體驗遊戲，實際演練玩玩。你可以進行自我檢視，看看自己在這些狀況下感覺如何？

一、調整你的聲調與音量（更大聲與更輕聲；更慢與更快）；

二、向對方柔聲耳語（你可以做到嗎？）；

三、每一次開口說話前，先讓自己深呼吸；

四、彼此詢問，相互了解，到底你喜歡什麼樣的聲調？而什麼樣的語氣會引爆你的內在原始人出擊？

澈底把事情搞清楚——海馬迴

一段和諧的關係，意謂著伴侶不但認識自己，也認識對方。他們各自對彼此內在與這段關係的本質，都掌握了基本的方向感，而這一切乃建基於他們所建立的溝通渠道。他們不會引起不必要的誤解，即便真的有所困惑，他們也能找出問題，迎刃而解。我們可以這麼說，他們不但曉得如何釐清狀況，他們也懂得如何對彼此坦蕩蕩、毫無掩飾，讓兩造之間沒有曖昧不明、似是而非的混亂感。

這部分的工作，是由另一個內在大使來完成，那是大腦內的海馬迴。它的形狀類似海馬，其主要功能是追蹤重要事物，例如，我們在哪裡、我們要去哪裡、剛剛發生何事、數週前與數個月前發生了什麼事……海馬迴幫助我們記得自己是誰，以及我們所言為何。

我們的海馬迴除了擔負起記憶的重責大任之外，還要控制抗壓力荷爾蒙，同時針對我們的外在環境與方向，進行訊息的編碼與還原，因此，我們的海馬迴其實是關鍵性的內在大使。如果你曾到過倫敦，或許你會發現，那裡的送貨司機向來以熟知一切動態而遠近馳名，他們對自己所置身之地，與即將前行之目的地瞭若指掌。他們似乎內置了一套虛擬地圖，使他們得以按著空間記憶，比一般人更能準確無誤地將東西送至指定地點。事實上，相關人員曾經針對這些送貨司機的腦部結構進行研究，他們最終發現，原來這群天賦異稟的司機們，擁有比一般不靠開車為業的人更大的海馬迴。其實，更準確地說，這群以開車為業的司機們，他們的海馬迴是隨著工作時日的劇增而逐漸增大。

回到我們所關注的兩性關係上，海馬迴之所以意義非凡，乃因為它要負責謹記親密關係中所有與時間、地點、順序與內容相關的主題。它不僅幫助我們找到外在空間上的位置（例如：你們約好在哪裡和伴侶一起吃中餐），海馬迴也幫助我們針對「誰在何時何地，與什麼對象做了什麼事」進行編碼，也將事件還原。每當衝突與戰爭爆發時，讓海馬迴無法發揮正常功能的罪魁禍首，便是杏仁核。因此，我們可以這麼說，當一對伴侶吵得不可開交時，他們當下的記憶力是很不可靠的。就像蕾拉與弗蘭克林，看看他們如何為了已然發生的情人節事件，爭鬧不休，互不退讓。他們一步步陷入永無止境的爭辯，掙扎著重建與復原一段充滿張力的事件與時間順序，但遺憾的是，在劍拔弩張的關係裡，沒有任何一方可以準確無誤地回想，到底在那關鍵性的時空背景下，誰在什麼時候說了什麼話。在那個節骨眼裡，某一方若想要嘗試建立共識，恐怕只會讓衝突變本加厲。在最糟糕與極端的狀況下，如此不斷延燒與加劇的衝突，最終造成我們的杏仁核持續增長，而海馬迴則一步步萎縮！

如果蕾拉與弗蘭克林的內在大使在他們一觸即發之際便發揮功能，那麼，他們其中一方可能會這麼說道：「哦對，是的，我記得我曾經這麼說過，」抑或：「啊，你說得對，那確實是讓我們都很難過的一晚。」若然，就不會演變成彼此你爭我奪的慘烈結局，搞得雙方想方設法要證明對方錯，自己對；而事實上，他們可以心平氣和地針對已然發生的歷史事件，一同將彼此片片斷斷的記憶與感受拼湊起來。或者，他們其中一方也可以首先表明：「你知道嗎，那些細節對現在的我們，其實都不重要。我現在更關注的是，你的感受如何。」

保持同情共感——島葉

我們要在這裡特別肯定與感謝大腦皮質的島葉（insula）。這位內在大使使我們得以找回我們身體的感官能力、本能感受，甚至去感受我們的心跳。島葉賦予我們與他人連結的能力，使我們享受性高潮，或感覺噁心、不舒服。就我們所關注的兩性關係議題而言，島葉在「感受憐憫與同情」的功能上，做出了非同小可的貢獻。因此，島葉在整個愛的體系與規劃裡，是個地位懸殊、非常重量級的內在大使。

保持緊密連結——右腦

在我們大腦的社會部主席領軍之下，我們的內在大使將注意力放在與他人連結的努力上，尤其與我們的伴侶和家人之間的緊密互動。負責主導這部分功能的內在大使，是我們大腦內的右邊球體，或更簡單地說，就是我們的右腦。

右腦承載我們的想像力、藝術感，以及一切與感受性相關的事物。看似無言無語無聲音，卻又一切盡在不言中，以另類方式完美地達成溝通效果。我們人性中大部分的特質與本能，包括同情共感，以及與他人互動連結的能力，大多來自這部分的內在大使。因此，右腦是至今為止處理社會性事物的佼佼者，其中包括解讀對方的臉部表情、聲量語氣與身體語言。

如果蕾拉或弗蘭克林的右腦在溝通的當下發揮得淋漓盡致的話，那麼，他們或許在第一時間便可免於陷入那場衝突風暴之中。他們其中一方一定會率先提議，先把車子停靠路邊，雙方好好面對面，四目交投，彼此對望，或藉由合宜的身體觸碰來傳達你的善意與愛意。

想要熟練地掌握聲量音調、毫無閃避的眼神對望與身體的觸碰，這些都是屬於右腦的工作。尤其在接收與回應沮喪悲傷的社交情緒上，這位內在大使的表現特別傑出而稱職，其中又以非語言的行動或身體的互動最為擅長，他們格外懂得藉此傳達充滿親和力與善意與溫暖。這份特質，是伴侶最強而有力的休戰書。

坦誠說出來——左腦

雖然非語言的連結在維繫愛意這件事是重要的大功臣，但卻不能單靠它。因此，我們的右腦多了一位同事：大腦內左半邊的球體或簡稱為左腦。左腦完全掌握細節與準確的重要性。它解讀心思的能力是出了名的精準。事實上，它不僅能言善道，而且有時候還稍顯話太多了呢！

如果蕾雅與弗蘭克林的左腦發揮正常功能的運作，那麼，他們兩人或其中一方便會說出充滿創意的話語，表達正面意義的立場，即便無法立即找到解決方案，但至少可以為彼此提供一份充滿新意、肯定與令人鬆一口氣的可能出路。其中一方也可以透過這番言辭，例如：「我知道這些情況讓你抓狂，但是……」或「我知道我們一定可以一起努力面對……」，甚至「我明白這件事對你來說很重要，如果我們……」來免去一場衝突大戰。他們之間的言談與對話，將因此而傳達出友善親和、思前顧後、體貼周到，極有可能便將他們蓄勢待發的內在原始人一舉殲滅，進而使他們可以為此事好好溝通，一直到雙方都感覺安心與寬慰。

你或許曾經聽聞或從廣為人知的文章裡，閱讀過有關右腦人與左腦人之間的差異。這些差異的分析，通常導向非語言與直覺或語言與邏輯這兩方面的比較。有些伴侶確實擁有比較強的右腦與相對較弱的左腦。這些伴侶善於用低同理的談話來溝通和處理威嚇，同時較多強調感受性與情感表達。另一種擁有較強左腦與較弱右腦的伴侶，則把重點聚焦於邏輯、想法、討論之上，他們在感受與情感的敏銳度上，相對低很多。當然，也有一些人與生俱來兼具左右腦這兩位內在大使所有的美好特質。

設身處地、將心比心：前額葉皮質

想要建構伴侶圈圈，所有的內在大使，必須在一片親切、開放、善意、充滿愛與其他正向積極的氛圍之下，齊心協力，完成使命。在前額葉皮質的指揮調度之下，它們一起努力工作，合作無間。如果這位內在大使離開，恐怕再也找不到其他像它如此有能力又有影響力的內在大使了。前額葉皮質幾乎與我們大腦內的每一部分都緊密連結，而它最重要的職責是為愛架設舞台。因為前額葉皮質，於是我們開始對自己與其他人的心思深感好奇。前額葉皮質是我們道德與同理的中心，更重要的是，它可以同時和內在大使與內在原始人好好溝通。面對一觸即發的衝突，首當其衝便是先啟動前額葉皮質去說服我們的內在原始人，安撫它冷靜下來。進行這項任務時，前額葉皮質通常不會從邏輯理性、爭辯輸贏的方式來遊說勸服，而是提供一些回應，好讓內在原始人心平氣和，此外，它也同時激發我們的同情與惻隱之心。

不管是蕾拉或弗蘭克林，他們都沒有設身處地，將心比心地為對方設想，也沒有重視與考量彼此不同觀點的角度與動機。比方說，蕾拉似乎過於在意與耽溺在自己的需要與渴望，以致她完全無法體會與諒解弗蘭克林所可能面對的壓力與懼怕。蕾拉幾乎不曾停下來詢問與關心弗蘭克林的感受，或至少關心男朋友可能也正因自己的理由而懊惱沮喪。蕾拉只是一心期待弗蘭克林來認同她所面對的處境、立場與角度。

如此薄弱的同理基礎，道盡前額葉皮質的「發育不良與失調」。或許蕾拉的前額葉皮質在面對接踵而來的威嚇不安之下，早已暫時性關閉，因此，她根本無能去關心任何超越她自身感受與想法的對象與事件。有時候，這種無能為力也或許是出於藥物濫用或服用其他藥物所造成的後果。我們甚至可以假設，這樣的狀況可能源於幼時的童年經驗，乃至這方面的成長沒來得及好好發展，使她難以對他者同情共感，也無從去理解伴侶的角度與觀感。此情此境，即使蕾拉擁有一位比弗蘭克林更溫和的伴侶，她的前額葉皮質恐怕也好不到那裡去。

不管蕾拉與弗蘭克林這對伴侶的其中一位，或兩人同時都對對方所在乎的感受或觀點視若無睹、難以理解又無從關切，如此一來，他們便無法構築伴侶圈圈。在這樣的前提之下，想要讓彼此的愛情保鮮，或許談不上難如登天，但恐怕也困難重重。然而，只要蕾拉與弗蘭克林的前額葉皮質可以正常而合宜地運作，那麼，他們便能在關鍵時刻好好駕馭各自的杏仁核，管好自己的下視丘。他們各自的「聰明迷走神經」將持續發揮功能，而他們的左右腦也將釋出善意，傳送親和力。

面對前額葉皮質的「關機狀態」，最佳解決出路是雙方都暫時休戰，直等到彼此都冷靜得足以釋出最低善意，暫時紓解衝突僵局為止。其中一個有效的輔助方式，是學習呼喚「聰明迷走神經」來拔刀相助，實際教你如何應用連續深呼吸法來平穩心緒。然後舉例說明，儘管只是稍息片刻的心平氣和，弗蘭克林也能在一番言辭中表達善意的記號：「親愛的，我愛你，我明白你心裡在想什麼。你只是擔心我永遠不會向你求婚。我可以理解你為什麼那麼擔心，我不怪你。」如此這番充滿愛與溫暖的言辭，澈底令內在原始人繳械投降，然後，內在大使便可再度肆無忌憚地進入狀況，重新運作。一旦弗蘭克林的理性都一一回歸原位，那麼，他便能順理成章地跟上蕾雅內在大使的訴求。

這本書的大部分內容與原則，大多在幫助身為伴侶的你，如何藉助兩造之間的努力，同心維繫彼此的愛，一同避開戰爭與衝突。旅程一開始，難免耗費一些時間摸索，甚至腳步錯亂而碰釘子。但假以時日，藉由不斷的練習，雙方都會漸入佳境，遇到特殊情境時，可以不假思索，甚至不必多費唇舌，隨即就能進入狀況。我們將在下一章探討這些內容，只要你能掌握主人操作指示與原則，學會何時與你的伴侶做何事，那麼，任何情境都難不倒你了。

［練習5］

當「內在原始人」遇見「內在大使」

你可以試著與伴侶一起進行以下練習：

請容許你的內在原始人與內在大使展開這場對話。請以一種室內遊戲的概念來進行，而非以一種尋找解決兩性問題的方式和目的來練習。練習的重點，是為要讓你學會如何讓你的內在原始人與內在大使彼此更了解，讓彼此認清他們各別的立場與聲音。當然，如果在對話過程中挑起任何重要的議題也沒關係，只要繼續進行下去即可。

請嘗試選取以下其中一項或所有組合來進行：

一、邀請你的內在原始人與你伴侶的內在原始人對話。

二、邀請你的內在原始人與你伴侶的內在大使對話。

三、邀請你的內在大使與你伴侶的內在原始人對話。

四、邀請你的內在大使與你伴侶的內在大使對話。

你也可以試試看，讓你的右腦與你伴侶的左腦彼此互動。然後再相互對調，讓你的左腦與你伴侶的右腦互動。結束你與伴侶的左右腦對話之後，再把對話管道關閉。

至於要在什麼樣的情境下進行這些互動，生活瑣事的相處實況，其實包羅萬象，包括在餐廳裡看著菜單點餐（表格2-3之範例），外出遛狗，或在客廳牆壁上掛一幅畫時……

表2-3 對話範例：菜單上有什麼餐點？

內在原始人與內在原始人
你：（近乎抱怨的邊緣）這裡根本就沒有適合我的東西嘛！ 伴：我點牛排。你為什麼老愛挑剔呢？ 你：你說什麼？難道你要我中斷我的節食計畫嗎？ 伴：我有這麼說嗎？菜單上的沙拉應該沒問題吧？你為什麼不戴上眼鏡，好好看看菜單上的內容呢？

內在大使與內在大使

你：嗯，如果我要繼續我的節食計畫，看來我只能選菜單上的沙拉了。
伴：你可以接受嗎？或者我們再找別的餐廳。
你：哦不，不必換餐廳，謝謝你那麼貼心。我只是看到那麼多不能吃的美食而忍不住要流口水了。
伴：哦，如果我點牛排的話，會不會讓你感覺很糟糕啊？希望不會讓你受不了而繼續流口水哦！

留意表格裡的兩組對話與互動模式，有發現任何差異嗎？當你越來越熟悉自己和伴侶的內在原始人與內在大使的聲音時，你便可以嘗試選取一些更貼近你們實況的主題，進行這一類的練習。

第二階段引導原則

此書的第二階段引導原則是，當伴侶們的內在原始人輕鬆自在時，伴侶之間可以做愛但要避開衝突。我們已在本章帶領讀者深度遊走了一趟大腦旅程，藉此使你更熟悉那些「為衝突連結」、與「為愛連結」的不同角度與面向。從這些迥然相異的立場掌握不同的認知，再將它們落實於你與伴侶的親密關係中——那是使你們的愛持續保鮮的第一步。

現階段，先提供一些輔助原則作為你第二階段的引導：

一、以實際行動來辨識你的內在原始人，有助於隨時檢視它們。現在，你已經認識你的內在原始人，也曉得它們如何運作，接下來看看你是否懂得如何掌握它們的行蹤了。比方說，當紅燈警示解除時，你是否可以辨識那意謂著什麼？我並非要你當機立斷即刻關閉警訊系統。首先，你需要先辨識，是你的杏仁核啟動了警訊。啟動警訊的形式很多種，包括心跳加速、掌心冒汗、臉頰發燙、肌肉緊繃，你也可能發現自己忽然變得疲弱無力、無精打采、噁心想吐、頭暈目眩、麻痺無感或沉默不言。我將於後續篇章中，提出更多具體的方式與技巧，幫助你和伴侶在面對內在原始人興風作浪時，知道如何應對進退。當然，要認清你內在原始人的這項大工程，只能藉由內在大使的幫助；尤其是你的海馬迴。按著原則與定義來看，你若能以實際行動來掌握和留意你的內在原始人，那麼，它們便無從居高臨下，也無法掌握全局。但如果它們已經穩操勝券，則一切便為時已晚；只好等下一次機會了。你幾乎可以確定大勢已去，只能冀望下一次，再重返戰場來扳回一局。

二、能夠先認清哪種情勢對你有利，總比認清對你不利的局勢來得有幫助。因此，建議你好好認識你的內在大使。留意內在大使何時在情勢危急時登高一呼，只為了支持你與伴侶的親密關係；記得要隨時予以它們應得的獎勵與肯定。任何時候，只要哪裡需要溫暖、智慧與冷靜的場合，別忘了邀請它們進來暖和僵化的氣氛。如果你的內在原始人肆無忌憚地大行其道時——有時候難免會發生類似的狀況——但要確保在危急關頭時，不要浪費太多時間於此。當你持續無的放矢而不加思索一切可能發生的後果時，人生將充滿接踵而至、應接不暇的危機與關卡。但是，如果親密關係岌岌可危時，請避免引爆任何足以野火燎原的議題。所以，請毫不猶豫地盡速聯絡你的內在大使，請它們出面處理，先安撫平息一切可能的戰役與衝突。

三、留心辨識你的伴侶，如何以行動來操作他們的內在原始人與內在大使。有些時候，如果你伴侶的內在原始人大大地影響你，而且大權在握，那麼，也許你比伴侶更能平靜地留意他內在的動向。同理，如果情勢與立場對調，則輪到你的伴侶比你更心平氣和地辨識你的內在動向。試著找出一種不令人感覺受威脅而使彼此都感到舒適自在的方式，來讓對方知道你的心得。如果可能的話，請在某些具體事件發生後不久打鐵趁熱，盡速找機會和伴侶對話與溝通。

學習認識你伴侶的內在原始人與內在大使，可以使你同時掌握彼此了解的最佳工具。這份知己知彼的了然於心，是建構伴侶圈圈不可或缺的重要元素。在下一章，我們將更深入探討，到底何為真正認識你的伴侶。

第三章

伴侶的愛情腦：他／她到底是怎麼想的？

我們在親密關係中的身分為何？我們到底要如何才能與我們所依賴的對象之間（包括真實與象徵性的狀況）保持一種進退自如的關係？有許多伴侶雖然在一起十五年、二十年甚至長達三十年，但在許多方面卻彼此不甚了解，他們根本不曉得是什麼原因使他們彼此相契合。每一次見識此種現狀，總令我萬分驚訝，簡直不可置信。

從第二章內容已讀到，充分認識我們的內在原始人與內在大使，在某個程度上，有助於我們回答這些問題。當然，並非每一個人的親密關係都能以同樣的方式來面對與回應。內在原始人與內在大使兩大陣營的「內在」與「彼此之間」的平衡，其實因人而異。比方說，不是每一個人的內在大使都能快速準確地駕馭內在原始人。事實上，因為每一個人的大腦各自不同，分歧性大，你和你的伴侶，在與你的內在原始人和內在大使之間進行互動時，他們的經驗肯定不盡相同，而且大異其趣。

因此，每一個人都面對某種不同人格傾向的互動模式。我們可能會認清伴侶的個性，但往往並非出於有意識的認識。許多在親密關係裡處得不愉快的伴侶，經常表達出對伴侶的「無知與不解」（「如果我知道你是這樣的人，我就不會和你結婚了」），也持續維持對對方的「無知與不解」（「我真的不曉得你到底是從哪個星球來的人」），自始至終，不曾改變。我們將在本章仔細探索，為何這等令人困惑不解又匪夷所思的關係與狀態，會一再發生？而我們到底可以如何跨越疏離的鴻溝呢？

身為兩性心理諮商師，我越來越清楚了然，類似這種「無知與不解」的表達，其實並非事實，儘管說這話的人或許真的這麼覺得。我說那不是事實，是因為長期以來，我們每一個人的成長背景與過程，透過我們的父母或監護者所建立的互動標準，已經在我們身上造就了一套習以為常、被我們理所當然地接納的互動模式。一如在第二章所提及的，我們與外在環境的社會化連結，在生命的早期階段便已設定好了。當然，我們個人的理解力，以及接觸新觀念的程度會影響或改變我們的社會化連結，除此以外，這些根深柢固的連結模式，即便在我們年紀漸長之後，本質上仍維持原狀少有改變的。譬如說，我經常聽到新手爸媽信誓旦旦如此說道：「我絕不把上一代的教養模式，複製在我自己的孩子身上。」然而，除了一些最刻意的堅持使他們真能不重蹈父母的錯誤方式在子女身上之外，在某些困境與無措的過程裡，他們往往通不過考驗而如法炮製了父母的教養模式。我並非帶著批判的心態來評斷或議論是非，我只想表達，那其實就是人性與生理性使然。

大部分伴侶一開始投入一段親密關係時，面對他們是誰，以及他們在伴侶世界中如何建立歸屬的關係等問題，其實並未充分了解，甚至對此毫無感知。一如每一對伴侶初次邂逅與交往時的情境，他們總是竭盡所能地將最亮麗美好的一面呈現在對方面前。不會有人在第一次約會見面時，便開門見山劈頭就表達立場：「我從小就習慣獨處，到現在還是一樣。我其實很介意自己的獨處時間被打擾。所以，等我預備好了，我自然會主動去找你，請你不要來聯絡我，不然的話，我會以為你對我有什麼別的目的或企圖，我不喜歡這樣。」除此以外，還有一種擺盪到另一個極端的說辭，也同樣可以把好端端的一場約會斷送前途而瞬間夭折：「我向來依賴感強烈，喜歡黏人，而當我感覺被遺棄時，我會勃然大怒。我受不了沉默和安靜，我受不了被忽視。我非常需要眾人的肯定，越多越好，但是，我又對這些讚美和肯定不以為然，因為我其實不相信這世上的人會有多誠懇，所以，我習慣拒絕任何美好的事。」發展一段關係的初期，情侶或許會提供一些線索給對方，其中包括身體的親近、情感的親密，以及外在與內在安全感等基本偏好與傾向。唯有當這段關係在彼此或其中一方的心目中，被認定為長久而穩定的關係之後，這些傾向與偏好才會在現實生活中真正出現。

我們所做的大部分事情通常都不假思索便自動去完成，好像水到渠成般理所當然。這一類的工作，大都出自我們的內在原始人。在親密關係裡，也有許多類似無意識的行動，其中一種最典型的狀況是，他們彼此之間的身體距離——到底何時靠近，何時遠離？我們大腦對身體親近的距離，與親近多久的反應，其實與我們的童年經歷緊密相連，這部分深深影響我們與伴侶之間的身體親近，包括我們與伴侶或站或坐一起時的姿勢，我們如何調整彼此的身體距離，我們如何擁抱，如何做愛，以及任何涉及身體動作與靜態的身體空間。由於我們習慣操作自動駕駛，因此，我們總是渾然不覺彼此之間的整體互動與面向。此外，我們在熱戀期對身體親近的投入與熱衷，與關係進入穩定期之後的習以為常，簡直不可同日而語。比方說，許多情侶在約會時總是情不自禁地撫摸與擁抱，一旦他們互許終身、漸趨穩定之後，他們對身體的探觸與撫摸頻率與次數，竟戲劇性地急轉直下。聽起來不免教人失落與困惑，也讓伴侶們開始懷疑：「我真的認識你嗎？」

「你到底是誰？」

沒有人喜歡被歸類，但是我們還是習慣將身邊的人事物歸類，因為我們與生俱來的大腦，習慣將周遭所接收的訊息與經驗，進行重組、分科、歸類、比較。事實上，好幾世紀以來，人們早已如此定義人類的生存條件，一直到今天，這樣的行為舉止仍以嶄新的形式與途徑持續進行著。按此歸類原則，我們要麼自由派或保守派，要麼是聰明絕頂的奇才或愚蠢至極的野人，要麼是無神論者或宗教狂熱分子，或是天蝎座或摩羯座，或來自火星或金星。只要我們不以此分類方式對他者進行人格之詆毀或人性之泯滅，雖然看似簡化的分類，但事實上卻提供了一些有助於彼此認識的線索。

這本書的一個主要前提是，希望伴侶們可以從這本為彼此也為他們的關係而設計的「手冊」中，獲益良多。這本手冊的重要功能，是要讓你去定義、形容，然後最終為你的伴侶「貼標籤」，找出他的偏好，將他歸類於某一類型的關係導向與傾向。如果你能明白，而且認出各自不同的關係傾向與型態，那麼，當你們一起進行這些練習時，就更為得心應手，當足以引燃衝突的議題出現時，你們也能即刻辨識，積極處理與解決。當我們終於搞清楚「我知道你是誰」時，理應更容易相互諒解，更真誠地彼此支持。

我在這裡所提出的這套型態與原則，其實不是什麼全新的觀念，也並非全然出自我個人的觀念。那是從一些研究資料中所歸納出的結論，首先是大約半世紀以前，從約翰．鮑比（John Bowlby）與瑪麗．艾斯華（Mary Ainsworth），以及她的團隊夥伴艾斯華、貝爾與思泰頓等人（Ainsworth, Bell, and Stayton）所發表的一份有關「嬰兒形式依附關係」的研究成果。在我過去數年來的實驗中，我發現大部分的伴侶都陷入這三種關係型態中的其中一種。我特別在此提供一些實際的警戒與提醒，讓你參考。

首先，如果你目前毫無頭緒，不曉得如何找出最適切形容你或你伴侶的關係傾向，那麼，先不要勉強自己去亂套。我已經把他們最單純的狀態與傾向預先說明，只不過，在實際狀況裡，你從這些資訊中所「獲得的里程數」將因人而異，可能也會有所出入。雖然大部分人終究離不開這三種型態之一，但並非每一個人都如此。事實上，也有些人是其中一兩種甚至三種型態的組合，想要找出格外突出或顯著的特質與傾向，並非那麼容易。如果你的情況正好符合這種現狀，別擔心，你可以將兩種傾向都謹記在心，然後，再按著每一種不同的情境，找出最適切你們的實況。

其次，我之所以著手形容三種關係的傾向，目的不外乎要激發相互尊重與彼此了解的特質，我相信那是值得好好發揮的人性本質。請不要將這些關係的傾向視為個性上的缺陷，也千萬別將這些不同的特質，轉為對付伴侶的彈藥。反之，當我們循序進入成年期的人格發展時，需要將這些各自精彩的不同類型，視為自然與需要接納的部分。

我們如何發展互相歸屬的關係？

一如我所陳明的，我們的社會化連結，早在幼年時期便已成型。一般而言，我們的成長期令我們感覺充滿安全感或缺乏安全感，就看我們的父母或監護者如何與我們建立關係，也端賴他們如何幫助我們與外在的世界建立關係。高度重視關係的父母，比重視其他事物的父母，比較會保護他們所愛的孩子。這些父母也更願意花較多時間與孩子建立面對面、肌膚相親的互動關係；他們對孩子的心思與想法，充滿好奇與一探究竟的興趣；同時對孩子的需要也更聚焦、更專注且更樂於配合；這些重視親子關係的父母，普遍上更願意盡速改正錯誤或修復受傷的關係，那是因為他們渴望在關係上保留最美好的一面。於是，在這樣的動機與努力之下，這些父母為他們的孩子創造了一個充滿安全感的成長環境。

這段早期關係的動態成長，無可避免地在我們身上留下一些生理特質的符號。神經科學家發現了一項有趣的觀察：那些從父母身上接受大量正向與積極態度的孩子，他們成年後的大腦，要比那些缺乏社會互動的孩子，在神經系統的發展上更為完整。有安全感的孩子，他們的內在原始人與內在大使具備更完善的整合能力，因此，這些孩子普遍在處理自己的情緒與欲望上，更為游刃有餘。他們的杏仁核不至於充電過飽，而他們的下視丘在進行一般性的指揮調度上，恰如其分，同時也能合宜地回應腦下垂體和腎上腺，這兩大啟動威脅與壓力的齒輪，在適當時候開啟或關閉它們運作的系統。這些孩子們的「沉默迷走神經」與「聰明迷走神經」總能維持於最佳平衡狀態中。

由於早期生命階段所建立的和諧關係，富有安全感的孩子比其他孩子的右腦與島葉，發展得更為完整，因此，他們善於察言觀色，知道如何解讀別人的聲音、情緒與身體感覺，以及充分掌握大部分事情的關鍵要點。尤其是他們的前額葉皮質發展得很完善，其中所連結的神經系統，得以提供完整的回應給其他的內在原始人與內在大使。和缺乏安全感的孩子比起來，他們比較容易對他者的處境感同身受，更好的道德判斷，更知道如何掌控自己的衝動與欲望，也能前後一致地管理自己的挫折感。一般而言，面對社會情緒的壓力所加諸的明槍暗箭等批評指教，安全感的孩子較懂得彈性應對，在普遍的社會情境裡，也更能從容面對，應付裕如。

一段充滿安全感的關係，通常被形容為樂趣無窮，互動良好，彈性活力，敏銳而感性。一旦美好的感覺凌駕於其他感覺之上，便占盡優勢了，因為不好的負面感受很快便煙消雲散。那真是個值得久留之地啊！在這裡，我們期待新奇好玩又無比興奮的事，同時也是個充滿舒壓、慰藉與被保護的地方。當我們在孩童時便已充分體驗這種建基於安全感的環境，那麼，這份成長經驗將延續至我們的成年階段。我將這樣的人格特質稱之為「錨定」——是的，我們成了「錨定型」。

然而，並非每一個人都有幸在童年期便擁有安全感的關係。或許我們曾歷經好幾位不同的監護者，但始終找不到一位願意陪伴我們或使我們得以安心倚靠的照顧者。也或許那些曾經照顧我們的監護者，長期以來重視其他事物更甚於情感與關係的建立，他們可能更在乎的是自我價值的滿足，或追求外貌、年輕、專業表現、聰明才智的光環、才能、金錢或名譽聲望的累積。也有些監護者看重的是效忠、隱私、獨立與自我滿足，遠勝過關係的忠貞。事實上，幾乎任何事物都可以輕易取代關係的價值，而每一段關係被其他事物所取代時，嚴格說來，那不是出於自主性的選擇。怎麼說呢？監護者的心思或生理疾病，尚未釋懷的創傷或重大失去，心智的不夠成熟等諸如此類的狀況，都可能攪動或影響一名孩子的安全感。如果這樣的憾事發生在我們身上，那麼，及至年長而進入一段親密關係時，我們會不自覺將潛在的不安全感帶入這段關係中。這樣的特質與生命狀態，終將使我們孤立不群，逃避與他者建立過多的連結，並將自己隔離於人際之海中的「孤島」中。另一種缺乏安全感的傾向是，使我們與他者建立關係時不自覺衍生矛盾情結，如此心態終將使我們成為海中「浪潮」，載浮載沉，來去不定。

〔練習6〕回顧童年

當你開始對自己的童年深感好奇時，你可能會問自己，以下狀況是否曾發生在你的童年生活中？

♥我是否沒有玩伴，經常得獨自玩樂？

♥我是否常在群眾中被當成舞台上的餘興節目，當大家不再需要我時，我便被冷落一旁？

♥我是否被期待要滿足照顧者的需要，更甚於我自己的需要？

♥我是否被期待要管理與負責照顧者的情緒世界或自尊？

♥我是否被期待要常保青春、可愛與維持依賴感？

♥我是否被期待快快長大，可以為自己承擔一切責任，而且不准自己成為別人的負擔與問題？

♥我的照顧者是否敏銳於我的需要？或者他們經常錯誤解讀我的需求？

進一步討論之前，我想要特別說明，這份童年概覽與回顧，目的不在於探討你的父母是否愛你。我不想要讓你誤以為我談的焦點是愛。我所形容與表述的一切，較少涉及愛的主題，我想要更深入處理的是外在與內在安全感，以及它們如何潛移默化地影響了我們與他者所建立的關係。

三種關係的模式

論及關係的依附模式，心理學家經常使用類似「安全型依附」、「逃避型依附」與「矛盾型依附」等詞彙。為了讓這些專有名詞更通俗易懂，我要特別以不同的符號來代表這些詞彙，依次為錨定型、孤島型與浪潮型。

顯然，成為錨定的優勢與好處，不勝枚舉。如果可以選擇，大部分的人都寧可選擇安全感，也不要其他的模式。但是，我們來自迥然相異的成長環境，每一個人都如此獨特而不同。想像一下，如果大家都是同一類型的人，這世界將變成一個多麼無趣又無聊的地方啊！為了突顯這些焦點，讓你謹記在心，我要透過以下的表格3-1，特別針對每一個不同類型的關係，扼要地簡述它們的優勢與強項。

表3-1　三種關係的優勢

模式	屬於這種關係之優勢
錨定型	對獨處或單身的處境，有安全感。 願意在一段關係中付出承諾與毫無保留地分享。 普遍而言，是個快樂的人。 不同時刻的需求，都能適應自如，游刃有餘。
孤島型	獨立、自立自強。 懂得把自己照顧得很好。 富有生產力與勃發的創意，尤其在足夠的空間中，更能發揮優勢。 不必費心伺候，隨和而容易相處。
浪潮型	慷慨大方，願意付出。 關注他人的需要。 在群體中如魚得水，開心享受。 能夠全面地從正反兩面來看待問題。

當你在本章讀到三位不同伴侶的個案，也學到更多有關這三種關係的模式組合之後，建議你藉此參照比對，看看哪一種關係模式最適切反映你自己與你的伴侶。

錨定型：「兩人總比一人好」

瑪麗與皮爾斯在一起已經二十五年了。他們共同養育兩個孩子，目前孩子都已經長大離家。進入空巢期的這些日子，瑪麗與皮爾斯花更多時間面對他們各自的年邁父母與照護事宜，而花在處理子孫的事情上則相對少得多。當皮爾斯守寡的母親被診斷出罹患阿茲海默症時，這對伴侶發現他們被迫面對不同的選擇與掙扎。他們兩人在法律界的高薪工作，同時也是個占據很多時間的工作，雖然他們都有意將皮爾斯的母親帶回家來照顧，但就現實狀況的考量，兩人不得不承認，此舉或許不切實際。

終於來到做決定的時刻了。兩人開始為了皮爾斯母親的醫療與照護問題展開對話，談話過程與內容大略如下：

「我希望你能坦誠告訴我你真實的感受。」瑪麗首先提問，凝神看著皮爾斯，以確保自己沒有錯過任何寫在皮爾斯臉上微妙的情緒轉折。

「哦，當然，你知道我從來都對你說真話。」皮爾斯回答，「坦白說，自從我們那晚長談之後，我應該說，我感覺到某種程度的放心和釋懷。」

「你指的是，自從我們討論帶你的媽媽搬離她的房子嗎？」

「對。」皮爾斯稍微停頓一下，專注看著瑪麗的雙眼，將自己釋懷之後仍舊隱隱作痛的內心，毫不隱瞞地敞開在瑪麗面前。「當我們終於認清事實，知道讓媽媽過來和我們一起住，其實對她來說並不是個最理想的安排；這樣的討論，真的讓我豁然開朗。」

「你知道嗎，當我第一次提出比較好的想法和計畫時，我好擔心你可能會對我的建議感到生氣或不舒服。」瑪麗趕緊繼續說下去：「我其實不確定我們是否站在同一個陣線上。我的爸媽都還很健康，所以，對我來說，我不太能同理，因為這畢竟不是我熟悉的經驗。」

皮爾斯笑說：「是的，我承認一開始我確實有點生氣。但是，我也認真想過你提出的建議。但後來我知道，你是試著想要幫助我們每一個人——包括我、你和我的媽媽，找出一個最理想的生活模式。」

「對呀！」瑪麗繼續說道，「如果那是我媽媽，我也會做出同樣的安排。其實這不是為了我自己，這是為了我們大家著想。如果你非常堅持我們需要找個出路，讓你媽媽住在我們這裡，或至少暫時安排一段時間和我們一起生活，那麼，我還是會努力配合。也許我不同意，但我肯定不會和你起衝突。」

「謝謝你。」皮爾斯說，「謝謝你沒有對我一開始的焦慮不安而反應過度。」

「親愛的，我還蠻了解你的，也知道你心裡在想什麼。」瑪麗溫柔回應，眼神閃過某種光彩，沉思一會兒再繼續說道：「你知道嗎，經過這些年的相處，我已經掌握了一份認識你的手冊了。」

皮爾斯滿臉笑意回覆：「當然，我一點也不懷疑，高興都來不及了——即便那份長長的手冊裡大概都寫滿了我所有的怪癖和缺點。」

瑪麗輕聲笑著說：「你知道的麼，這就是我所認識的你呀！更何況，我手頭上這份手冊可不是簡略版哦！」

皮爾斯停頓一會兒，深深歎了一口氣，說道：「當我理性地想，顯然我們是沒辦法讓媽媽來我們這裡了。」

「親愛的，如果我們一起集思廣益，好好想一想，一定能夠找出一個適合我們大家，對我們最理想的出路。譬如說，幫媽媽找一間離我們家很近的療養院，然後，我們彼此都把生活作息調整一下，好讓我們都可以盡可能找出更多時間一起去探望媽媽……」瑪麗話還沒說完，便戛然而止，因為她驚見丈夫一邊點頭一邊掉淚。

「而且，我們也可以常常帶媽媽到我們這裡一起吃飯。」皮爾斯把瑪麗說一半的話，接續著說下去。瑪麗輕拭皮爾斯臉上的淚痕，皮爾斯握著她的手，湊到嘴邊輕吻。「其實，我想，當我看見媽媽能在更好的環境得到更完善的照顧，我應該會感覺好一點。」

「我相信你會！」瑪麗說，「而且，我們會繼續一起討論，不管發生任何狀況，我們就像過去那樣，一起去面對，好嗎？」

「當然，你知道的，」皮爾斯一邊回應，一邊擁抱對方，說道：「能和你一起討論這些事，我心裡充滿感謝。我們兩個人成為最好的夥伴。」

我們一起完成

瑪麗和皮爾斯的例子，是最理想的一對「錨定型組合」。他們享受在關係中獨立的個體，也在他們的關係中享受溫暖與安全感。當然，錨定型情人不常選擇另一個同為錨定個體當伴侶。一名錨定型個體可以和另一個孤島型或浪潮型當伴侶。在許多個案中，當錨定型遇上其他伴侶時，其他伴侶會被影響而容易成為另一個錨定。因為非常重要，所以請容我再強調一次：錨定型可以左右另一個非錨定型的伴侶，使他們轉而成為錨定型。當然，反之亦然。孤島型或浪潮型也可能將錨定轉性而失去安全感。

身為錨定型，瑪麗與皮爾斯能夠以他們的安全感，彼此扶持相互安撫，那是因為他們從小即從照顧他們的長輩身上，經驗並學會如何高度重視關係的建立與互動。他們的父母悉心留意與敏銳觀察子女所展露的任何憂傷與消沉，不但予以回應，也積極配合，安慰扶持並努力與孩子們溝通。瑪麗與皮爾斯的童年生活與成長歷程，不乏經歷與累積許多被保護、擁抱、親吻、搖著入睡的記憶。他們恆常在回憶中記起父母眼中閃爍著愛與溫暖的光彩，他們確信，那是父母對子女愛的奉獻。

瑪麗與皮爾斯都不覺得對方過度依賴或彼此過於黏膩。他們兩人也不因為太親近或太疏離而感覺焦慮不安。當他們需要為了某些因素而短暫分離一段時間時，他們會經常透過電話與電郵保持頻繁的聯繫，給彼此溫暖而充滿活力的問候。不管分離或共處，他們從不擔心和對方毫無保留地坦誠分享心中的觀感，也從不擔心這些毫不避諱的對話，是否會造成任何負面的後果，就像他們的對話中，瑪麗一開始便坦言道出對皮爾斯母親最理想的安排方式。他們尊重彼此的感受，也將對方視為分享好消息與壞消息的第一個對象。不論在私領域或公開的環境裡，他們兩人都細心留意，同時努力滿足彼此的需要，對任何苦惱的表露與線索都觀察入微，也盡速回應，好讓對方釋懷安心。這些相互激賞的過程與互動模式，使他們同心打造屬於他們的伴侶圈圈，也將彼此視為共同創建內在與外在安全感的管家。他們各自都付出心力，學習了解對方，找出對彼此最好的運作方式，並將這些認知編輯寫入手冊中，然後每日翻閱與善用這些手冊內容，儘管沒有每天閱讀，但在一些重要時刻時，這些手冊內容便派上用場了。

這對伴侶真的將彼此的需要放在心上，他們明白彼此所維繫的情感生命，彼此相互歸屬的感情鏈，正是賦予他們力量與勇氣的來源，使他們得以去面對真實世界的日常壓力與挑戰。正因為他們的關係是如此安全穩妥，因此，他們能持續不斷地回到關係深處尋求幫助，並將此當成錨定裝備，使他們在面對似是而非、混亂失序的外在世界時，得以安頓身心。

錨定型伴侶並非完美無缺，但普遍而言，他們是快樂的人。他們經常能為生命中的人事物而心懷感激。大部分的人很容易被錨定型的人所散發的正向品格、對人的愛與綜合型的人格特質，而深受吸引。面對特殊時刻的需要，他們容易隨機應變；他們有做決定的行動力，而且勇於承擔一切後果。

錨定型伴侶不僅懂得把自己照顧好，也會悉心呵護他們的親密關係。他們所期待的親密關係，是願意付出承諾，願意彼此滿足，相互扶持、尊重的對象，而且從不考慮不安全或單向度的關係發展。當他們的關係岌岌可危或面對任何挑戰，甚至當他們自己感覺灰心挫折時，錨定型的伴侶從不輕言放棄。當有誤解發生而令人受傷時，他們不怕承認錯誤，而且願意盡速彌補傷害，修復破裂的關係。無論在一起或短暫分離，錨定型伴侶總能不慌不亂，從容自在地面對。由此看來，錨定型伴侶善於處理關係的挑戰，相對而言，倘若相同的危機發生在別人身上，恐怕早已淹沒非錨定型關係，或使他們不堪負荷。

［練習7］

你或伴侶是「錨定型」嗎？

你相信自己或你的伴侶可能是錨定型嗎？瀏覽以下清單，看看是否符合你的實況——首先，請自我檢視，然後再檢視你的伴侶。

- ♥「我可以自己獨處，沒問題；但我更享受投入一種有付出、有被愛的親密關係中。」
- ♥「我珍視我的親密關係，我也將竭盡所能，悉心呵護這段關係，讓它處於最佳狀態。」
- ♥「我善於和不同特質、不同個性的人相處。」
- ♥「我喜歡人群，而我的人緣也很好，其他人也很喜歡我。」
- ♥「我的親密關係發展穩固，毫不脆弱。」
- ♥「我樂於享受大量身體的親密接觸與愛意的表達。」
- ♥「無論與伴侶在一起或獨處，我都感覺輕鬆自如。」
- ♥「被所愛的人打岔或打擾，我一點兒也不受困擾。」

現在，讓我們來看看另一對伴侶，在截然不同的人格特質下，他們如何面對與處理彼此的關係。

孤島型：「我要你在家裡，但別待在我的房間裡……除非我叫你進來。」

齊雅娜與卡洛斯，才四十出頭便已在各自的專業領域上獨當一面，他們在結婚初期便已協議不生孩子，為了使感情世界多彩多姿，他們決定以排不完的旅遊與探險活動來維繫這段婚姻生活。一開始，身為記者的齊雅娜，因為工作屬性使她無法付出太多時間與心力給任何對象，因此，她從未想要結婚。但後來，當她遇到卡洛斯之後，兩人志同道合，一拍即合。婚禮過後，他們量身打造了自己的家，家裡的空間含括兩大獨立的區域：一個是他的，另一個則屬於她。卡洛斯有自己的音樂房，如果他想在音樂房待到深夜的話，房裡有張小床可以讓他休息。齊雅娜在屋子裡為自己設計了一間辦公室，她可以自由自在待在小辦公室裡，不受干擾地寫作與看電視。他們在主臥房裡裝上最高速率的網路連結，方便他們在加大型雙人床上可以隨時上網。

婚禮後不久，問題接踵而至。齊雅娜開始「性」致缺缺。卡洛斯已經習慣在性愛上採取主動，但齊雅娜不但停滯不前，難以配合，而且開始婉拒另一半的要求。他們在熱戀期相看兩不厭的深度眼神交會，開始被電視節目、電影與隔著牆壁從房間另一端傳來的對話所取代了。雖然卡洛斯首先抱怨自己感到孤單寂寞，但他的行為舉止卻與他的怨懟極不相符，看起來和齊雅娜似乎不相上下。

兩人之間針對親密行為的對話，由此開展：

當夫妻倆下班回到家，卡洛斯主動索愛卻遭齊雅娜婉拒之後，她開始解釋：「我還是和以前一樣愛你。只是，我們都太忙了。再加上，你知道我對美好的狀態感覺如何，對嗎？」

卡洛斯的臉色轉紅，「所以，無法做愛，錯在於我，你這是在抱怨我嗎？都是我的錯，因為我沒有外出工作，是嗎？那是你要表達的意思嗎？」

「你不要無的放矢，亂套我的話。我剛剛說，我們大家都很忙。」

「哦不不，我清清楚楚聽到你說，你不想做愛是因為嫌棄我的狀態不好。天啊，那真的是太荒謬了！我的狀況好得很，而且你根本就知道。如果我也跟你說類似的話，你恐怕早就氣得不想跟我說話了。」

「這樣吧，」齊雅娜的語氣開始不耐煩了，她繼續說道：「我們晚點再談。我今天要趕一份截稿文章，現在真的沒辦法處理這件事。」說罷，她拿起了筆記型電腦，俐落地往客廳下的辦公室疾步走去。

當天傍晚，卡洛斯完成了精心預備的晚餐。他叫了幾聲，但齊雅娜沒有回應。於是，他走向她的辦公室，把房門打開。

齊雅娜轉身回過頭，大聲吆喝：「現在還不行！」

卡洛斯了解齊雅娜最討厭工作時被打擾和中斷，他站在門口，不敢越雷池一步。「你不想吃我特別預備的晚餐嗎？」

在一段長時間的寂靜無聲中，卡洛斯的惱怒不斷攀升。他用力而明確地喚了一聲：「齊雅娜。」想要試著引起對方的注意，卻又害怕靠近她。

「你到底想怎麼樣？」齊雅娜生氣尖叫，轉過身來，兩手用力拍打自己的大腿。「我跟你說了，現在還不行！」說罷即刻轉回去低頭面對電腦。

卡洛斯大大歎了一口氣。「那，我要等你到什麼時候？」

「我一寫好就馬上過去。十五分鐘，好嗎？」

聽了齊雅娜的回答，卡洛斯轉身離開。二十分鐘之後，他再度出現。

依舊投入工作到忘我的齊雅娜，忽然意識到卡洛斯的存在。「那不是十五分鐘，好嗎？」她厲聲怒喝。

「你說得對，不是十五分鐘，現在已經是二十分鐘後了。」卡洛斯語氣平靜地回答。

「不，不可能。」她斤斤計較。

澈底洩氣的卡洛斯，再度轉身離開。但他的惱怒顯然已逐漸升溫。「我到底要忍耐到什麼時候？」他喃喃自語。

齊雅娜把一份資料夾用力丟在椅子上，轉身，然後大聲嗆道：「你說你希望我成功，但你卻不斷攔阻我，一直在搞破壞！」

兩人互盯著眼對望片刻，卡洛斯態度趨軟。「好啊，你自己準備晚餐吧。我走了！」離開現場時，他用力把門甩上。

我可以自己來

在你迫不及待想要批評齊雅娜之前，讓我們先把實況說清楚：齊雅娜其實沒有違背她的本性。她是一座孤島。她最主要的問題是——如果我們稱之為問題的話——她對自己的關係型態不甚了解，甚至毫無概念。在這個例子中，或許突顯了另一個更重要的問題：卡洛斯也渾然不知自己的關係型態。他們兩人都是典型的孤島型，但為了單純地針對一個例子來進行討論，我們把範圍縮小，只把焦點放在齊雅娜身上來檢視。

事實上，齊雅娜並非故意想毀掉她的婚姻，反之，她已從自身的經驗中吸取一切的知識與努力，來面對她的婚姻。卡洛斯亦然。首先，我們需要了解一件事，齊雅娜在面對身體隱私上的行動與反應，其來有自。她的一切認知，包括——如何趨近與遠離他人，如何暗示或向別人表態，以及她期待從別人身上得到的回應等——都牢牢地根植於她的神經系統之內。因此，這些模式與反應，早在齊雅娜的生命初期，便已如影隨形地跟著她的成長，而根深柢固地形塑成她個性的第一部分，她只不過跟著指令去執行與行動。

面對丈夫的打擾，齊雅娜表現得異常憤怒，但在她的思緒裡，那可是完全合情合理的反應。當她反擊時，她百般不解地聳肩表態：「那些和我面對同樣處境的人，難道不會像我這樣回應嗎？」讓我們來看看齊雅娜過去的關係軌跡與歷史，如何將她的人格特質形塑為孤島，以及這樣的關係傾向，對她與卡洛斯所建立的親密關係，有何意義與影響。

齊雅娜是個獨生女，從小就懂得和自己相處，頗能享受獨處的快樂。齊雅娜的雙親都是專業人士，他們聘請了一位保姆來照顧女兒。齊雅娜形容自己的母親聰明絕頂但卻不是個情感黏膩的人，尤其在身體的接觸與擁抱上，少之又少。她的父母有時候會對她大聲吆喝，但齊雅娜已不記得那是因為她嚎啕大哭或在夜間大叫的緣故。齊雅娜因為無法回憶起任何充滿愛與親密的美好時刻而焦慮不安。她無法接受自己竟然對此不復記憶，感覺像是背叛了她的雙親，但事實上，她又如此確信父母是愛她、在乎她的。齊雅娜告訴自己，畢竟，父母總是努力滿足她所需要的一切；而且，那些快樂家庭的照片，就是鐵一般的事實與最佳明證！

其實，齊雅娜的記憶沒有任何問題。譬如說，她至今仍清晰記得，在青少年時期因為被父親責難與否定，而耿耿於懷深受傷害。她也對一件事記憶猶新，有一次當他們離開一間玩具店時，她很擔心和害怕母親會對她生氣。那些事件都曾發生過，也成了形塑她現有關係模式中至關重要的決定性因素。她的心中苦思不得任何正向積極的回憶，純粹反映她早期在原生家庭中嚴重匱乏的家庭溫暖，與積極正向的事件。

總而言之，我們可以這麼總結齊雅娜的所有經驗——積極與消極的；可以回憶與無法回憶的——將齊雅娜一步步形塑成孤島。由於齊雅娜的母親鮮少與她建立任何身體上的親密接觸，因此，齊雅娜漸漸學會不在別人身上尋求愛與眷戀。取而代之的是，她學會專注地把自己照顧好。在單身的成人世界裡，她與其他成人的互動從來不是個問題，在朋友的印象裡，她總是給人一種聰明過人與充滿創意的形象，而她的交遊廣闊使她在群體中得心應手，身邊更不乏志同道合的朋友。

然而，當齊雅娜與卡洛斯結婚時，卡洛斯成了她兒時經驗世界裡的家。她從不期待與卡洛斯建立任何頻繁的關係互動，包括性愛關係。雖然齊雅娜享受卡洛斯的陪伴，但她也同時發現，自己實在難以從獨處的時間中抽離出來。而卡洛斯處處尋求注意力的舉止行為，相對於齊雅娜的狀況，顯得異常突兀，也令人煩躁不耐，彷彿他的一切努力都與齊雅娜的意願相違背。一開始，齊雅娜總是百般拒絕，直到卡洛斯連哄帶誘，不斷遊說愛妻與他親近，與他共享身體的親密。當兩人親密互動之際，齊雅娜其實頗能適應，而且享受與丈夫在一起的感覺。但只要讓齊雅娜獨處片刻，哪怕只是數分鐘，她隨即再度陷入屬於自己的私有世界中而不可自拔。

身為孤島，齊雅娜相信她的獨處時間是個選擇，也出於她的偏好。然而，她渾然不覺那其實是出於她嬰兒時期對依賴和連結的需要，因為沒有獲得及時的滿足與回應、因為被冷漠拒絕、被漫不經心地對待而導致如此結果。那些被認為孤島性格的人，經常把獨立自主和他們對忽視的適應，混為一談，甚至難以理出其中的分際與不同。一如第一章所提及，為了達到真正自立自主的目標，有必要在一開始時，首先經歷被其他人所愛、被其他人關照的感受如何。

我想要重申立場：身為孤島，本質上從來就不是什麼問題。光是在我們腦海內想像大夥兒懶洋洋地躺在世外桃源的熱帶海島，便足以讓許多人感受一種俗稱腦內嗎啡的內啡肽充斥，而令人神清氣爽。但是，當我們從熱帶海島轉向伴侶關係的脈絡時，如果其中一人或兩個伴侶都同時愛上獨處且欲罷不能，那麼問題就棘手了，如果他們對此竟毫無所覺，狀況更為不妙；因為他們不但沒有花心思去找出伴侶圈圈消滅的緣由，這對高舉獨處至上的伴侶，甚至選擇逃避不面對。在獨處時間所衍生的夢幻狀態，使孤單寂寥的感覺顯得模糊難辨。

孤島型特質的人，比浪潮型與錨定型人格經歷更多人與人之間相處的壓力。那是因為他們在面對特殊他者，以及普遍的社會情境而言，經常高度感知某種威脅與懼怕的存在，而惶惶不可終日。或許在一些令浪潮型與錨定型人格感覺害羞的情境，對孤島人而言，他們卻將伴侶的介入與中斷行為，過度敏感地解讀為一種擾亂。而如果他們的另一半不是孤島型人格，情況恐怕更不妙，孤島人可能得開始擔心，他們對距離與空間的需要恐怕招致一場災難。如果一對伴侶同為孤島型特質，只消看看他們與伴侶短暫分離時所展現的高度容忍與輕鬆自在，就可一窺他們的關係不但岌岌可危，而且正面臨一場令人憂心忡忡的冒險。譬如說，當卡洛斯出差時，齊雅娜絲毫不覺若有所失，反倒鬆了一口氣。對齊雅娜來說，人與人之間共處的壓力，因為伴侶的缺席而消逝，她的安心自在，甚至大大超越了她對失落或被冷落的意識與覺知。如果容忍孤獨的時間，可以與水底憋氣相提並論，那顯然孤島型人比任何人的肺活量都強大，屏息憋氣的功夫無人能及。

孤島型人格向前看，高瞻遠矚，他們逃避去檢視當下的關係衝突或過去的關係張力，包括童年時期的那些衝突經驗。他們所信奉的人生哲學是：「那些早已過去了」，似乎暗示著重述歷史是一件毫無意義的老調重彈。直指事實的個性，使孤島人經常將他們的過去過度理想化或妖魔化，他們通常無法憶起任何特殊或具體事件。當你追根究柢詳細詢問他們時，孤島型伴侶最常反覆出現的回應是：「我不記得了」、「其實沒關係」、「管他呢」等等。這樣的態度與傾向，有時候實在教另一種特質的伴侶備感挫折與心灰意冷。

如果沒有藉由身邊伴侶的協助，孤島人幾乎無法了解他們自己，也無從探觸存在於他們內在深層的孤獨感，或最終得以戰勝他們對親密關係的焦慮與不安。畢竟，他們只知道自己曾親身經歷的事，僅此而已。為了鼓勵他們跨越自我封閉的孤島界線，進入一個更為社會化的世界，他們需要了解他們的人。他們需要願意努力陪伴與付出心力幫助他們的伴侶，幫助他們找出，到底什麼事物可以令他們重新有感，重新行動。其實，兩個孤島並非不可能在一起，例如，我們不能說他們無法創造伴侶圈圈；我的意思是，如果少了某種形式的協助，他們的關係恐怕將越走越艱辛。

〔練習8〕

你或伴侶是「孤島型」嗎？

截至目前為止，你是否隨著我們討論的脈絡，越來越了解自己，也越來越認識你的伴侶？我特別列出一些典型孤島特質的敘述，看看這些自我表述，是否貼切形容你或你的伴侶？

- ♥「我比任何人都知道如何把自己照顧好。」
- ♥「我是個凡事親力親為的人。」
- ♥「沉浸在屬於我自己的私密殿宇中，令我身心安頓，自在滿足。」
- ♥「你若使我心煩意亂，那麼，唯有讓我獨處才能使我平靜下來。」
- ♥「我常感覺我的伴侶想要或需要一些我無力付出的事物。」
- ♥「周遭無人，是我最感輕鬆自在的時間與空間。」
- ♥「我隨遇而安、不必別人噓寒問暖或百般討好，所以我偏向找一位與我同樣特質的伴侶。」

浪潮型：「只要你愛我，像我愛你那般深。」

現在，讓我們來邀請另一對伴侶登場。結婚十七年的傑登與凱莉，育有兩名小孩，住在郊區一間不算大的兩房式屋子。凱莉是個全職家庭主婦，傑登則從事朝九晚五的工作。

當這對夫妻終於鼓起勇氣面對他們的問題前來尋求心理諮商時，凱莉對丈夫經常為一切大小事發脾氣的狀況頗有怨言，動輒得咎的關係令凱莉備感挫折，她說：「他對我有意見，對孩子生氣，對老闆也不滿……好像我們不管怎麼做都不夠，都不能讓他滿意；我實在很厭煩，也不想再繼續面對他的臭脾氣。」

這番話聽在傑登耳中，顯然凱莉根本不曉得他到底為何生氣、為何惱怒。傑登如坐針氈，幾乎無法心平氣和地聽完妻子的話，連一秒鐘都安靜不下來，他以一種充滿驚詫與不解的臉部神情，極力壓抑他滿腔的憤怒，咬著牙吐出他心中更深沉的怨懟。他們在接受諮商輔導時，展開以下對話：

「我一整天都期待可以見到你，但我一點兒都不覺得你想念我。我打電話給你或傳簡訊給你，你從來不回覆。那種感覺好像我在暗暗追蹤你或對你有所求。你到底知不知道，有多少妻子多麼渴望她們的丈夫會在白天的時候想念老婆，或想盡辦法要和老婆保持連結？」傑登說這話時，臉上是錯綜複雜的疑惑表情。

「但問題是，你不停地打電話給我啊！」凱莉杏眼怒瞪，彷彿丈夫的那番話不可理喻。「我根本沒機會想念你。如果你真的那麼想念我，那你為什麼一回到家就擺個臭臉，一副暴躁又兇狠的樣子？」

「我……我沒有……你覺得我暴躁兇狠？」傑登苦笑，繼續辯駁：「我不覺得我暴躁兇狠。」

凱莉看著丈夫，似乎期待他能好好自我檢視與反省。數分鐘後，傑登終於承認：「你說得對……當我看到小孩完全失控，整個家亂七八糟時，我真的很生氣。我下班回家時，已經很累了，那種感覺就像……你根本不在乎我。」

「不對不對！」凱莉忍不住打岔，「我常常向你走來，但你卻對我大吼大叫。如果我試著對你說些好話，你反而用一種很嚴厲、讓人聽起來不舒服的話來回應我。」

「我並沒有說什麼嚴厲的話，」傑登反駁，嘗試為自己扳回一局，「我從來就不是個嚴厲的人。你說的是你自己吧。你有時候很冷漠，這點你自己也承認，不是嗎？我剛好是冷漠的反面。當我白天打電話給你，或問你晚上是不是可以有一段單獨在一起的時間，你總是百般推託說自己很忙，你好像從來沒有什麼時間是可以給我的。而且，你從來不對我說些好話。」

惱怒又激動的凱莉，用最後的一點耐心回應：「你是完全忘了我所說過的好話？還是你現在只是一時憤怒說氣話，然後再解釋自己無意顛倒是非？傑登，說實話，我真的不想再靠近你。而且，不只是我，孩子們如果沒有專心聽你講話，你也會忽然暴怒，還一直耿耿於懷。」

傑登把兩腿伸長，將雙手向上甩過他的頭，兩隻眼睛瞪著天花板。「我真的覺得……誤會大了。我不是那麼壞的人。你記不記得，每一次有任何特別的節日，譬如說，我們的結婚週年紀念，我都會用心計畫？在你的印象中，你曾經在這些事情上主動預備嗎？你連父親節都忘得一乾二淨，好嗎？」傑登伸出手指，如數家珍，說道：「你不曉得在我的生日時，要送我什麼……天啊，看吧，你甚至不想和我做愛！」

凱莉看起來心灰意冷，低頭回應：「你根本就……無藥可救了。」

「我知道啊，你從來就認定我無藥可救，我在你眼中，根本就是個包袱和惹麻煩的東西。你如果真的這麼覺得，幹麼不離開我呢？你覺得很後悔嫁給我，對嗎？」

「我無法和你一起完成」或「少了你，我無法完成」

現在，當你開始對傑登有意見的時候，別忘了他其實沒有犯什麼大錯。一如齊雅娜，如果你從他過往的生命經驗中回溯與檢視，你會發現，他對伴侶的反應其實有跡可循，並非毫無理由；傑登不只對妻子如此，當他面對生命中最初的照顧者時，早已用這樣的態度與方式來互動。事實上，齊雅娜與傑登的不安全感是如此根深柢固，進而影響現在的所有關係。換句話說，即便他們渾然不覺，也毫無所感，但一旦進入親近的關係與互動中，所有問題終將一一浮現。

傑登順著自己的本性來反應，因為他是典型的浪潮。海洋裡的浪潮，從來不曾是穩定或安全穩當的。海浪恆常翻騰攪動——潮起潮落，海波起伏。從海灘的角度來看，浪潮湧來不過是為了瞬間退到更遠的地方去，「浪跡天涯」的潮水，彷彿對自己的歸屬無從判斷，躊躇不定。面對他們的伴侶時，關鍵往往就在於這些攪動關係困擾的浪潮，這些困擾被恐懼、憤怒，與兩性之間若即若離的矛盾和不確定感，牢牢霸占了。他們無法徹底投入，義無反顧地往前行，因為他們仍受制於過去受傷害與錯待的經驗而舉棋不定。這些念頭、想法與情緒，像足了高低起伏、起落不定的浪潮。

如果一對伴侶，雙方都是典型浪潮性格的話，相處起來的狀況，可能會更「怒濤洶湧」，一發不可收拾——那是一波未平一波又起的巨浪滾滾，因為雙方輪流保持若即若離的狀態。因此，你若是浪潮屬性或與一位浪潮型的伴侶為伍，那麼，請隨時做好迎接戲劇化高峰與低谷的心理預備。當伴侶關係處於張力狀態時，孤島性格的回應方式是躲起來或搞失蹤，而浪潮性格則以製造另一波更大的浪潮來予以回應。

傑登充滿矛盾與糾結的狀態，源於他對親密關係的建立，既渴望又害怕。他的選擇擺盪於被需要與被排斥的兩極之間。他內心擺脫不了一種假設——凱莉遲早會拒絕他，所以他開始抗拒一切幸福、希望、自在與欣慰等美好的感覺。一如他自己對此感受的敘述：「寧可在被拒絕之前先主動抗拒或反擊，在被遺棄之前先主動離棄。」有時候，他努力想要親近他的伴侶，期待與對方建立更深的連結，但又隨即退縮，讓失望與失落成為預料中的結果。如此這番趨前又退縮的動作，就是潮起潮落的浪潮特質。而且，不曉得你是否發現——凱莉其實是個孤島呢——於是，當她面對環境的壓力與關係的張力時，自然的本能反應是退避三舍，這樣的回應方式，恰恰強化了傑登的消極期待，也確認了他的負面傾向。

與齊雅娜不同的是，傑登對自己的童年經歷記憶猶新，他記得許多細節，一切仿若昨日，而且他至今仍對雙親感到生氣與不滿。相比之下，齊雅娜顯然美化了自己的過去，她對自己曾經接受過的不平待遇渾然不覺，而傑登則不然，他清楚意識到自己如何成為自私、麻木與遲鈍的犧牲品。他感覺自己好像上當了，那些過去與現在的權益都被剝奪了。和齊雅娜不同的是，傑登其實接受許多疼愛，尤其來自他母親的親吻、擁抱與幼年時在繈褓中的環抱。但傑登卻選擇把注意力聚焦於母親對他生氣與無助的那些時刻。母親的過度焦慮使她無力處理傑登的顫驚與害怕，而日常生活卻又占據了母親太多的時間以致她無暇顧及兒子的需要。傑登的父親經常不在家，幾乎沒有時間與孩子建立任何關係，印象中，父母經常為此而爭執。有一次，當父親一氣之下離家出走投宿飯店時，母親無助地流淚痛哭，脆弱得轉頭尋求傑登一整晚陪在她身邊，當時傑登還只是個七歲的小男孩。

與齊雅娜相比，傑登高度珍視與他人的互動，尤其與父母之間的連結。他喜歡花時間與雙親聊天、享受與他們抱頭相擁，玩在一塊兒。但他卻也經常感覺自己像是個一無是處、經常惹麻煩的討厭鬼。其實那不是他刻意挑起的問題，他父母在許多方面的回應似乎也暗示了他的假設是對的。傑登記得，他最痛恨的一點，就是被迫分離與被忽視。有時候，他的父母在出門前把他交給保姆，與父母的分離使他產生強烈的挫折與焦慮。他尤其討厭被迫在保姆家睡過夜，他不喜歡遠離家裡，不喜歡與父母分離。

傑登打從心底裡不明白，為何當他與凱莉一整天不見而返家時，明明期待不已，但卻老是以憤怒來回應。他的反應令自己困擾又費解，同時也讓妻子備受折騰。

「當我們互道再見以後，我真的開始想念她，」傑登繼續表達自己真實的感受，「我想像我們抱在一起，享受只有我們倆的美好夜晚。但是當我一回家時，總有一些感受和情緒浮上心頭。然後我馬上就生氣了，好像自己快要沉溺到水裡了，但我實在不知道為什麼。她會說一些類似『我很開心你回來了』……這些話，我也相信她真的開心看到我回來，但我會忽然冒出一些『你很開心是因為你需要我幫你修理漏水的水龍頭吧』這種損人不利己的回答。我真的無意羞辱她，我只是擔心她背後真正的感受不是真的開心看到我回來。然後，她開始感覺到我的不耐煩，而我也真的開始感覺煩躁不開心了。你看，我覺得自己真的是個一無是處、到處惹麻煩的討厭鬼。」傑登說著，淚水盈眶。

對齊雅娜的狀況來說，她否認自己需要倚靠他人，而當她發現自己原來需要別人相助時，齊雅娜會為此而羞愧不已，但傑登不同，他充分意識到自己需要有個倚靠的對象。然而，他卻也同時相信自己對其他人來說可能過度依賴，因而預期自己終將被拋下、遺棄或被懲罰。這份「消極期待」在心中如此根深柢固，使他進一步以憤怒與負面情緒的反應，來向他的伴侶發洩。他以自己的情緒感受對妻子施壓，最終換來妻子的反擊。

齊雅娜拒絕回頭看，選擇逃避面對眼前的衝突。傑登拒絕往前看，因而聚焦於自己的過去，陷溺於往事的傷害中，同時讓現有的衝突占據他的心思。他不想往前走，因為他覺得自己尚未妥善處理與解決當下和過去的錯待，而且他也尚未獲得充分的保證，確保未來不再有任何「拒絕與遺棄」的事重來。

傑登對安全感的匱乏，看似沒有底線，而他對來自伴侶的頻繁連結和不斷予以承諾的需求，甚至幾達不可理喻的程度。只是這一切都不是事實。傑登的問題之所以維持不變，原因不外乎他和妻子凱莉對兩性關係的錯誤理解和落差。他們從未創造屬於彼此的伴侶圈圈，也從未達成任何「關係優先」的共識。如果凱莉能跨越她的孤島傾向，欣喜熱情地回應丈夫在白天時透過訊息與電話對她表達的思念，充分理解與丈夫的聯繫對自己也有好處，那麼，傑登三番兩次對她是否有所回應的檢驗與確認，也將會越來越減緩。而如果，傑登也能體諒並尊重妻子盡速掛電話的需要，那麼，她心中那種「受捆」或「被控制」的負面感受也將趨緩。對彼此的需要保持敏銳與設想周到，將有助於消解傑登先入為主的偏執觀念：「夫妻分離是一種遺棄的前兆」；也讓凱莉釋懷，至少她不必老是擔心自己必須不斷安撫傑登，彷彿為丈夫提供安全感是她的責任。

若想要修復這段夫妻關係，凱莉需要測試一些與慣性行為相反的驗證。凱莉首先要放棄保持距離，然後，嘗試在身體與情感上都往傑登更靠近，還要加上足以燃燒熱情的訊息，例如：「我好開心看到你」，或「我好想你耶」，或「過來吧，你這個討厭鬼，還不過來給你的小女人一個大熱吻」之類的內容。當然，知易行難，這樣的建議，對大多數像凱莉那樣的伴侶而言，無疑難如登天。雖然如此，如果你的伴侶是浪潮，這是戰勝童年創傷的最佳出路，也可以幫助他／她盡速從「受威脅」的惶惑，轉移到「被愛」的踏實。當一切循序漸進地完成時，其實，你也成了受惠者。

當然，傑登也需要作出改變。只要他發現自己又被負面想法占據或出現敵視猜疑的觀感時，他需要在最短的時間內，真心誠意向妻子凱莉道歉。

唯有透過這些方式，他們才能修復這段千瘡百孔的關係，停止彼此施壓，也讓雙方免於受苦。

［練習9］

你或伴侶是「浪潮型」嗎？

你覺得你自己或你的伴侶可能是浪潮型人嗎？以下列出一些典型浪潮型的敘述，看看這些形容與自我表述是否符合你或你伴侶的狀況：

- 「我對別人可以照顧得無微不至，對自己的照顧反而沒那麼在意與用心。」
- 「我經常感覺自己彷彿不斷付出與奉獻，卻得不到任何回報。」
- 「和別人談話與互動令我感覺有所成長與收穫。」
- 「你若令我惱怒，那麼我需要坐下來談談、溝通，好讓我可以平靜下來。」
- 「我伴侶的個性，比較傾向自私與自我中心的特質。」
- 「當我和朋友在一起時，那是我感覺最輕鬆自在的時候。」
- 「愛情關係終究令人疲於奔命、心灰意冷，你永遠別想可以真正倚靠任何人。」

內在大使也瘋狂

不管你屬於哪種關係特質——錨定型、孤島型或浪潮型——截至目前為止，以你們所讀到的內容，你與你的伴侶可能悄悄假設，你們或許可以仰賴內在大使來保持你們關係的和諧。就大部分情況而言，這確實是個不錯的假設。然而，一如第二章所提及，除卻內在大使美好的特質與善良的意圖之外，但它有時候也蠻令人討厭的。讓我告訴你，實情果真如此。內在大使也有瘋狂不設限的時候——或嬌弱無力或單純，有時候卻怪得令人匪夷所思——大家皆然，無人例外。

相比之下，錨定型的內在大使們最平衡。在某些特殊而罕見情況下，它們的某些內在大使也會脫序而難以駕馭，但大致而言，錨定型所掌控的其他內在大使，大多能在最快的時間內，收服最任性的成員，把一切狀況掌控得恰如其分。另一方面，孤島型與浪潮型則經常與內在大使之間，針對彼此的嚴重差異，互相搏鬥廝殺。在憂鬱消沉的時候，孤島型與浪潮型有個共同特質：他們都擁有失靈的前額葉皮質。還記得嗎？前額葉皮質是內在大使與內在原始人的統治者。最終決定我們是否要義無反顧地決一死戰者，乃是我們的前額葉皮質。為此，當孤島型與浪潮型的內在大使恣意妄為或澈底不聽話而不受控時，它們極可能不惜冒險而背水一戰。

野蠻孤島型

大部分的孤島型，同時擁有強大的內在原始人與瘋狂的內在大使。如果你的伴侶是孤島型，則他／她可能非常仰賴以討論和對話方式來面對彼此的歧異與問題。許多時候，那是因為孤島型無法隨時預備好以「非語言的標準」與所愛的人互動，於是，語言成了安全的屏障。當然，除了不熱衷於浪漫關係的經營之外，這樣的失衡狀況，對孤島型來說，是天性本質，通常不會引發任何怨懟。當伴侶關係越來越充滿張力與焦慮時，脫序演出的左腦，如果剛好遇上伴侶過度講究邏輯、理性、傲慢、無感、沉默甚至缺乏同理心時，歷經兩股力量的拉扯與擺盪，恐怕會將你的伴侶陷入水深火熱之中。在壓力之下，孤島型的表現方式普遍而言，異常乾脆俐落，不屑一顧，堅持己見，太沉靜或過於淡然。

發生爭執與衝突時，孤島型傾向聚焦未來，逃避當下與過去。他們說：「往事已矣，都過去了。為什麼我們不能往前走呢？」這是孤島型最常採用的策略。在一場全面開火的戰爭裡，孤島型的左腦經常被內在原始人劫持與掌控，他們總是忍不住想要在溝通中採取攻擊或撤退，一種全有或全無的對應模式。他們對社會化理念或創意想法的溝通模式束手無措，所以擅長使用語言（或刻意沉默不語）作為武器。雖然聽起來仍然像個內在大使，但行動上卻十足內在原始人：它唯一的興趣與目標只為了生存。

左腦與左腦的衝突，戰況通常慘不忍睹。為了避免如此悲劇，最理想的建議是，趕緊尋求救兵，並透過語言來釋出善意。請努力在你自己的左腦尚未失控之前，安撫你的伴侶，想辦法讓他平靜下來。重複確定對方的感受，多使用理性而冷靜的語言來表達認同，例如：「我明白你的意思，其實聽起來是合情合理的」，或「你說得對」，或「你的觀點很棒」等等。

野蠻而失控的孤島，經常無法強烈地意識自己的感受，尤其面對感受性的溝通，不管是表達自己的感受，或理解伴侶的感覺，這些從來都不是他們的強項。不管孤島型的伴侶是否同為孤島，一般而言，他們的伴侶也可能對處理這些感受性的表達深感困擾。

野蠻浪潮型

如果你的伴侶是浪潮型，那麼，你的伴侶或許會非常執意使用語言的方式，來反覆確認愛意與安全感。那是與孤島型迥然相異的另一個極端，孤島人對於這一類的言辭承諾，興致缺缺，甚至從來不屑一顧。反之，面對右腦恆常失控的浪潮伴侶，他們可能會對此言辭承諾的表達，有一種過度強烈的需求與占有，因而在言語行為的表現上，顯得過度激烈、戲劇化、情緒性、離題而膚淺、非理性與滿懷怒氣。在壓力下，浪潮型特質不惜與對方戰到底，不輕易原諒與包容，主張要懲罰、拒絕與毫不妥協，是他們在張力下的典型反應。

在面對衝突時，浪潮人選擇耽溺過去，而逃避面對當下與未來。他們最常引用的座右銘是：「除非我們先解決與處理那些已經發生的事，否則，我無法往前跨一步。」在全面性的戰爭中，浪潮型的右腦會被內在原始人劫持與左右，因而以一種近乎偏執的方式，執意透過「我現在就要溝通」的強烈訴求來面對伴侶。面對此種狀況，浪潮人使用身體與情緒的連結當武器。表面看來，儼然是一副內在大使的姿態，但行動上卻十足內在原始人。

為了避免一場「右腦與右腦」的戰役爆發，請努力嘗試以一種非語言的方式來面對你的伴侶。如果你自己的右腦還在掌控之中，可以透過非語言模式對你的伴侶釋出善意，平息對方的劍拔弩張，幫助伴侶平靜地繳械。溫柔地觸碰他／她，讓對方充分感受你的同在與陪伴。當你開口說話時，確保你使用的言辭充滿肯定與撫慰之情。

第三階段引導原則

這本書的第三階段引導原則是，伴侶之間以最基本的錨定型、孤島型與浪潮型來彼此認同；而且，你也應該要熟悉自己與伴侶之間的關係模式。

全面掌握與了解我們的伴侶，是為了要成為伴侶的最佳夥伴與經理人，那其實也是知己知彼的最佳途徑。成為另一半最稱職的諮商專家，我的意思是，你們要連結成為最理解彼此的夥伴，兩人之間無所不知，了然於心，知道如何彼此配合，如何一起行動、如何調整步伐、如何相互激勵與影響、如何彼此安撫與鼓舞。反之，如果伴侶之間無法成為對方的最佳專家，那麼，他們之間將無可避免地衍生一種對彼此不信任的遲疑與缺乏安全感。他們不熱衷於建構屬於他們的伴侶圈圈。這一類的伴侶傾向希望對方改變，期待對方聽話、接受他們的意見，或遵照他們預期的方式去行動，但最終，他們總會自以為嫁錯郎、娶錯妻。遺憾的是，這些浪潮型伴侶只是不斷複製幼年時所經歷的冷漠、錯待與缺乏安全感，他們從來不曾真正搞清楚，到底在他們每一個欲求不得的「要是……該多好」背後，什麼才是他們真正想要的目標。

對許多人而言，親近感帶來外在與內在的安全感，但也同時危及內在與外在的安全感。問題來了，你要如何在一段親密關係中，不但享有你所欲求與需要的部分，同時又能避開你害怕會發生的部分？這種糾結的兩難問題，就像英文諺語所說的：「巧奪蜂蜜卻又不被蜜蜂螫」。我們要如何用心費力取得蜂蜜，同時又要避免被蜜蜂螫，如此高難度的境界，一如在親密關係裡使我們極度缺乏安全感的狀況。不過，讓我告訴你一個解套方案：不入虎穴焉得虎子。如果我們對親密關係缺乏安全感，那麼，請選擇投入一段親密關係吧，唯有透過親身體驗，才能使你的安全感逐漸增強。除此以外別無出路。沒有任何一本書、錄音檔、座談會或宗教能改變我們在關係裡的安全感。換句話說，一旦投入一段關係，不管走到哪個地步，我們終究會因人而受傷，但我們也終究會在人與人的關係中，得以醫治、被修復。

那可是個好消息！原來我們都可能成為錨定人，只要我們願意花時間與另一個人一起建立一段親近、互相依賴與充滿安全感的關係。這位建立關係的對方，可以是你所信任的心理醫師，或是你最重要的浪漫情人，而且是一名錨定型伴侶或接近錨定特質的愛侶。雖然這本書的目標不是要刻意轉化你或你的伴侶成為錨定人，但我在此提供的一些原則將指引你，建立一段更充滿安全感的關係。多費些心力與時間來經營一段充滿安全感的親密關係，你終將具備錨定特質，甚至成為錨定人！

以下提供一些幫助你落實的原則，讓你參考：

一、重新發現你的伴侶。善用本章所提供的一些例子作為指引，從中發掘有哪些特質是你尚未從伴侶身上察覺的。哪一種關係型態最能貼切形容你的伴侶？你自己呢？當你也置身於那些真槍實彈的情境裡時，哪種型態與反應最能適切形容你？一如我之前所強調的，切勿使用這些不同型態的分類來作為彼此攻擊的彈藥，分類是為了標示差異，而非合理化自己的特質與衝突。這些都是強而有力的工具，一旦誤用則後患無窮。因此，當你使用這些分類作為參考時，請以無比同理的情感，落實於你的親密關係中。

二、做個坦蕩蕩的你。當我們在建造一段付出承諾的親密關係時，我們的任務不是要改變你，亦非要你改頭換面成為另一個不一樣的人。反之，我們的目標是要讓自己成為抬頭挺胸、坦然無懼的人。家，不是個讓我們恆常感覺羞愧或持續偽裝、掩飾自我的地方。當我們持續承擔他人與自己的責任時，我們依舊可以自在做自己。一如我們的毫無掩飾與坦然自在，我們也必須鼓勵我們的伴侶，學習成為坦蕩自在、不畏縮、不自責的自己。藉此，我們才能真誠為彼此提供無條件的接納與包容。

當然，成為坦然自在的自己，不代表我們完美無瑕或毫不在乎自己如何待人，甚至以此作為擺爛、不長進的藉口。例如，如果你的伴侶對你不忠或傷害你，他／她不可以漫不經心地說：「很難哦。那就是我，照單全收吧。」不，絕不！這種時刻，低頭道歉是肯定不能免的。事實上，每一次當你的伴侶表明自己受傷時，你需要少一點專注於自己的坦然自在，而是應該更花些心思去安撫伴侶的需要與關切。記得我們一開始所提的「最初階指引原則」：建立伴侶圈圈，可以持守伴侶保有彼此之間那份內在與外在的安全感。只要你同時也讓伴侶處於安全無慮的環境與條件之下，你大可理所當然地自在做自己。

三、不要嘗試改變你的伴侶。你可以說，我們每一個人都在改變，也可以辯稱我們其實從未改變。兩者皆對。也因此，包容與接納顯得無比重要。隨著時間流逝，我們確實不斷調整我們的態度，我們的行為，甚至我們頭腦裡所想的念頭。然而，那些發生在我們生命最初階的早期經驗，卻可能根深柢固地伴隨著我們，一路從搖籃到墳墓，須臾不離。當然，我們可以透過修正關係，以不同凡響的方式來改變這些連結。有時候，這些改變可以徹頭徹尾轉化一切，唯獨留下一些我們無法忘懷的恐懼與創傷。但是，那確實不該成為伴侶關係的終極目標。從來沒有人可以在充滿恐懼、脅迫、否定或拋棄的威脅等環境下，從最缺乏安全感的特質，一轉而瞬間成為澈底充滿安全感的人。我保證，絕不會有這樣的事。唯有透過包容、接納、高度敬意與尊重，付出、支持與守護，個人才能逐漸成長，逐漸累積與重建內心所需的安全感。

第四章

我最了解你：
如何取悅與安撫你的伴侶？

我發現，那些成功把關係維繫於伴侶圈圈中的伴侶們，其中一項不可或缺的重要特質，是他們付出關心，不遺餘力，而且還懂得影響他人，為彼此做出妥善的安排，就像游刃有餘的家長那樣，知道如何悉心照顧他們的孩子。成功享受伴侶圈圈的伴侶，他們願意為了知己知彼，為了彼此的關係，細心閱讀手上的這份操作手冊。他們對所有操作的細節都很熟悉，那是圈圈外圍的人無從知曉的內容。

比方說，這些伴侶們知道哪裡可以找到最強而有力的按鈕，啟動對方。當一方感覺不對勁時，他們隨即能敏銳察覺背後的原因為何。除此以外，他們還懂得如何在糟透的情境中，以合宜的言語與態度來改善情境、修復關係。他們知道該說什麼、該做什麼使對方備受鼓舞、讓伴侶放鬆自在、受激勵、被安撫或讓彼此感覺療癒。從神經科學的角度而言，這些伴侶們擁有強壯而健全的前額葉皮質；發展均衡的左右腦；功能完善的聰明迷走神經；平靜穩定的呼吸與聲音控制；以及磨合得恰如其分的溝通技巧，讓愛靠近，讓衝突遠離。

他們是如何成為個中高手呢？這群人是否與生俱來擁有完美伴侶的遺傳基因？相信我，答案是：沒有！他們是否身懷絕技，掌握了某種神祕超能力，使他們懂得如何面對伴侶的情緒？或許是。一如之前所說，我們當中或許有些人，在生命旅途中起步比別人好也比別人早，我們在童年時便有機會與成熟的長輩建立積極與正向的互動，這些長輩關切我們的需要，也對我們的需求深感好奇。面對不想讓我們受傷的內在原始人，以及偶爾讓我們備感困擾的內在大使，我們終究要與它們正面交鋒，好好溝通。事實上，我們是如此全面，這些優勢與缺失，一切好的壞的，都是我們。當我們宣讀我們的關係誓言時，或許我們都該這麼說：「你帶著一身放不掉的歷史與包袱向我走來，你無疑是我的負擔與麻煩，但我將概括承受所有我不知道但卻在你生命初期被錯待而遺留的一切創傷，只因為你現在歸我照顧與保護。」

哇，感人肺腑的誓言！但有多少人會願意說出那樣的承諾？在我的實驗與研究中，我確實親眼見證那些享有安全感關係的伴侶們，就是這麼澈底地將這些誓言落實於生活互動中。那是出於他們有意識的選擇。他們彼此達成共識，願意完全接納對方的本相，不計一切優劣與好壞，且願意為彼此盡上照顧與保護的責任。只要能紓解伴侶的憂鬱消沉，或增強他們的歡欣鼓舞，對伴侶瞭若指掌的專家總會想盡辦法，使命必達。那些自認為飽受伴侶情緒任意擺布的夥伴們，面對這群出類拔萃的專家，欣羨他們果然不同凡響，確實，他們身上似乎擁有某種神祕力量，促使他們突圍而出，讓彼此皆大歡喜。

伴侶所扮演的角色尤其重要：其中包括悉心呵護另一個人受創的過去。為達成此目標，唯一的前提與條件是，雙方都要付出，彼此激盪。兩人都需要成為最了解對方、成為彼此最內行、最稱職的專家。事實上，這樣的努力不但無人虧損，反而人人皆贏。你也許可以把這場關係視為一種浪漫情事版的投資創業，而實況亦然，想想看，這可是一場徹頭徹尾、為未來所做的投資呢！

那些令伴侶討厭的幾件事

大家都知道，每一個人或多或少都有一些不能被觸碰的地雷，一些令我們反感與討厭的事。

這些議題經常源自童年期的某個創傷或經驗，我們不知不覺將這些不堪的記憶帶入成年後的親密關係裡。

譬如，你可能在小時候經常被捉弄，及至年長，每每有人想要調侃你時，你便益發感覺無力與挫折感。這樣的經驗持續影響你，直至今日。再舉個例子：你幼年時如果經常被批評醜陋或愚蠢，你可能直到現在仍覺得自己的外表與智力都差強人意、遠遠不如其他人。也或許在你早期的童年生活中，身邊總有人扮演正義大使，對比之下，你顯然總是錯的那一位。而今，已經成年的你，依舊對孰對孰錯的議題，格外敏感。

再為你呈現另一個情境。假設你在幼年時期，從父親或母親或雙親身上經驗了極大的脫序與混亂，然後，你開始發現自己的成長過程中，竟也極度缺乏秩序與節制，慌亂的生活節奏經常使你備受困擾，而你也特別對那些粗心大意、生活散漫、做事亂無章法而失序的人，感到不勝其擾。

縱觀上述這些情境，我們到底擁有多少類似不愉快的經驗與體會？至少十項嗎？或比這更多？伴侶們經常誤以為他們有一籮筐的個人問題亟待處理與面對。但以我多年諮商的臨床經驗，普遍而言，那不盡然是事實。如果我們真的把所有個人問題過濾至最濃縮的成分，我敢跟你打賭，大部分的人頂多只能辨識出三、四項足以令我們感覺不舒服與厭煩的問題。而我也深信，大部分人終其一生備受困擾與折騰的，往往也是圍繞著那三、四項「致命性」的弱點與短處。

以下的表4-1，詳列我所觀察的孤島型與浪潮型最主要的地雷。請注意，我並未把錨定型的短處列入其中。當然，那不表示錨定人完美無缺，也不意謂著錨定人不需要被安撫、不需要被取悅；只是相對之下，錨定伴侶每一天都覺得十足安全感，也因此，他們的不足之處鮮少被突顯。

表4-1　不安全感的原因

類型	地雷
孤島型	感覺被侵擾 感覺被困住，失控 害怕太親密的關係 害怕被責怪
浪潮型	害怕被伴侶拋棄 害怕與伴侶分離 獨處太久會感覺不舒服、不自在 感覺自己是別人的累贅與負擔

互踩地雷

佩琪與賽門在十年前的一場教會活動中認識。他們最近各自喪偶，熟識的雙方很快便開始走在一起，也進一步交往，甚至決定要一起住。賽門今年七十歲，而佩琪六十歲。這對配偶在原生家庭中都是唯一的孩子，巧的是，雙方的童年生活都極其艱困。賽門的母親在生產他時難產而死，父親不願獨自撫養與照顧賽門，於是把他送人領養。他的養父母在領養他一年後離婚，再將他送回親生的外公外婆那裡，但外公外婆的經濟狀況捉襟見肘，負擔益發沉重。而佩琪的父親則在她五歲時離開他們，母親並未再婚。獨立養家的母親需要全時間工作，因此，佩琪下課後被安置於阿姨家，但這位膝下無子的阿姨經常把她關在房間裡，讓她獨處一室，因為阿姨「需要一些不受干擾的安靜時間」。

這對老來作伴的新婚夫妻喜歡四處遊走，甚至一起出國旅遊好幾次。但卻經常鬧得不歡而散，敗興而歸。最近一次前往歐洲旅遊時，賽門和佩琪在火車站失聯找不到對方。佩琪以為賽門應該會在火車上等她，於是她便繞到一旁去買咖啡。當她五分鐘後仍未回到火車上時，慌慌張張的賽門氣急敗壞地衝到火車站去找她。

當他們終於見到彼此時，佩琪手上捧著兩杯咖啡，不料迎來賽門的臭臉，對著妻子怒吼：「你到底在哪裡？」

佩琪瞪著怒氣沖沖的丈夫，不悅問道：「幹麼啊？你讓我覺得很尷尬，你知道嗎？」

「我完全不曉得你在哪裡啊！」賽門繼續大呼小叫，「你知不知道火車就要開了？你到底在想什麼啊？」

佩琪沉默不應答。她手上依舊拿著咖啡，轉身走進火車車廂，但刻意離開原來的座位，走進另一個和丈夫不同的車廂。賽門單獨回到他原來的座位上。想起自己一番緊張與好意，不但沒有換來佩琪的道歉，還被刻意忽視，他越想越氣也感覺很受傷。他賭氣繼續坐在原位，直到兩小時後抵達目的地下車。當他們最終在月台上碰面時，表面上，兩人的衝突與張力似乎煙消雲散了，但隱藏背後的問題卻依舊未被提出來討論或解決。

身為伴侶，佩琪與賽門各自深受自己生命歷程中的三、四件「糟透的壞事」所影響。然而，他們卻從來不曾意識對方從幼年開始所歷經的那些傷痛，也從不明白那些生命歷程的缺憾如何影響他們當下的關係。事實上，他們彼此至少共享一個共同點：兩人都在童年時經驗過被遺棄的傷害。及至年長，進入成年關係，兩人這方面的童年陰影，仍反映在他們難以信任、恐懼憂慮與普遍缺乏安全感的人格特質上。具體而言，賽門最主要的缺陷是：㈠他相信自己隨時都可能被遺棄；㈡感覺自己造成別人的麻煩，是他人的負擔；以及㈢懷疑別人不信任他。而佩琪的主要缺陷是：㈠感覺自己凡事都得獨自完成；㈡相信她不可以倚靠任何人；以及㈢面對別人的情緒反應與表態，經常感覺不舒服。縱觀上述這些描述，再參考之前我曾提供的資料與內容，你是否辨識出，佩琪是孤島型而賽門是浪潮型？

在剛剛所提及的「火車事件」中，他們都成功踩下對方的地雷，卻沒有做出任何努力來舒緩與消解彼此的失落和沮喪。佩琪對賽門心中放不下的「被遺棄恐懼」，理應充分告知丈夫自己的去向，但她竟渾然無感，且用難以置信的不解來回應丈夫的憤怒。另一方面，面對妻子抽身遠離怒氣騰騰的現場，賽門似乎也沒有留心顧慮妻子的感受，也沒有預備好要主動而溫柔地靠近她，嘗試去修復彼此的關係。

我不是說，佩琪與賽門故意互相傷害，即或有，那也是他們最後最後才會做的事。隱藏在關係張力背後的問題是，他們尚未掌握訣竅，無法成為了解彼此、熟識彼此的專家。當這對夫妻被雙方一籮筐的缺陷四面圍困、又缺乏任何伴侶圈圈的保護而找不到出路時，他們只能持續淪陷於劍拔弩張的對立情緒之中，坐困愁城。因此，大部分時候，他們的內在原始人彷若脫韁野馬，任由它為所欲為，而他們的內在大使則顯得無能為力，無從施展力氣來改善僵局。

〔練習10〕

你最介意的是什麼事？

身為最了解你伴侶的最佳專家，你需要充分認識與了解其中那三、四項令伴侶最痛恨的事。不過，所謂「知己知彼，百戰百勝」；換句話說，尚未理解你伴侶的缺陷與問題之前，先認識自己，或許是必要而重要的途徑。

所以，請用一些時間，好好思索與檢視。

一、找個可以安靜獨處的地方，坐下，然後想想有哪些問題深刻影響著你。從你有記憶以來，最初階的生命週期開始，一路回溯到此時當下，有什麼事情至今仍困擾著你？

二、如果能想起一些特殊事件，或許有助於你的記憶。例如，有沒有某個議題，每一次只要你與伴侶一聊起或觸碰，便會令你怒不可抑，或在某個時刻與時節，總是讓你備感抑鬱、孤單或被棄絕？在每一個事件中，到底是哪些議題經常使你感覺無比脆弱與不堪一擊？

三、拿出紙與筆（或你的個人電腦），記下那些在你腦海裡出現的事件與議題，不要自我過濾或審查。

四、當你完成這項清單之後，回過頭重新檢視，找出共同點。例如，假設你想起曾經和伴侶為了對方把你視為私密的事不經意告訴另一對伴侶而爭執不休，你也同時想起，在青少年時期，當你的母親把你私下告訴她的祕密在吃晚餐時公然提起而憤恨不已。此時，當你重新回頭看這兩件事，你看見兩件事背後的共同議題，那就是被背叛的感覺。試試看，把你生命中類似的重要事件，縮小至三、四項最「致命」的弱項。

五、專注於檢視自己的弱項與短處，從來不是一件令人享受的練習。當你好不容易完成了這項功課，請好好為自己（也為伴侶）做些開心而感覺美好的事吧！

〔練習11〕

你的伴侶最介意的是什麼事？

認識自己的弱勢與短處，是一件無比重要的事，而了解我們伴侶的弱點，更顯意義非凡。想要認識伴侶的三、四項壞事，恐怕需要從那些惱怒他／她的事件中，一邊猜測一邊抽絲剝繭，找出其中原委。如果你對這些關鍵性的三、四件「討厭之事」毫無頭緒，極有可能會陷你們的關係於岌岌可危的處境中。

接下來，你可以依循之前的步驟，再做一次練習。我知道，直接開門見山問你的伴侶他／她的弱點是什麼，確實比較乾脆簡單，但我敢保證，你已儼然是你伴侶的專家了，而且比你所想像得還要深入了解。所以，請開始將你所知道的內容進行整理與編輯。

一、坐下，想想看，有哪些問題一直以來，深深困擾、影響著你的伴侶。或許你對他／她的童年不甚了解，但你的伴侶曾經和你聊過那段生命最初的經歷嗎？

二、回憶曾經發生於你們這段關係的特殊事件，這些事件曾教你的伴侶消沉憂鬱。在每一個事件與個案中，有哪些問題使他／她感覺異常脆弱與無助？

三、記下所有浮現你腦海的事件與議題，切勿自我過濾與審查。

四、當你完成這項清單之後，回過頭重新檢視，找出共同點，看看你是否能縮減至三、四項最主要的弱點。

五、最後一步，或許你會想要與你的伴侶相互比對一下。找出那三、四項你認為使他／她感覺糟透的事件，讓對方過目。請觀察伴侶的臉部表情，留心聆聽他／她回應的聲音，這些都是判斷與檢視真相的蛛絲馬跡。

請留意，我鼓勵你自己進行這兩項練習（自我分析以及分辨伴侶的缺陷與短處）。你也可以選擇讓你的伴侶自己或你們兩人一起來進行這項練習。

那些令伴侶開心的幾件事

我常想，到底有多少人真正懂得在各方面，自發自主地讓他們的伴侶欣喜滿足與感覺被愛？我說的不是天馬行空的抽象理論，而是具體的一句話、一個行動甚至某個眉目傳情的表達，最終只為了鼓舞與激勵我們的伴侶。我見過結婚三十年的老夫老妻，當他們被要求在彼此的關係中相互激盪、彼此照亮，同時為了這段關係而使自己增添魅力與彼此取悅時，那種驚嚇不已、不可置信的神情。然而，我要特別強調，這份自發性的能力，毫無疑問地，將轉移與提升你伴侶的情緒或情感狀態，這正是成為你伴侶的專家所必備的關鍵因素。

以我多年的諮商經驗，我發現大多數前來尋求幫助的伴侶，未必想要他們的伴侶真的改變。他們其實都能打從心底裡欣賞自己伴侶原來的本相與特質。因此，人們真正想要知道的，是如何影響與激勵他們的伴侶，進而在他們的伴侶身上看見積極與正面的果效。他們不想踩到對方的地雷。不只如此，他們還想在事情搞砸時，知道如何有效平息紛擾與終止混亂。他們想要預先知道與掌握，伴侶在何時何地感到不安與浮躁？以便盡快又盡早安撫他們的伴侶。

藉此，伴侶會迫不及待，競相想要成為彼此最稱職的經理人、最內行的專家。事實上，成為稱職的伴侶與稱職的父母，其實相去不遠，看看許多父母不也常扮演安撫孩子受創的感受、培養孩子積極的個性而努力嗎？除了父母，從另一個角度而言，也可與調節者的角色相互比擬。那些自詡要成為稱職經理人的伴侶，懂得如何適度調節彼此的情緒與能量程度。身為調節者，伴侶之間持續地彼此監督，他們懂得進退應對，知道在什麼時候跳進來，啟動按鈕，切換開關，適時調整方向，保持平衡，讓伴侶有一種被了解的欣慰。

我們一再提及的伴侶圈圈，對伴侶而言，不只是個安全無慮的環境，也是一個為伴侶而量身打造的環境，在這裡，伴侶們感覺興奮、踏實，最重要的是，他們彼此吸引。我指的不是外表的吸引力，而是那種猶如黏著劑般，將彼此緊密連結一起的吸引力。只不過，遺憾的是，恐懼經常成了將彼此緊密連結的黏著劑。有時候，恐懼或許可以讓伴侶站在同一陣線上，但那顯然與「伴侶圈圈」的觀念彼此對立。我們應該想要待在圈圈裡，我們不該感覺自己不得不待在圈圈裡。我們想要與伴侶待在圈圈裡，因為再也找不到另一個同樣的地方，可以使我們一起安然待在裡面。引發我們起心動念的吸引力，是建基於我們為對方所做的這一切，既無人可做也無人想做。有些伴侶不願意使用這份吸引力作為改善關係的黏著劑，可惜這些伴侶遲早註定要在關係這門功課上，嘗到失敗的滋味。

［練習12］

如何激勵你的伴侶？

你是否意識到，你可以或說或做一些事，使你有能力去紓解伴侶的憂慮、扶持他們，使他們重新得力？現在，請花些時間想一想。

一、或許你可以先從之前所列出的「弱點與短處清單」開始檢視起。從那些令你伴侶感覺糟透的三、四件事中，你也許可以從中找出一些修復壞心情的方式。比方說，如果我過去所經驗的事件，使我質疑成為父母的價值，我的伴侶可以發自內心深處凝視著我的雙眼，對我說：「你真是個好父親。」以此來照亮我幽微而消沉的情緒，扶持我走出抑鬱幽谷。

二、檢視表格4-2有關解套的清單，看看你是否對此持有任何其他不同的意見？或許你將由此發現更多之前沒注意到的觀點。

三、你也可以重新列出一張清單，記下你的伴侶可以用什麼具體行動來取悅你、扶持你。如果你們兩人一起進行這項練習，你們也可以為對方再各自列下清單，然後再一起參照比對，互相閱讀。

為伴侶把脈，再對症下藥

記得佩琪與賽門如何面對與處理各自的弱點嗎？顯而易見，他們確實無法在張力十足時讓對方感覺舒服一些。

當佩琪還是個孩子時，佩琪出眾的外貌經常使她備受肯定與讚美，她對自己的外表自信滿滿。但自從被一位小學老師當眾羞辱過以後，她開始質疑自己在知識上的能力。雖然她順利取得大專學歷，但她卻視自己是個智力平庸的學生。另一方面，賽門則對自己自視甚高，覺得自己聰明過人。除了出生與成長歷程較為坎坷，他力爭上游，努力學習，讓自己完成大學教育並取得化學工程的學位。然而，賽門打從心底裡不相信自己是個值得被愛的人，也看不見身為人的價值與可貴。他從未體會真正被需要的感覺，而今，他依舊將這種內在懼怕與不安，持續不斷地延伸下去，預期佩琪可能隨時離他而去，他固執地抱持如此負面想法，而且對此深信不疑。

在這段旅歐行程中，賽門常常在佩琪面前稱讚她的美麗動人，讚美佩琪的風韻猶存如何吸引他。但賽門很納悶，不解為何妻子對此讚譽無動於衷。他左思右想，懷疑自己可能說得不夠多，決定再稱讚得更用心與頻繁一些，或許佩琪便會感激而有所反應。但事與願違，這一招對佩琪顯然作用不大。

這趟歐洲之旅，由佩琪主導與負責規劃。雖然賽門隱約意識到佩琪的自信不足，但他從未想過，可以透過一些肯定的話語，例如：「你好聰明啊！」或「你對這個地方的歷史那麼了解，真的讓我很驚豔呢！」抑或類似「我常覺得跟你在一起使我大開眼界，收穫好多。」等方面的讚譽，來幫助妻子建立自信。如果賽門真的以這些話語來肯定妻子，對妻子表達這些讚語與回應，他將驚覺妻子臉上難得一見的神采飛揚，是他向來稱讚妻子外貌時所不曾見過的。這樣的結果，將有助於擴大與強化彼此的正面感受，因為當妻子被激勵而雀躍不已時，賽門也將因此而興奮開心。但多可惜啊，賽門並沒有使用這個皆大歡喜的方式，因此他一無所獲。

另一方面，佩琪則不斷對賽門的聰明才智讚譽有加，她是真的賞識丈夫的博學，但心裡卻也不免詫異，何以大部分的讚美與肯定卻只換來丈夫禮貌性的笑容，那不是一種發自內心的快樂與滿足。但如果佩琪能凝視丈夫的雙眼，然後，語氣堅定地告訴他：「你真是個好人。」或「你正是我一直在等待的人。」或「我很喜歡你常想要和我寸步不離的感覺。」或「我不會離開你。」若然，佩琪將發現賽門的熱烈回應充分發揮了加成效果，同時也讓佩琪心花怒放。

佩琪與賽門錯失了擁有伴侶圈圈的優勢——源於互相保護的內在與外在安全感，以及隨之而來的消沉抑鬱，將慢慢藉此而消解減緩，同時，那些從幼年時期便已失落的自尊，則將從圈圈關係中重新找回遺失的那一塊。身為伴侶，彼此手中其實都掌握了啟動對方自尊與自我價值感的鑰匙。記得嗎，第一章內容曾經討論過，自尊與自我價值是透過與他人的互動而慢慢開展的。如果你以為這些美好正向的特質是從自我內在自然生成，那就誤會大了。不，這些被我們視為珍寶的自尊與自我價值感，一直以來，都是從自身以外在的他者與環境所賦予我們的，從我們的嬰兒期一路到成年階段，不斷被建立也被強化。

現在，容我再為你們介紹另一對夫婦。

自從保羅與芭芭拉這對夫妻的幺兒兩年前離巢念書之後，他們越來越喜歡投入社交生活，喜歡與朋友外出參與社區與慈善活動。芭芭拉四歲時，父親拋家棄女留下媽媽一人，獨自把她與姊姊撫養長大，親愛的母親去年剛過世。芭芭拉至今仍深陷失去母親的哀傷情懷，同時也因為孩子一個個離家外出升學而加劇了她內心的失落。至於保羅的背景，他是家中五個男孩的老大，從保羅有記憶的童年開始，父親就對他格外嚴苛，而他的母親則完全屈服於丈夫的強勢與權威。

從這對夫妻的成長背景看來，顯然他們的弱點似乎沒有比佩琪與賽門好多少，差別在於，保羅與芭芭拉之間的相處之道，與佩琪賽門的互動迥然相異。保羅對妻子的童年與身世，瞭若指掌，不只如此，難能可貴的是，一旦發現妻子有些反應與她童年失去父親的陰影有關聯時，保羅還會幫助芭芭拉去釐清狀況，正視她所面對的問題。每當芭芭拉沉默不語時，保羅總能知道要如何從旁協助與引導。芭芭拉也一樣，她完全了解保羅的出生與成長過程，每一次當保羅缺乏安全感，以及完美主義特質忽然氾濫時，芭芭拉總能適時伸出援手，在身邊提醒與陪伴丈夫。

舉個例子，某晚兩人吃完晚餐開車回家途中，保羅發現坐在副駕駛座旁的芭芭拉出奇地安靜。他忽然想起，剛剛在晚餐時，有位女性在他們那一桌的言談之間聊及年邁的雙親。保羅猜想芭芭拉可能還陷入對話的內容中，因為若有所思而悵然若失，於是，保羅輕聲問道：「你想起你媽媽，對嗎？」

芭芭拉點頭，輕拭眼角的淚水。

保羅對妻子的失落感同身受。他把妻子的手牽起來，親吻一下，然後繼續說道：「親愛的，我和你一樣感到難過。我知道你想念媽媽。」

芭芭拉潸然淚下，她一邊擦去眼淚，一邊輕聲低語：「謝謝你。」

那一晚，一如過去，只要他們在一起時，保羅便會開始持續關切芭芭拉的心情起伏與狀態。他對芭芭拉在什麼樣的狀況下會受傷，還有她如何表達受傷的方式，以及他可以如何為妻子分憂解擾，完全了然於心。保羅知道大概有三、四樣議題，對芭芭拉最具殺傷力，這些不堪一擊的弱點，早在她幼年時便已根深柢固地存在，恐怕還會持續糾結至離世的那一天。保羅不需要探問妻子：「有什麼事嗎？你怎麼了？」他不需多問便已完全知情，知道是什麼樣的事會讓芭芭拉深感困擾。所以，他會猜測，反正八九不離十，稍微動動腦猜一猜便大致可知，又不是有上百個可能性讓他猜不透。無論如何，保羅對妻子芭芭拉的各種舉止反應都掌握得極好，一如芭芭拉對保羅亦然，也因此，他們得以善用彼此的同理與共感來彼此幫補與扶持。

詢問伴侶：「有什麼事嗎？你怎麼了？」這類問題，似乎像在詢問：「抱歉，請再說一次，你是誰？」身為伴侶，我們應該瞥一眼就知道事情始末了。其他人或許不曉得，也或許不會被要求去了解，但我們責無旁貸。那是我們的重要職務，我們已經被高薪巨額禮聘了！我們為伴侶所做的一切，是別人無從介入與插手處理的，因為周遭的他者不會付上真心的關切。

當然，我們對伴侶情緒與反應的猜測，也並非總是百分百正確無誤的。我不是說你需要成為可以預知萬事的人。比方說，總有一些時候，芭芭拉的思緒可能從一早就開始醞釀了，也或許是一些她想要與丈夫分享的事情。在那樣的情況下，或許因為保羅不在妻子身邊而猜錯妻子的想法或感受，但那也完全無傷大雅啊，這對夫妻只需要轉移到其他新的議題就行了。

芭芭拉相信，她自己沒有能力處理生命中的「失去」，即便她這一生中已經承受了許多失去。她從小就認定，身邊那位總是被男朋友圍繞的姊姊比她還要好看；相對而言，芭芭拉在學業上的表現則比姊姊優秀得多。雖然成年之後的她，已經不再介意一些陳年往事，但某個「孩童」的部分，卻仍舊迫使她相信，自己該為父親的離去負起責任，因為她總是讓父親失望。這部分的糾結，使芭芭拉在面對孩子一個個離家到外地就讀的過渡期，顯得益發難以接受。

保羅對妻子生命中「失落的那一塊拼圖」，了解甚深，因此，那些無法引起芭芭拉自尊感的事情與言語行為，他從不費時費神在那上面。保羅經常告訴芭芭拉，有她成為孩子的媽媽，他恆常為此引以為榮，而且感覺無比幸運與榮幸。保羅不厭其煩地反覆提醒妻子：「親愛的，我會陪在你身邊，長長久久。」他從不錯過任何可以凝視她的機會，彷彿眼前佳偶是全世界最漂亮、最迷人性感的女人，更不吝於如此稱讚她。保羅為妻子所做的這三、四件事，不但幫助療癒芭芭拉的過去，也使她當下所失落的一切隨即獲得滿足。看見自己能在情感上感化與激勵妻子，保羅備感欣喜而樂此不疲。他確實搔到癢處，而且把脈準確又能對症下藥。

當然，保羅也有他自己需要面對的生命故事與課題。保羅自童年時期便經常被忽略，因此，他需要不斷確定自己被信任也值得被信賴。保羅是個經常自我懷疑的人，他甚至經常為此而難以做決定，也對許多判斷猶豫不定。他期待自己的意見能備受重視，但縱使得到肯定了，他總是有辦法懷疑那些贊同他意見的人，大多都是心智不成熟的人。

芭芭拉善用自己對丈夫的認識與了解，積極為丈夫找回「失落的那一塊」，盡可能避開那些對他而言無關緊要的議題與言行。她最常告訴丈夫的是：「我相信你，一輩子都相信你。」她從不為了證明自己對，而試圖與保羅據理力爭，不過，一旦她認定某些行動對他們倆都重要的時候，她會義無反顧地堅持與他站在同一陣線上。她持續不斷地肯定保羅，相信丈夫總有辦法把事情做對，也對他修復與整頓事情的能力信心滿滿。芭芭拉深知什麼樣的言行能提升保羅的自尊與自我價值感，她毫不猶豫地想方設法多加肯定丈夫，因為聰明的妻子知道，最終受惠的不只丈夫，還包括她自己。

仔細檢視，不難發現，芭芭拉與保羅成功維繫了屬於他們之間的伴侶圈圈。身為最了解彼此的專家夥伴，他們可以隨時敏銳察覺對方的小小反應，然後，隨即搔到癢處對症下藥，適時紓解伴侶的壓力與焦慮。一般而言，這些回應沒有想像中的大費周章，有時候只要一個笑容或眼神交會，或輕輕握一下手就能安撫對方躁動的內在原始人，將對方最急切需要的支持傳達出去。這份溫暖而適時的滿足，是孤身一人時所無法享有的陪伴；他們為彼此付出，那是因為他們可以這麼做，也因為這麼做令他們感覺更有吸引力——甚至讓彼此深感不可或缺、無法被取代。這份為彼此付出的言行舉止，是圈圈之外的他者無法插手和介入的事，因此，他們所置身的世界比圈圈之外的世界，更為安全也更受保護。

〔練習13〕

「來演我」的遊戲

你可以與伴侶一起玩這個遊戲，每人輪流「演」對方。或者，你也可以在不告知對方的情況下，練習演對方。不管是哪一種方式，你將因此而對這段關係有更深入的認識和了解。

一、以幾句話或幾個動作，來讓你的伴侶笑開懷。以你對伴侶的認識與了解，開始擘畫與想方設法，就是要努力讓對方臉上出現一抹微笑，看看到底哪些法則行得通。譬如說，你可能需要為你的伴侶擦擦背或分享一些別具意義的特殊記憶，讓對方想起時忍不住會心一笑。

二、現在，請對著伴侶說些讚美或肯定的言辭，這些鼓勵是能讓對方動容不已的。如果你能為此而讓對方感動得潸然淚下，那你這一招肯定是成功的了。我說的不是哀傷的淚水，而是深受鼓舞的感動所流下的熱淚。通常，簡潔而明確瞭然的宣告詞句最容易擄獲人心；而長篇大論的論述文則最容易流於形式而失敗。請儘量避免加上一些解釋與說明。例如，當你說：「你是我所遇過最值得信任和令人放心的人。」你的伴侶可能會異常感動，但是如果你在後面畫蛇添足加上這幾個字：「你是個很值得信賴的人……在大多數時候。」那麼，你希望達到的感動效果，便大打折扣了。同理，一些聽起來漫不經心的稱讚，譬如：「你知道的，我很喜歡你的廚藝！」如果那是對方早已熟知甚至聽膩了的一句話，坦白說，那實在不怎麼能夠打動人心呢。還有，不要常常期待要即刻看到成果。如果你的伴侶對某種讚美之辭，表現得無動於衷毫無反應，也不必因此而洩氣，不妨將此視為一個參考指標，至少讓你曉得此路不通，再想想或嘗試其他令對方感動的方式吧。

三、最後，以你的言行與表態，讓伴侶不只感動而且興奮雀躍。你可以在對方眼中瞥見何為驚喜與興奮：雙眼擴張，瞳孔擴大，即便只是一瞬間的歡喜。留意你伴侶的臉，可能會有點泛紅，而說話的音量也會更高昂而大聲。

四、如果你與伴侶投入在這個遊戲的練習裡，不管你處於何種狀況（不論你是要找出一個方法來讓你的伴侶展露笑容、或讚美肯定他／她，抑或激勵他／她），請不要開口徵詢你的伴侶哪種方式會奏效。記得，找出擄獲人心的有效方法，是你身為專家的分內事。還有，也請你不要直接問你的伴侶，你所說或所做的那些努力，是否對他／她有效。請你觀察留意那些蛛絲馬跡與線索，關注你伴侶的反應。透過這些過程，你將一點一滴建立起認識伴侶的「專業」能力與素養，而你的伴侶亦然。你們雙方終將由此而享受雙贏的成果。記得，你們是彼此緊密連結一起的夥伴！

你們可以隨心所欲練習這項「來演我」的遊戲。甚至為要達成不同的正面效果，而「不擇手段」地進行各種嘗試與實驗，譬如，不只找出讓伴侶開心與雀躍的言行，也可以找出有哪些言行，可以讓伴侶感覺放鬆自在、開懷大笑或任何你所能想到好玩而積極的效果，來進行這場遊戲與練習。

第四階段引導原則

這本書的第四階段引導原則是，重視並熟知伴侶的一切，懂得如何彼此取悅，互相安撫。那其實也意謂著需要熟知伴侶最關鍵的脆弱，也充分掌握對彼此最有效的解藥。以下的圖表4-2，嘗試將本章所討論過的內容，扼要地整理出一些孤島型與浪潮型最典型的弱點，同時提供一些實際可行的建議，協助伴侶減少「示弱」。再次特別重申，我並未將錨定型含括在內，因為相對而言，錨定型比較有安全感，也比較不需要解套與出路。

表4-2　為要幫助伴侶，你可以這麼做

弱點：備感困擾與不舒服的處境	解套：你可以對伴侶這麼做、這麼說
孤島型	
感覺被打岔、被中斷	不動聲色地靠近對方，不要大聲呼叫對方的名字。 如果你的伴侶正忙著處理事情，輕聲告訴對方：「我需要在幾分鐘以後跟你說一下話。」然後，先離開現場。 或說：「你準備好之後，請讓我知道。如果超過＿＿＿分鐘的話，那麼，我會先開始，你之後再進來一起談。」
感覺被困得無法動彈，失控	「我需要你撥出幾分鐘給我，然後你可以回頭繼續處理你的事情。」 「我看得出你受夠了。先不吵你，我們待會兒再繼續。」 「這裡有一些選項，讓你參考。」
害怕太親近，抗拒親密感	留意伴侶所能接受的親密界線，謹慎衡量對方感覺舒服的親密程度；再以對方能適應的方式慢慢融入。 「你希望我停止嗎？」「這麼做會不會讓你感覺困擾或不舒服？」
擔心被他人怪罪與責備	「我很感激你所做的一切，但在這件事上，你這次真的有點過火了。」 「我能夠明白你這麼做的原因。你的心態確實是對的。」 「嘿，你看，並非全都是你的錯。即便是，但對我來說其實一點關係都沒有。」

浪潮型	
擔心被你拋棄	別擔心，我哪兒也不去。就算你想，我也不讓你逃離我的手掌心！ 「不要離我太遠，緊跟著我。我今天想要和你靠得很近。」 「我把你套牢，把你牽緊緊了！」
不喜歡與你分離兩地	善用科技產品，例如以傳送簡訊的方式表達關切。不需要長篇大論的留言，只需要一個「嗨」或「愛你哦」或「唉，難熬的會議」或任何簡潔扼要的訊息，讓對方充分感知你心中記掛著他／她。
被孤立或冷落太久而感覺不舒服	「我非常期待今晚與你一起用餐。你今天過得如何？我實在等不及要聽你告訴我呢！」 「如果需要找個人聊聊，請隨時打電話給我。」 「我答應你，不管多晚，飛機一降落，我就會打電話給你。」
感覺自己是個負擔與累贅	「你從來就不是我的負擔，或許我對你來說，更像個負擔呢。」 「看到我們知道如何彼此照顧，互相扶持，我真的很開心。」 「你是我最甜蜜的負擔，我很享受把你背在我身上。」

以下提供一些具體可行的原則，幫助與引導你進一步安撫和取悅你的伴侶：

一、學習盡速修復關係中的裂痕與破損。身為最了解你伴侶的專家，那意謂著你會持續對伴侶的感受保持高度敏銳與警覺。如果你的伴侶深感困擾，你會第一時間就察覺到。當然，不管那是因為你們之間的問題或因為你們之外的其他事物令伴侶深受困擾，總之，你應該是最敏感、最快發覺的人。不論在哪一種狀況，你總是憑藉經驗做最快的判斷，知道有哪三、四件最糟糕的壞事足以攪動伴侶的心情，甚至一發不可收拾。在面對問題時，逃避不解決或擺爛的方式，永遠無法讓問題自然消除。當你看見伴侶深陷抑鬱幽谷時，那意謂著「停止施壓」的警示燈已然亮起，提醒你對方可能無法負荷了。

比方說，如果你認為自己便是導致伴侶受苦的緣由，那麼，你可能需要如此表達：「感覺很不好，是嗎？」或「對不起。剛剛是不是讓你受傷了？」最糟糕的做法，是轉頭不看伴侶的臉色，或澈底忽略伴侶的聲音。請你要努力讓對方知道，你值得信賴，你可以讓他／她靠，而且你願意付出一切適當的言行來修復這段關係。

你的伴侶對你亦然。你可以放心相信，在你最需要時伴侶會在你身邊，陪伴你，了解你何以怯弱，也總在你失望難過時，隨時準備安撫你。那就像你們最初展開這段關係時，你簽下了一份保障慰藉與愛的保單，而今，因為你仍持續繳付保費（意即，隨時陪伴與守候你的伴侶），所以，只要任何事稍有差池或不在掌握之中，你都能輕鬆面對，而且隨時可以在你們愛的銀行中，匯入現金，注入關心與愛。

二、防範於未然。曉得如何修復裂痕與毀壞之處是有益處的，更理想的方式是，提早預防與遠避困難。當然，想要澈底轉移所有挑戰是近乎不可能的事，人生從來不是讓我們可以趨吉避凶或凡事順遂的。身為伴侶的專家，你與你的伴侶還有許多彼此取悅、讓彼此開心快樂的事，值得努力與開創。與其坐著靜待問題發酵，不如與你的伴侶積極行動，主動探索，建立一個可以讓對方感到窩心感動的說話方式與行動的習慣。千萬不要假設你的伴侶早已知道你有多愛他／她，也不要自以為你已經適切表達了所有你對伴侶的感激等，你永遠還有空間學習以創意的方式，表達三、四件讓伴侶感覺開心的事。藉此，你把愛的存款一點一滴存起來，在需要時隨時可以提領與使用。

三、你可能會好奇，萬一我的伴侶和我，對三、四件討厭與開心的事無法達成共識呢？怎麼辦？答案是：其實根本沒關係。真正關鍵而要緊的，不是要你準確無誤地找出那三、四件大事或斟酌如何對症下藥，最重要的是，你要知道如何與伴侶一起做這些事，互相取悅、互相陪伴與扶持。

那麼，你要如何確定這些策略對你的伴侶是否有效？實踐是真正的檢驗，試過就知道了。留意伴侶臉上難以掩飾的表情、聽聽他們高昂或低沉的聲音，或瞬間起伏的情緒轉折，都是再明顯不過的跡象與鐵證，教你印象深刻，難以忘懷。

其實，你無須為了到底是哪三、四件（不論是討厭或開心）事而與伴侶為這些定義與細節辯駁，因為重點永遠不在此。那也是為何我特別將此「專長」比喻為「神祕」的超能力。你只需要按著你的認識與判斷，針對這些事做出回應，然後好整以暇地坐好，等著驗收成果。如果效果不如預期，極有可能你還沒真正搔到癢處，若然，該是回到檢視清單的時候，重新思索，再花些時間去了解與認識你的伴侶。我深信，透過不斷實驗的過程，一次又一次成功與失敗的測試，你終將成為最了解你另一半的專家。

第五章

出發與抵達：善用起床與睡前儀式

在床上用餐。生日與聖誕節清晨的激動與興奮。起床歌曲。起床親吻。或許這些都是從你幼年時便已不斷上演，早已熟悉得不能再熟悉的早晨儀式與片段記憶。睡前故事、安眠曲、睡前一日生活分享，夜晚有人陪著你、哄你睡，睡前祈禱、親吻額頭，這些都是睡前儀式。

從生命最初始，直至今日我們的成年人生，大部分時間就在睡覺至起床，再從起床至睡覺之間，不斷轉移與鋪陳開來。我們必須在清晨啟動、出發，然後在夜晚時分降落、抵達。我們早在幼年時期便已開始學會了這份功課，逐漸養成生活習慣，從此跟著我們，如影隨形，甚至成了我們的一部分。這些「習慣成自然」的生活狀態，恆常在意識與潛意識之間交替轉移，不但影響我們心智與身體的健康，也在我們親密關係的建造上扮演舉足輕重的角色。

不管你是單身或身邊有個伴，其實，許多人不喜歡面對早晨與就寢前的時間，甚至為此飽受困擾。憂鬱傾向的人，經常在起床的頃刻間，比任何時候都還要感覺意志消沉。尤其當他一晚噩夢連連後起床，面對嶄新的一天，原本就已經鬱鬱寡歡的心情，恐怕只會倍感毫無鬥志與惴惴不安，甚至害怕起床。而焦慮的人，則在夜幕低垂時加倍焦慮緊張。當他們躺在床上時，擔心不完的念頭、想像與記憶，不約而同地牢牢占據他們的心思，在內心深處喋喋不休，讓人心煩意亂。從起床到睡覺之間的轉換，對一些人而言，顯然無比糾結與痛苦，因此他們寧可選擇繼續賴在床上、昏睡，什麼也不做。

如果你的伴侶也面對以上困擾，他／她或許已開始尋求藥物的治療。對其他某些人來說，對症下藥的方式或許卓然有效。然而，幫助入眠的藥物若長期服用，總會擔心成癮或其他副作用的後果：難以清醒、憂鬱、隔日昏沉、疲軟無力的狀況顯著、失眠甚至暈眩加劇、失控行為等問題。最糟糕的是，你的伴侶可能想要透過自我療癒的具體活動來尋求慰藉，譬如藉由沉迷色情刊物、聊天室、網路賭博、熬夜看電視、酒精麻痺、暴飲暴食、吸食大麻或任何上述行為的結合等等。

所以，你知道我為何要把「起床與睡前儀式」列入這本掌握伴侶的「個人手冊」之內嗎？因為，你不但可以，而且需要成為你伴侶的最佳「百解憂」（抗憂鬱藥），也要成為伴侶分憂解勞的最理想對象。而且，更令人欣慰的好消息是，這一點也不需要任何保險理賠或付費呢！

一如在第四章所看見的，成為你伴侶最稱職的專家，意謂著你曉得如何在對方最需要的時候，取悅與安撫他／她。在嬰兒時期，我們期待從身邊的父母或照顧者身上獲得這一類的安撫與愛。因此，如果你的伴侶是錨定型，那麼，他／她的安全根基與容器可以在環境中不斷開發，並將你所需要的安慰與鼓舞隨時回應在你身上。假若你的伴侶是孤島型，那麼，你所期待的安全根基恐怕難以發揮功效，不但如此，對方或許還會否定或排除你此時對安全感的需求，因而錯過安撫伴侶的機會，也難以成為伴侶欣喜滿足的源頭。我們可能會暗自思忖，如果在生命最初始的階段，這樣的安全感便已從缺、從不曾被滿足，我們為何還要探討這些安全感的重要性呢？

在以色列，有一種類似共同屯墾的集體農場，叫「奇布茲」（Kibbutzim），住在那裡的孩子們，被安排與他們的母親分開睡覺，一直到隔天清晨；有一份以這些孩子為主的研究報告，可以為我們所探討的問題帶來一些省思。依附理論學者約翰．鮑比（John Bowlby）假設：置身此種情境下的孩子會比較缺乏安全感，而研究者也已記錄在案且獲得證實。比方說，亞伯拉罕．薩齊（Abraham Sagi）與團隊，特別針對：在家裡睡覺，以及離家在外、沒有與父母一起睡覺的兩組孩子進行比較。研究結果顯示，如果父母經常無法在孩子上床之前陪伴他們，那些孩子們普遍比較缺乏安全感。最近，麗雅特・提寇斯基（Liat Tikotsky）與其研究團隊做出了一份報告，他們認為，那些在幼年時體驗過集體生活的父母，比較會表達他們對幼兒睡眠干擾的關切。不過，這份研究報告也透露了其他重要訊息：這些父母也比較懂得如何在睡前時間安撫他們的嬰兒。

不論你的伴侶在幼年時期對睡前與睡醒之間的過渡感覺，是順暢或有障礙，這裡要告訴你一個好消息：你的伴侶現在就可以再重建安全感的根基，或此時此刻，這是你人生中第一次……而且可以在伴侶的陪伴下，你們兩人在睡眠之前與清醒之際的過渡與鋪陳中，同心建立一份屬於你們的重要儀式！

各別睡覺，各別起床

諾亞與伊薩貝拉的年齡，介於三十至四十歲之間，育有兩名孩子，兩人同時在各自的專業領域打拚。結婚初期，他們習慣一起出門，早出晚歸。而今，為了養育兩名孩子與隨之劇增的經濟負荷，兩人都疲於奔命，也經常感覺心力交瘁。他們邀請各自的家人在白天協助照顧兩名孩子，如果必須加班晚歸，則不得不請年輕保姆到家裡來陪伴孩子。

如果條件允許的話，伊薩貝拉喜歡在孩子上床以後，大約九點左右，也準備就寢。諾亞則是一隻喜歡挑燈夜戰的貓頭鷹，至少要到半夜才肯上床睡覺。所以，清晨時分，伊薩貝拉是家裡唯一早起為孩子預備早餐的人。然後，她會匆忙趕到健身中心運動再去上班。一般情況下，諾亞足足比妻子晚一個小時才起床，起來時，伊薩貝拉早已出門上班去了。即便到了不必趕上班的週末假日，這對夫妻仍維持各自就寢與起床的節奏。

事實上，諾亞與伊薩貝拉對彼此的生活型態，都累積了一些不滿情緒。兩人對孩子的狀況不甚滿意，對工作與經濟上諸多煩心瑣碎事也都心懷怨懟。諾亞越來越憂鬱與焦慮，而伊薩貝拉則對丈夫喋喋不休的訴苦與抱怨，感到不耐煩與憤恨難消。他們兩人從不把「缺乏一起起床與就寢的默契」，當成一個亟待面對的問題；但卻不斷抱怨這段婚姻使他們精疲力竭，讓他們越來越無能為力，而且對未來不抱任何希望。

你認為，伊薩貝拉比丈夫提早上床睡覺，對諾亞有何影響？你覺得，當伊薩貝拉在凌晨一點翻身、意識有點清醒的剎那，發現身邊空蕩蕩的床位，對她有何影響？這對夫妻各自起床、互不相見便各別出門的早晨時間，對他們又帶來什麼樣的衝擊？如果我們獨居，我們從來不會對空床位有任何感覺，但是，我們身邊若有個一起生活的伴侶，我們會越來越習慣有他／她在我們身邊——最理想的狀況，莫過於一起醒來，不約而同地一起就寢。不管我們對此是否有所警覺與意識，事實上，當我們內心有所期待時，面對身邊原該有人躺著的空床位，我們並非無感，而且還會衍生一些情感反應。即便我們知道空床位或許只是階段性的暫時分離，但那種「伴侶離我遠去」的經驗，仍會令我們牽掛憂煩，無所適從。

伊薩貝拉是典型的孤島型特質，她享受獨處，但有時候，當她半夜醒來發現枕邊人仍未上床睡覺時，她自己也會輾轉難眠。而顯然是浪潮型傾向的諾亞，卻經常在妻子比他提早上床就寢的這件事，衍生一種被忽視、被遺棄的感覺，雖然他也知道自己是個喜歡熬夜的夜貓子。

除了特質大不同，如果還要再加上男女的性別差異對伊薩貝拉與諾亞的睡眠影響，那麼，問題恐怕就更錯綜複雜了。其實，許多不同的研究報告早已顯示，男性與女性不但睡眠模式不同，對於睡眠經驗的感知與理解，也迥然有別。比方說，約翰．迪塔米（John Dittami）與其團隊以長達二十八晚的時間，針對「單獨睡」和「與伴侶一起睡」的兩組配偶，進行比較。測試結果發現，一起睡的女性，睡眠品質比單獨睡的女性更容易受干擾，而男性則比女性更享受、更喜歡「與伴侶一起睡」。

溫蒂．特洛薛（Wendy Troxel）特別對此研究，指出其中日益增多的弔詭現象。一方面，發生在睡眠期間所記錄的「生物性生理轉變」看來（譬如：抵達最放鬆熟睡的睡眠階段——稱為第四階段睡眠，此階段的睡眠狀態較少出現姿勢的變換），整體而言，伴侶們單獨睡覺時，睡眠品質比較好。但另一方面，伴侶們主觀的報告則指出，當他們一起睡時，他們才會睡得比較好。因此，溫蒂以此論述推斷，不論男性或女性，他們對夜晚時同床共眠的安全感與需求，遠遠超越一起睡時所帶來的干擾。這樣的結果，正好解釋了為何伊薩貝拉半夜醒來發現身邊空位時，內心會糾結。這觀點正好也與我一直以來在這本書不斷強調的引導原則不謀而合——使你的伴侶感覺外在與內在的安全感，是無比重要的一件事。

當然，另外的可能性或許是伊薩貝拉與諾亞都各自深受自己的生理時鐘所影響——那是日常的身體運作與生理循環，往往也由此決定了個人何時想吃、想睡與其他行動。研究顯示，那些早已建立不同生活節奏的伴侶們，譬如，夜貓子配上早鳥，經常難免為此而歷經不穩定的關係。舉個例子，傑菲力．拉爾森（Jeffry Larson）與其團隊便發現，那些夜貓子與早鳥的伴侶組合，遠比那些生活節奏一致的伴侶們還要容易引起爭端與衝突，而且兩人在一起的時間，量少質又差。雖然，伴侶之間生活作息不同、生理時鐘差異，實在沒什麼大不了，但是，我相信伴侶們可以努力配合與協調，而且，如果能把睡眠時間調整成一致，或至少嘗試開創「一起展開與結束一天」的方式，對伴侶而言都是值得一試，而且是健康有益的途徑。如果你真的努力與伴侶調整與配合彼此起床與就寢的模式，我相信你們之間的親密關係，一定會大為改善。

共進退，一同啟程與降落

多年投身伴侶諮商的實際經驗告訴我，那些經常排除萬難在睡前與伴侶在一起，或陪對方一起上床（不管他們是否同一時間入眠），同時又一起起床的伴侶，要比忽視這些儀式的夫妻，享有更多從親密關係而來的滿足感。讓我們從一些案例中找出實際可行的原則。

同步切換

三十幾歲的蕾貝卡與維斯這對夫妻，有兩名孩子，背景狀況與諾亞和伊薩貝拉相似。他們兩人努力工作，雙薪收入勉強支付房貸、巨額保費與其他開銷，兩人不免對未來有些焦慮與憂心。不像諾亞與伊薩貝拉，他們沒有其他家人可以支援照顧孩子，加上付不起日托與保姆的費用，因此，蕾貝卡決定在家裡工作，而維斯則一週內在外面上班工作六天。結婚前，蕾貝卡比較屬於浪潮型特質，而維斯則傾向孤島型。然而，進入婚姻後幾年，他們對安全感的需求，使他們循序漸進地找到了互相歸屬與認同的方式，使他們逐漸被模塑成為錨定型伴侶。

儘管現實的生活壓力重重，但這對年輕夫妻對晚間就寢與晨間起床儀式，格外重視，不僅對彼此，對孩子們亦然。夫妻倆分工合作，將孩子們哄上床，然後一起觀賞電視節目，輕聲話家常，聊聊各自白天的生活或享受做愛。雖然蕾貝卡經常忍不住想要踏進家裡的工作室去檢查深夜傳來的電郵，但她總能克制得住，除非有些工作上的緊急事件。倘若偶爾有類似急需處理的事件發生，維斯總能諒解妻子的特殊狀況，而且把耐心等候當成必做的重要大事。維斯大約每週有一天要特別早起，趕到辦公室開會。雖然蕾貝卡其實不需要早起，而維斯也從不對妻子提出要求，但蕾貝卡就是喜歡和他同一時間起床，一起喝杯咖啡再送他出門。蕾貝卡發現其實自己還蠻喜歡一大早就在家裡開工呢。其他時候，她偶爾也會不喝咖啡，等到丈夫出門以後，再去睡個一小時的回籠覺。

蕾貝卡與維斯經常在睡前，一起安安靜靜地躺在床上，互相深情凝視，溫柔地互道晚安。有些時候，他們會每一晚輪流為對方閱讀一些共同喜愛的書籍。他們喜歡開創與實驗各種充滿新意的睡前儀式。譬如說，有一陣子他們幾乎每晚刻意在不亮燈的黑暗中，表達他們心中的感恩。他們想起那些曾經觸動他們生命的人，包括已經死去與活著的人，一一道出這些生命中「重要他者」的姓名，並為他們獻上祝福。有時候，蕾貝卡或維斯還沒把名單念完，兩人便已沉沉睡去。沒關係。最重要的是，他們將此儀式視為進入睡眠的必要轉換，而且樂此不疲，這樣的過程使他們不只感覺彼此緊密連結，也與生活中重要的他者一同連結。

這對夫妻一起起床，用心尋找在一起的各種可能性，哪怕只是幾分鐘也好，然後再各自忙著處理清晨的瑣碎家事，包括叫孩子起床。有時候，在起床之前的剎那，兩人會凝視彼此雙眼，一如睡前所做的。雖然他們的日子繁忙，但他們倆卻藉由這些「在一起」的片段，與關鍵的「切換時刻」，而身心得力，精神飽滿，小兩口早上分頭工作時，情感上格外心繫著彼此，緊密連結。他們在白天時一起起床、啟程，夜晚時一同降落，就寢。

早起的鳥兒與夜貓子

對蕾貝卡與維斯而言，作息的調整不難，因為他們原來的生活節奏與步調本來就相去不遠，也願意相互配合。但對於那些生活習慣迥然相異的伴侶，該如何處理？這部分恐怕需要更多努力與妥協，但一同分享啟程與降落的時刻，同時也能使伴侶關係互相受惠。

凱莉與馬奇亞的睡眠時段完全相反。凱莉是個典型夜貓子，而馬奇亞則是習慣早起的鳥兒。凱莉毫不避諱地承認自己一直以來都是孤島型，她相信馬奇亞有錨定型傾向，或許她的猜測是對的。

馬奇亞其實很擔心凱莉與她的健康狀況。他發現凱莉白天的生活作息，消耗她許多精神體力，簡直是過勞了，也因此，凱莉喜歡在睡前吃一堆高熱量的食物。無奈凱莉卻堅持這樣的生活習慣很適合她，雖然她很期待馬奇亞可以陪她晚睡、一起看電視，只是，馬奇亞的生理時鐘不允許他晚睡，他幾乎每晚九點半一到，便分秒不差地昏昏欲睡了。馬奇亞不喜歡睡眠被中斷，因此他常央求凱莉進房準備就寢時，動作要輕，免得把熟睡的他吵醒。

馬奇亞熟睡後，無法忍受臥室裡有任何聲音或燈光，夜貓子的凱莉經常為此而惱怒不已。凱莉喜歡在夜幕低垂時陪在馬奇亞身邊，因此，在睡不著的夜晚，她其實很喜歡依偎在馬奇亞身邊，開一盞小夜燈閱讀。但為了顧及馬奇亞的睡眠品質，她只好捨棄這樣的習慣。凱莉不得不改變她的習慣，離開臥室，躡手躡腳地開門到樓下找別的事來做。有時候，她會上網，在社群媒體上瀏覽，吃高熱量高油脂的食物，尤其是她最無法割捨的冰淇淋，或耗在電視機前看數小時的電影。當凱莉終於熄燈返回臥室準備就寢時，她的內心深處，經常衍生一種對自己失望與焦慮的負面感受。

偶然間的某一晚，凱莉發現了一件有趣的事。她因為參加公司的運動會，回到家後感覺異常疲累，於是早早便有了睡意，甚至在馬奇亞還沒上床之前便已倒頭大睡了。當馬奇亞完成他每一晚的睡前儀式之後，他比凱莉晚半小時上床。就在他睡著之前，他溫柔地伸手撫摸凱莉的背。隔日清晨，凱莉精神飽滿地起床，赫然警覺自己一覺好眠到天明。她以此作為實驗，嘗試在下一週如法炮製，早早就寢，發現效果一樣好。這下，比馬奇亞更早入眠的凱莉，與馬奇亞躺在床上時，她不但可以一整夜熟睡到天明，同時戒掉熬夜看電視、吃零食，也不再做一些令自己之後懊悔莫及的事。

回頭檢視這對伴侶的生活作息與「內心劇場」，我們發現，凱莉興致勃勃地開發她的夜生活，是因為她在不知不覺間感覺被馬奇亞棄之不顧。但對馬奇亞而言，他倒不覺得需要催促凱莉上床睡覺。馬奇亞從幼年時便建立起規律的睡眠習慣，他每晚準時上床，睡足八小時，然而，凱莉卻彷彿活在另一個截然不同的生活型態裡。如今，凱莉一改夜貓子的生活形態，搖身一變成為早起的鳥兒。其中一項額外的收穫是，兩人可以一同共度美好的清晨時光。不只如此，凱莉開始在上班前運動，加上晚上不再熬夜吃零食，她輕輕鬆鬆便減肥成功了。一起入眠，一起起床，讓馬奇亞與凱莉的關係，比過去任何時候都還要親密與契合。

早起的鳥兒通常來自一家子習慣早起的家庭，同理，夜貓子經常來自習慣熬夜的家庭。他們各自的作息極可能在嬰兒時期便已遵循母親的生理時鐘而被設定了。雖然如此，想要調整與改變，或至少在中途時段，兩人稍微交集一下，也並非不可能，尤其如果兩人的未來與關係岌岌可危時，這樣的調整益顯重要。對早起的鳥兒而言，調整的具體行動包括，挑幾個晚上，稍微撐一下，晚一點睡；對晚睡的夜貓子來說，調整的步伐則是挑幾個早上，稍微勉強自己早起。換句話說，在期待伴侶完全調整成同進退的作息之前，兩人都願意給彼此一些時間，努力調整生活節奏，或稍微晚睡，抑或勉強早起，讓雙方感受「一起」的美好。

那些願意按著前述狀況而努力調整生理時鐘與生活作息的伴侶，大多可以輕易接納彼此為夜貓子與早鳥，並善用他們的不同特質，以此來發揮最大功效，使雙方同得好處。比方說，夜貓子的生產力越晚越好，因此，他們可以在晚上時分，從容分擔一些家務與工作，譬如記錄家庭帳目或為孩子預備隔天的便當。同理，晨型人的早鳥，通常在一夜充足睡眠之後，感覺精神飽滿，此時，他們可以從事晨間工作，譬如送孩子上學等。即便如此，我仍鼓勵夜貓子／早鳥伴侶可以，也應該在一天之始與一天將盡之際，進行簡單的「一起儀式」。

練習14

一週「啟程與降落」的練習

刻意安排一週，讓你們雙方實驗一些饒富創意的「啟程與降落」練習。請先確認你的伴侶與你達成共識，同意與你共乘與進出。你可以首先表態，讓對方知道你已準備好來主導，而他／她只需要出現，坐好，享受這趟旅程。

具體行動與步驟如下：

一、你可以在一年之中，挑選任何一週作為進行儀式的一週。但盡可能避開任何一方出差的時候，或其他任何可能打斷儀式進行的時間表。挑選尋常的一週，才能讓你們從容地落實隨之而來的計畫與新發現。

二、在進行實驗的那一週，一同起落，共進退。處心積慮地為你的伴侶設想，想想什麼樣的行動會讓對方充分享受。這當中或許包括一些對你而言堪稱新鮮的玩意兒與行動。我在本章將陸續提及一些你可能想要嘗試的不同儀式，但千萬不要受限於我的建議，請努力破框演出，發揮你的無限創意與想像吧！

三、努力讓每一個儀式都使對方驚喜萬分。有時候，這些教人驚詫不已的元素將使你們的關係增加許多無窮樂趣與歡愉。

四、在儀式結束前那一週，好好檢視你的經歷與體驗。你們對哪一個儀式情有獨鍾？為什麼？你們從中學到哪些認識自己與認識對方的功課嗎？你們可以一起決定，找出一些你想要為彼此的關係而持續進行的儀式。

將這部分的實踐視為實驗性的過程，盡可能不予以評斷，而是花些時間留意和觀察每一個儀式如何影響你們。更好的睡眠品質？更美的夢？更理想的白天生活？

分離與團聚：另類的啟程與降落

除了與你的伴侶每早一起起床之外，當你們互道再見時——不論是上班、上學或任何地方——都可以將它當成是啟程的一種型態。你與你的伴侶從親密關係中抽離，進入另一個「沒關係」的世界裡。你們如何在一天之始一同啟程，終將於轉身離去時，影響你們，使你們在與父母、同事或孩子互動時，或面對職場的面試、大學期末考等重要場合中，帶著抖擻的精神、滿滿的自信與能量，從容應對。

同樣的，就像晚上睡覺前，經過一天的分離，找個時間好好與伴侶相聚，即便只是簡短的分享與對話，也是一種就寢前的「降落」。那意謂著你回到家裡了。記得，伴侶圈圈「回到家」

了。而家則意謂著伴侶關係。你如何著陸、如何回家與聚首，將影響家裡的伴侶圈圈，也牽動家中每一個人的幸福感。

你如何在親密關係中掌握每一個啟程與降落的節奏？在出門前的時刻，你是否和伴侶擁抱超過一秒鐘？你會不會凝視對方的雙眼？或你根本連看都不看一眼，便倉促奪門而出？出門在外一整天，當你們終於見面時，你是否再次與伴侶擁抱並凝視對方的雙眼？或每一次的返家見面時刻，彷若理所當然般索然無味，更甭提「久別重逢」的喜悅了。

記得諾亞與伊薩貝拉那對生活作息澈底顛倒的夫妻嗎？他們從不曾一起進行任何清晨與夜晚的儀式。孤島型的伊薩貝拉，雖然每天早晨出門前沒有任何啟程儀式，但她從未覺得任何失落感。但對諾亞而言，他卻經常抱怨工作上的欲振乏力，與人互動也自信不足。

當諾亞到機場去接伊薩貝拉時，他一手拿起她的行李，隨即衝向停車的方向，然後兩人急匆匆地趕回家。他沒有花任何時間與伴侶面對面，互相凝視對望。伊薩貝拉的飛機已經降落了，但這對夫妻恐怕尚未降落呢。由於這對伴侶沒有好好地相互連結，所以，難免在返家途中便因意見不合而在車上吵了起來。衝突內容不是重點，更重要的實況擺在眼前：那是因為他們沒有在久別重逢時，好好「調和、凝聚」，與彼此適應。或許你不同意，認為他們之所以吵架是因為有些重要歧見引發衝突。但我想從另一個面向來提醒你，面對威脅性的暗示時，我們還來不及確定威脅的真偽，內在原始人早已蠢蠢欲動，它的反應比我們的理性思維還要快速。在這個個案裡，這份隱隱的威脅感，純粹是因為兩人在久別重逢時，疏於聚首與彼此「調和、凝聚」之故。當然，我們不是指要花許多時間聚首，其實，只要諾亞主動撥出幾分鐘時間與妻子單獨一起，我保證他們至少可以省去數小時的衝突與爭鬧。

回頭看看蕾貝卡與維斯這對不論清晨或夜晚都要一起完成儀式的夫妻。他們重視每一次的離別與見面。比方說，他們會刻意進行一場我稱之為「歡迎回家」的儀式。當其中一方在白天或夜晚返家時，兩人都會先放下手頭上的其他工作，走向對方。他們會先彼此問候，然後再循序問候孩子們、家裡的寵物或賓客。他們最常進行的問候方式，是緊緊地互相擁抱，直到感覺對方放鬆自在為止；那是因為，感受伴侶身體的緊繃比感受自己的身體還要容易，他們善用這份敏銳感知，使雙方一同受惠。當兩人相互擁抱時，蕾貝卡會告訴丈夫她發覺哪些部位特別緊繃，好讓維斯可以隨時幫她舒壓。而維斯亦然。他們總要完成這些「歡迎回家」的儀式之後，才會各自分頭，繼續奔忙。這樣的親密聚首，不僅使他們雙方受惠，也讓家庭成員的關係融洽，家裡的氛圍更親近溫暖。

我親眼見識許多伴侶，只因為澈底落實啟程與降落的儀式，他們的諸多衝突竟因此而迎刃而解。面對分離與見面，我們大部分時間都過於漫不經心，事實上，人性中最急迫的需要，莫過於與我們生命中最重要的他者，建立持續而意義非凡的安全連結；可惜我們因為不了解而往往為此付上沉重的代價。檢視一下你自己日常生活中的啟程與降落品質。想想看可以如何玩一玩。好好表現一番，千萬不要隨意而散漫面對，甚至完全擺爛不做。鼓勵你把這幾種模式相互比較、對照，然後再找出異同之處。建議你自己來親身體驗。

〔練習15〕

制定「歡迎回家」的儀式

今天（或明天），當你的伴侶下班返家時，請花些時間好好地歡迎他／她。如果你們開始彼此凝視與對望，請持續不斷地凝視對方的眼睛，直到你們的眼神澈底對焦，而且變得柔和。如果你還沒看到柔情似水的雙眸看著你，請不要輕易放棄！倘若你們彼此擁抱，不要鬆開雙手，直到你感覺對方完全放鬆為止。沒有任何標準，不必自我設限，也沒有時間限制。

每一次完成這些儀式之後，留意你的感受如何。家人之間的互動是否更和諧？我有十足的把握，相信不只你們兩位受益無窮，這麼說吧，就連你們家的孩子、貓狗甚至魚缸裡的魚都喜不自勝，連帶受惠！

第五階段引導原則

本書所要論及的第五階段引導原則，是要建議那些日理萬機、異常忙碌的伴侶，需要開發並善用就寢前與起床時的儀式，以及久別重逢的見面儀式，讓彼此保持關係與情感的緊密連結。

我一再強調，這本書的重點不在於幫助你自己，而是更著重於幫助你的伴侶。當然，在一段相互連結、彼此相屬的關係裡，你的需要最終也將被滿足，因為你們會彼此觀照，互相扶持。至於要如何處心積慮地找機會觀照你的伴侶，這份重責大任就得交由你來承擔了。其中有兩項可以讓你們每天實踐的機會：其中一個是就寢之前，另一個則是起床之前。

以下提供一些務實可行的原則，幫助你開發與落實「啟程與降落」的儀式：

一、你若能陪伴侶上床，你們兩人的關係將因此而更親近。如果能每晚一起入眠，當然是一件極美好的事，但那畢竟不切實際，而且未必行得通。你或你的伴侶可能某些夜晚有額外的事要做。也或許，在某些狀況之下，一如我們曾經討論的，你們其中一方可能是夜貓子。不論如何，你總能撥出一些時間陪對方上床，就把這樣的陪伴當成一種習慣吧。你們也可以考慮輪流在不同的夜晚陪對方上床，讓你們都有機會經歷被陪伴的感受。

二、維持不同面貌與多樣性，能為儀式增添樂趣。發揮你的創意，努力為你們自己開發新鮮好玩的就寢與起床儀式。譬如：有時候，你們可能相約一起看部電視節目或電影，讓自己稍微放鬆一下。不過，也要小心，這有可能會不知不覺而成為「孤島活動」（親愛的孤島們，這句話是對你們說的）。千萬不要讓這樣的憾事發生。所以，請確保在節目或電影播放的過程中，隨時建立或進行一些互動，保持某種規律性的中斷。不妨開口表達一些想法（你們不是在電影院裡，所以別擔心你們的談話會打擾別人）。當你們看到某些感性浪漫、滑稽好笑或愚蠢至極的片段劇情時，轉眼看你的伴侶，雙手緊握。

其他睡前儀式，包括以下建議：

一、聆聽有聲書或網路下載的播客。甚至那些年代久遠的老舊收音機。關燈，緊握雙手，一起聆聽。

二、一起祈禱（無關乎宗教信仰，不勉強）。

三、花些時間，安靜地凝視伴侶的雙眼。這過程好玩而充滿趣味，有時候也令人倍感療癒自在。

四、為愛朗讀，為你的伴侶讀一段書籍內容或文字。回想一下，你最近聽別人讀一段話給你聽，或你為別人讀一段文章，是多久以前的事了？小心，為伴侶朗讀極有可能會使對方昏昏欲睡甚至睡著，如果讓對方進入夢鄉不是你的原意，那麼，最好選其他好玩的事來做吧。

五、就寢前，在熄燈的暗夜中，伸出手指，在伴侶的背部搔癢或畫畫，或寫個字讓對方「猜猜看那是什麼字」。

六、為你的伴侶來一場「高潮」演出吧。性高潮對健康與彼此的親密關係都是好事一樁。當你的伴侶達到性高潮時，你也將因此而感覺彼此緊密相屬與連結。極致「性」奮的高潮，能在彼此的身體血液中，產生俗稱腦內嗎啡的內啡肽、催情素的荷爾蒙與加壓素，為雙方帶來一種身心靈的契合與親密感。此外，性高潮也是肌肉鬆弛與抗焦慮的絕佳處方。

建議兩人一起進行的清晨儀式，包括以下幾方面：

一、為伴侶精心預備一份早餐（在床上享用也可以）。偶爾也可以變換一下，一起到戶外用餐，或到你們喜歡的咖啡店或早餐店享用餐點。

二、一起躺在床上，凝視對方雙眼，發自內心深處祝對方：「早安！」

三、輕聲與伴侶分享你在白天所歷經的點滴生活，聊聊你們各自要做的事、即將面對、準備要完成的計畫等等。善用這段時間，彼此提醒當天要處理的事務、約談或協議要完成的計畫與安排。然後，還要花時間一起規劃當晚就寢前的相聚儀式。你們要先達成共識，相約晚上某個時間「床上見」。

四、互許對方一個期待中的高潮。如果你與伴侶對做愛的傾向與時間點剛好相反，那麼，類似的「互許高潮」特別適合成為清晨或夜晚儀式中的一部分（「我想在晚上做愛，而他卻想在早上做愛」）。如此一來，剛好可以各取所需。

五、你們要夫唱婦隨，形影不離。對那些經常共享伴侶圈圈的夥伴們，這是一句情感性的說法，意思是，即便你們在空間與肉身上無法緊密相隨，但情感的連結上是「在一起」的。那就像「兩人三腳」一起跑的比賽：如果一個人跌倒了，另一個人也走不動。所以，你們是一個緊密相連的隊伍與夥伴關係，要彼此扶持，互相拉拔。面對離別時刻，不管是白天各自上班工作的短暫分離或較久的旅程，用一些心思，給你的伴侶一個完整而正式的送別。彼此眼神對望，擁抱，讓對方知道與確認你對他／她的不捨和感受，然後，竭盡所能把你伴侶的情感油箱裝滿能量與愛意，直到滿溢出來；並祝福對方有最理想的表現與成就。

第六章

誰是你的第一選擇：如何互相效勞，隨時待命？

瑪莎與布萊恩在一起生活了十二年。他們說好不生養孩子，各自投入自己的事業，但這對夫妻對自己的姪兒姪女與外甥的照顧，近乎無微不至，只要有任何需要，他們總是竭盡所能地扮演類似父母的角色。不論從哪一個面向來看，瑪莎與布萊恩都是一對彼此深愛的夫妻。但在兩人的關係裡，有一個潛在的問題，打從他們初次相遇時便存在，雖然尚未浮出檯面，但隱隱然對兩人的親密關係可能造成威脅——布萊恩與瑪莎各別從自己的朋友、同事甚至有時候從各別的心理諮商師那裡，傾訴他們面對的問題，徵詢他們所需要的意見。他們都習慣往伴侶圈圈之外，向伴侶以外的他者，分享最隱私的心聲，尋求他者的同理與慰藉；布萊恩與瑪莎都沒有將彼此視為最首要的分享對象。他們心懷自己的私密故事，當他們想要談論內在的隱私時，身邊的親密伴侶反倒不是他們最優先考量傾訴的對象。而更大的問題或許是，他們不覺得這樣有什麼問題。

一晚，當他們一起吃晚餐時，瑪莎轉向丈夫問道：「我在你的社群媒體看到你和一個女生在一起，她是誰啊？」

布萊恩對此提問有幾分驚訝，他反問：「哪個女生？」

瑪莎吃了兩口沙拉，再悠然回答：「我在朋友的網頁上，看到有人把你標籤在一張照片裡，裡面有一個女生。」瑪莎漫不經心地繼續說道：「你手上拿著一個綠色塑膠杯，你的另一隻手搭著她的肩膀。不要誤會哦，我不會在意，我只是好奇，想要知道。」

布萊恩把手上的叉子放下，說道：「我連你在哪個社群媒體看到這些被標籤的照片都不曉欸。所以，你是看了你朋友的網頁才發現的？那表示你在朋友那裡設定了你的位置囉。」

「是啊！」瑪莎直認不諱，回答：「你不需要知道我所有的事吧？」

「你說得對，我不需要知道，我也不打算這麼做。」布萊恩回應。

接下來幾分鐘時間，他們各自埋頭安靜吃飯。瑪莎忍不住再問：「所以，那個女生是誰？」

布萊恩忍不住笑了起來，故意重複了妻子剛剛所說的一句話：「你不需要知道我所有的事吧？」

頃刻間，瑪莎頓時語塞，不知如何接招。然後，她也跟著丈夫笑了起來。然後，這個被挑起的重要議題，又被放下了……至少在當時的情境下，問題確實被擱置了。

彼此相屬的好處

一如我一再提及，有些潛在的問題，早已在布萊恩與瑪莎之間慢慢發酵。最終，當瑪莎任職副理的行銷職位在一場經濟不景氣下丟了工作之後，問題逐漸浮出檯面上。一時之間，她過去習以為常的生活，忽然湧進了太多不確定因素，使她難以招架。她開始對自己職業生涯的選擇、對感情的安全感、甚至對自己一度信誓旦旦拒絕生孩子的許多決定，產生質疑與動搖。她也發現，當她與身邊熟悉的朋友圈談論這些議題時，其實無法滿足她心中那股被支持的渴望。或許最糟糕的部分是，瑪莎與布萊恩開始發現他們越來越吹毛求疵，對一些事情的接納與包容能耐，大為降低。

瑪莎說：「我覺得我好像無法跟你說話了。我可以跟我的姊妹淘和好朋友分享，但為什麼沒辦法跟你分享呢？」

針對瑪莎的提問，其中一個答案或許是因為，布萊恩是瑪莎最首要的依附伴侶，這份關係使布萊恩自然成了瑪莎最「堅固牢靠的家庭」。如果瑪莎和她身邊任何一位好朋友結婚的話，我們或許會好奇她是否還能輕鬆自在地像現在那樣，暢所欲言。丈夫和好朋友的關係，對瑪莎而言，似乎是個重要的分際。然而，或許就在某一方默默將最首要的依附關係，提升到一個高度時，有些事情開始出現了微妙的變化與轉折。當然，另一種可能性，或許也因為布萊恩的態度，使瑪莎感覺難以親近自己的丈夫。

「你當然可以隨時告訴我啊，」說這句話時，布萊恩竭盡所能地表達他的誠意：「你其實可以和我分享很多事啊！」

「那你為什麼都不告訴我關於你的事呢？」瑪莎一邊回覆，一邊費力壓抑自己內在的疑惑，然後繼續說道：「我知道你對我有所隱瞞——有些事，你只告訴你最好的朋友，但卻不告訴我。」

「嗯，有些事，我真的想要保留，那些是我自己的隱私。我覺得你也應該保有你自己的隱私。我想，如果每一個人都像一本書，那麼毫無保留的敞開，應該會很無聊又無趣吧？」

身為諮商師，我們對類似布萊恩的這番言論，通常都會豎起耳朵，留心聆聽說者背後的意思。他對保有隱私的堅持與想法，顯示他對關係中的個人主義，或一種以自我為中心的觀點，我們一般會以孤島型與浪潮型來歸類這種特質。過去十二年來，瑪莎不覺這樣的互動關係有任何不妥，也適應得很好。然而，現在，她所面對的個人危機開始催促她，想要尋求另一種互動方式，來面對她的婚姻生活。

「為什麼我不能和你的那些朋友一樣，知道所有和你相關的事？」這一次，瑪莎似乎很堅持。

「他們能明白，但你不會明白，他們是男生，拜託好不好！」布萊恩回答。

「我還是不懂。」瑪莎搖著頭說。

「你看，我就說麼，你聽不懂啊！」布萊恩笑答，「你就是不能明白麼。」

顯然這對伴侶極度缺乏一個管道，來幫助他們建立一個連貫性的安全感——一種彼此歸屬、相互取暖的感覺，擁有一個十足安全的基石，讓彼此可以沒有後顧之憂地起降、停靠。透過彼此相屬與連結，我的意思是類似幼兒——緊抓著毛毯繈褓、或一杯奶、一隻泰迪熊那樣——我們會因此而感覺舒服、安全感，使我們得以安然度過我們的白天與夜晚。但是，遺憾的是，瑪莎與布萊恩並未享有這份安全感的情感歸屬與連結。他們沒有從伴侶圈圈的保護中獲得任何好處，雖然他們偶爾會在言談之間安撫對方一些類似「你可以隨時和我聊聊」之類的承諾，但在實際生活上，他們其實無法敞開自己，無法自在地走向彼此的內心世界，也無法真情實意地向對方表達自己心裡的各種想法。

最重要的是……

如果不是在人生最初的階段，但至少到我們臨近死亡之前，我深信大部分人其實都明白，每一個人都需要找到至少一個可以與我們深刻連結的人。我的心靈導師有一次告訴我，那些走到人生最後一步的垂死之人，從未提及想要遊歷哪些地方，或慨歎不曾累積多少財富；倘若他們有任何最終的哀戚與遺憾，通常都與他們的親密關係有關。有多少人遺憾自己不曾表達他們的歉意，或懊悔他們錯過向對方表達愛意，或因為不曾更親近那些深愛過的人而追悔不已。因此，如果你對一段需要付出承諾的關係感到懷疑或猶豫，我想要挑戰你，去與那些年邁者聊一聊，聽聽他們的心聲，甚至訪視那些行將就木、躺在病床上的家人。不妨問問他們，他們這一生，最重要與最在乎的，是什麼？

哲學家恆常為了人類所面對的基本問題，而撰文立論，一再探討：我是誰？我從哪裡來？我死後要往哪裡去？生命有意義嗎？我最終是否獨善其身，註定孤獨？

我們要如何面對這些問題？從歷史的角度來看，人們傾向哲學性、神祕虛幻或宗教性敘事的方向切入，試圖為人們所面對、最基本的生存焦慮與不確定性，提供一些答案。近年來，我們開始轉向精神治療、心理學與藥理學的角度來尋求這方面的答案，或至少在當下的時刻可以感覺好過一些。靈性苦修、靜思冥想、攀爬高峰或到北極探索等等，這些都是尋求人生解答的「尋道者」經常會做的事。

當人們越活越久、歲數與壽命的不斷延長，最終迫使我們不得不面對日益複雜與逐漸消耗的後果，那是自然會發生的結局，但我們到底需要什麼東西來維繫與支持我們？或許我們需要至少有那麼一個人，隨時守候一旁等著配合我們的指令、完成我們的使喚，或有一個我們可以放心尋找、自在探觸的某個人，那是建立於互相信任、彼此相屬、隨時可以擁抱安撫的深度關係之上。我認為，最堅實可靠的支持力量，是來自另一個真正在意與關心我們的人。他／她所扮演的角色，是一個我們可以隨時尋求支援的對象，對方永遠是我們可以放心倚靠的人。以這樣的方式守候與陪伴，或許是我們所能賦予身邊伴侶最有價值、最意義非凡的禮物了。

在早期的童年階段，我們最常尋求幫助的對象，一般而言是我們最初的照顧者。及至年長，那位讓我們放心尋求協助的人，是我們最初的伴侶。不像最初的照顧者，我們的成年伴侶與我們的互動，以彼此互相連結與對待的模式，獲得鼓勵與肯定，再持續發展下去，那是一種建立在對等與相互的基礎之上。換句話說，人生最初的照顧者對我們所付出的愛與關切，往往是單向度的、不對等的，然而，我們的成年伴侶與我們的關係，卻必須建基於互相與對等的基礎上。

如果你剛好是錨定型特質，那麼，這些論述你或許早已熟知，請稍安勿躁。而如果你是孤島型或浪潮型特質——尤其是第三章所強調的「狂野孤島或狂野浪潮」——那麼，我們恐怕需要進行一些對話。對你來說，「與人連結」這四個字聽起來就頭皮發麻，對嗎？如果你是孤島型，你或許根本不相信「連結」這套說法。畢竟，你長久以來樂於與自己獨處，所謂他者，對你而言不過是個累贅與麻煩。如果你是浪潮型，我知道你相信連結，但那顯然是屬於比較幼稚與單向度的類型。你雖然想要有所連結，但你從來不期待從連結中獲得任何回應，或者，你甚至根本不願意有所回應、有所付出。

一切都為了連結

除了生命中早期照顧者的角色之外，我們的頭腦其實可以幫助我們設定一些簡單的連結系統……但也可能無法幫助我們處理這個區塊。社會人類學家海倫・費雪（Helen Fisher），也是愛情專家與研究者，她與研究團隊曾在一份報告中指出，當人們在熱戀時，伴侶的頭腦被神經傳導物質，包括正腎上腺素、多巴胺等荷爾蒙所淹沒。頭腦裡某些涉及成癮行為的相同區域，譬如生產多巴胺的腹側被蓋區，也在「發動」愛情的事上，功不可沒。這些加劇成癮狀況的元素，在親密關係中為意亂情迷的投入，鋪設了前進的階梯。雖然正腎上腺素與多巴胺在浪漫情懷沖昏的頭腦裡，產量豐沛而充足有餘，但另一方面，安撫我們進入冷靜狀態的血清素卻嚴重不足。這也正好解釋了，為何在愛情中總是一再出現的執著、焦慮與各樣憂心等狀態與行為。

那些總能從容地超越熱戀階段，循序漸進地前往更為安全、穩妥的交往階段者——尤其是錨定型——相對而言，擁有更為活躍的縫核，那是使人鎮定的血清素之產區。這類型的人，能夠隨時與伴侶之間保持平靜與輕鬆自在的關係。我們可以說，他們找到彼此相互連結與歸屬的管道。另一方面，孤島型與浪潮型伴侶的縫核，則相對顯得較不活躍。這類型的伴侶持續焦慮與憂心，他們似乎無法好好取暖與連結，也不容易甚至不太願意扮演對方的諮詢者。

［練習16］

誰是你童年時尋求的諮詢者？

在你允諾成為伴侶的諮詢者之前，或許你可以從幼年經驗的檢視中，找到一些對你有助益的元素。關鍵在於：你在幼年時如何與諮詢者的連結，終將影響你如何在現階段的關係狀態中扮演諮詢者的角色。

一、問問自己，童年時期的你，找誰當你的諮詢者？在一般情況下，為何而去？駐足沉思片刻，想想那位在你生命初期的諮詢者。盡你一切所能，想得越深入、越細節越好。記不記得，當你遇到難題時，你向誰奔去（或甚至爬向誰）？如果那是你的雙親，請問是父親或母親？

二、想一想，你是否還能憶起任何一件具體的尋常小事，不管多麼微不足道都沒關係，努力想想看。也許是因為一場噩夢而讓你驚醒呼叫媽媽。或許她急急走來，手上還捧了一杯溫熱的牛奶給你。也可能你在托兒所的遊戲區不小心擦傷了，你的老師把你帶到保健室，為你悉心處理傷口，為你塗抹藥膏。

三、當你回憶起這些事件時，你是否還記得與諮詢者在一起時，你體驗到多少安全感？你可以全然信任他們嗎？你的諮詢者是否曾令你大失所望？或許有某位諮詢者持續不斷令你灰心失落？若然，你能不能再找一位讓你比較有安全感的諮詢者？

四、最後，問問你自己，從幼年至今，今天的你，如何看待與這位重要諮詢者之間的關係？你們還持續保持親近的互動關係嗎？你是否還會為了任何大小事而去找對方？

一顆認識我的心

童年生活，從來由不得我們選擇。因此，我們生命中最早的關係也不在我們的選項中，我們根本無從決定這些關係要如何發展與發揮功能。我們不能要求這些人或這段關係要公平、正當，甚至敏銳地察覺我們的需要，進而滿足我們的渴求。我們也無法要求這段生命中最初期的關係與那些照顧我們的人，要深刻地認識我們，全面地認識有關我們的一切，不，我們根本無法對這段被決定的關係，提出任何要求。然而，當我們進入成年階段時，我們所建立的每一段關係，都是我們自主選擇的結果；至少，在大部分的西方世界中所發展的關係，確實如此。我們自行選擇我們的伴侶，自行決定這段關係要發揮什麼樣的功能，以什麼樣的方式來發展。我們也可以要求這段關係要建立在對等與公平的基礎之上，甚至期待我們的伴侶敏銳察覺我們的需求。我們也可以期待伴侶更全面地認識我們，以及有關我們的一切。但現在的問題是：我們真的發自內心深處，渴望別人來認識有關我們的一切嗎？

如果你像布萊恩的孤島型特質，那麼，你或許會這麼想：「難道不該把一些事當成隱私嗎？」在一段充滿不安全感的關係裡，答案自然是肯定的。如果某些事可能引發你與伴侶之間的困擾，或威脅到「你想隨心所欲在你喜歡的地方與你喜歡的人做你喜歡的事」，那麼，你當然渴望保有隱私，這是合情又合理的。舉布萊恩與瑪莎的例子，雖然布萊恩百分之百忠於瑪莎，但他從來不曾向妻子談及與其他女子的異性友情等細節，因為布萊恩擔心瑪莎對他的信任感不夠，唯恐妻子因為知道他何等珍惜與享受那些異性友情而逼他放棄——儘管那些異性感情從未危及他們夫妻的關係。

在一段充滿安全感的關係裡，保留隱私——不管那是與金錢財務有關，或性事、難以啟齒的事件甚至任何可能危及伴侶關係的威脅——其實都會造成適得其反的效果。一段關係如果建立於互重互愛的基礎上，伴侶們大多同意，這樣的關係有助於彼此毫無保留地敞開與認識，結果是，讓置身其中的伴侶感覺更有安全感、更沒有後顧之憂。他們的目標是，要讓彼此在這段感情裡更自在地成為自己。雖然就外在世界而言，這樣的目標理想得似乎不可能，但至少在他們所經營的這段感情世界裡，他們可以真正而自在地成為自己。他們讓自己全然屬於彼此，允許雙方可以毫無保留、開誠布公地分享心中的任何想法與觀感。在這樣的共識與認知下，他們彼此都保有一顆認識對方的心；而他們也願意成為彼此的諮詢者。

另一方面，孤島型與浪潮型經常遊走於許多不同特質的人之間，但卻從來沒有任何一個人得以全面認識他們（或許除了某些特殊情境下，浪潮型會尋找伴侶以外的紅粉知己，並向對方全盤供出有關自己的一切）。為何孤島型與浪潮型會這麼做？因為在他們眼中，將某人的身分提升至重要親密狀態，無疑置對方於危險的處境。伴侶稍一激動，他們的杏仁核恐怕便徹底失控。可想而知，他們當然會想盡辦法，能免則免。

作為一個對照，讓我們來看看那些樂於彼此坦誠相待、毫無隱瞞的伴侶故事，無論他們所面對的處境有多艱難，也不論他們的共識是否將令他們陷落更大的困境，他們到底如何保有這份透明化的敞開關係？

我將如實告知一切

艾登與大衛這對伴侶，彼此許下「我將如實告知一切」的誓約。想當然，單純做出這份承諾，不代表那是容易遵守的約定，也不保證無論何時都能履行這份約定。但更大的意義或許在於，彼此願意為對方而努力守住這份誓約，因為他們深知，那對他們的感情是有所助益的。這份兩人所建立的默契，也意謂著他們會將所有事情與狀況，首先告知最親近的伴侶，而非第一時間與其他人分享；更不會私下找個人的心理諮商師傾訴一些伴侶尚未知曉的私事；當然也不至於尋找各別的原生家庭、朋友圈或舊識去傾談一些伴侶所不知道的祕密。

「我今天有一種怪怪的經驗，我很擔心這種感覺讓我覺得自己好像是個壞人。」廁所的門開著，艾登坐在馬桶上，對著正在梳頭髮的大衛說出這番心裡的話。

根據我身為伴侶治療師的多年經驗，請容許我說一些乍聽之下可能有些奇怪、不雅或噁心的見解與觀察：我發現那些不敢在伴侶面前——嗯，我該怎麼說才顯得含蓄而文雅呢——不敢在彼此面前光著身子上廁所的伴侶，通常也怯於如實告知對方所有大小事。我還沒有為此假設做過任何嚴謹的研究，純粹是趣聞軼事的觀察。當然，也有許多向伴侶有所隱瞞的人，其實也會大方公然在伴侶面前上廁所。但一般在私密事上坦然不拘的伴侶，確實較能以透明化與敞開的心態，與伴侶分享內心世界。我也發現類似的情境，似乎也適用於那些害怕彼此吐露心事或不敢表達太多隱私的伴侶身上。好吧，現在讓我們繼續回到大衛與艾登的身上。

「是嗎？告訴我吧！」大衛對艾登的一番說辭，表達強烈興趣。

「我今天在超市排隊等著結帳時，排在我前面的一位老婦人看起來實在很邋遢，而且身上還有味道。我心裡想說，怎麼會有這樣的人？我真的覺得有點討厭呢。我幾乎要轉身去排別的隊伍了。可是，當她準備在輸送帶上區隔她的東西和我買的食物時，她忽然轉過來看著我，給我一個很溫暖的笑容。我為自己的那些想法感到很羞愧。她看起來那麼甜美溫柔，我真是搞不懂我自己。你有沒有類似的經驗啊？」

「沒有欸！」大衛輕率地回答，繼續說道：「只不過，我的日子過得實在平淡無奇。對了，我在等你回來的時候，忍不住自慰了。」

聽罷，兩人仰頭大笑。

「你很奇怪欸！」艾登說。

「對呀，但你最好別忘了，我可是你專屬的怪咖哦！」大衛回答。

「嘿，我很喜歡我們這樣無話不談，彼此之間什麼都能說。」艾登說。

再看看另一個場合，當艾登下班後，她告訴大衛有一位同事在辦公室對她示愛。她並沒有提及對方的名字，並非要刻意隱瞞，而是艾登知道，大衛不會想要追究這些細節。果然，大衛馬上直接跳到另一個問題：「那你怎麼做呢？」

「我直接告訴對方，我是個幸福的已婚女子啊。」艾登回答，隨即給大衛一個親吻。大衛回應：「真是傷腦筋呢！他會不會讓你造成困擾啊？」

「不會，」艾登回答，拍胸脯保證，「不用擔心，我可以把他搞定。」

由於這對伴侶早已養成「知無不言，言無不盡」的互動習慣，因此，他們從不花時間讓自己陷落於嫉妒或信任與否的問題裡，而糾纏不清。他們總能直探核心，光明磊落，無須拐彎抹角；以剛剛的情境而言，那是艾登感覺舒適的工作環境與狀態。了解妻子的大衛，寧可把焦點放在她的安全考量上，而非以被威脅的心態來反應。

腦袋的輔助器

有一種方法，可以用來思索「一顆認識我的心」：我的伴侶與我各自代表兩個不同的頭腦。然而，我卻經常可以藉由另一個頭腦來開闊與深化我的思維，那是一種類似腦袋輔助器的東西，我靠它來幫助我以事半功倍的方式完成許多任務。藉此，我可以善用我伴侶的頭腦作為我自己思緒的延伸與拓展，從中找到許多創意方式解決我的問題，這些問題如果單靠我自己壅塞而有限的腦袋瓜，恐怕會讓我苦思不果，束手無策。

這種藉助他人腦袋來延伸與拓展的觀念，並非什麼新鮮事，其實早有所聞。譬如，精神分析學家唐尼．溫尼考特（Donald Winnicott）便認定，為病患提供一個心靈共享的空間，是無比重要的事，他喜歡將此空間視為嬰兒與母親的心靈共享空間。這份心靈共享空間對治療尤其重要，對於享有伴侶圈圈的配偶而言，更是一份彌足珍貴的鼓舞。

簡單地說，兩個頭腦總比一個好。緊密連結的伴侶可以讓彼此的頭腦與神經系統共享與互借，因此，至少他們可以隨時擁有更多、更大與更豐富的能量去完成更龐大的工作，那是憑著單一個人的腦袋與神經系統所難以企及的目標。除此以外，如果想要扮演彼此最稱職的經營者，這些功能也非常適用於這個角色上。

看起來會是什麼樣的狀況呢？

讓我舉另一對伴侶的故事來說明。傑恩與鮑比，一對三十幾歲的同性伴侶，經常為了傑恩抽菸的問題而爭鬧不休。某晚，傑恩帶著一身菸臭味回到家。

「你又抽菸了嗎？」鮑比問道，「是啊。」傑恩答得心虛而不安。

「傑恩！」鮑比怒而大叫。

「好啦，我知道我渾身惡臭！」傑恩回答。

「我以為你不會再抽菸了。」鮑比的語氣，難掩失落。

「不，我從來沒答應過你。從頭到尾，都是你自己說的；我沒有同意哦。」傑恩繼續為自己爭辯：「我說過，我會試著不在你身邊抽菸，我如果有抽，也不會對你隱瞞。這些才是我答應的。」

「是是是。」鮑比嘟噥著。

雖然聽起來不像個最理想的衝突處理與出路，但看看傑恩，他毫不猶豫地對自己惹怒配偶的抽菸行為坦承不諱，其實也可以視為一種持守「據實以告」的承諾與共識。這樣的基礎所搭建的心靈共享空間，使他們兩人得以在面對「傑恩抽菸終止」這議題上——假設那也是傑恩真正期待的事實——持續和平共處。

讓我們也來看看另一個不同的例子。

夏洛蒂與托比是一對年近五十的伴侶，近年來，兩人開始要面對各自年邁雙親的老化問題，以及隨之而來日益加劇的照護責任。某晚，當兩人都入睡了，夏洛蒂忽然接到一通父親打來的緊急電話，告知她母親在浴室跌倒，疑似臀部骨折，現在已被送上救護車前往醫院途中。

夏洛蒂二話不說，趕緊起床換衣服，一邊把托比搖醒。「媽需要我。」她向丈夫解釋她需要即刻開車去醫院。跟丈夫吻別時，托比把雙腳伸向床邊，準備下床，一邊說道：「我和你一起去。」

「真的嗎？」夏洛蒂問，「我以為你待會兒一早就要開會呢！」

「沒關係，如果我遲到的話，我會先給辦公室打個電話。」托比進一步說，「你一個人要在醫院照顧爸爸就已經應付不暇了，更何況如果你媽媽還需要動手術的話，那就更辛苦了。」

「哦，爸爸還在家裡。」夏洛蒂隨即澄清與解釋。

「在家裡？」托比難以置信地回應夏洛蒂的話，那副匪夷所思的表情好像在說：「你在想什麼啊？」

「媽媽是被送上救護車的，爸爸要推著助行架走路，那對他來說太折騰了，所以還是在家裡比較妥當。」夏洛蒂解釋。

「啊，我終於知道我該做什麼了！」托比一邊說，一邊穿上外套。

「你說什麼？」夏洛蒂想進一步確認，「你的意思是，你要去我家陪我爸？」

「對呀！我把你家的備用鑰匙帶著，然後小心地開門進去。如果爸睡著了，我不會打擾他，但如果他醒著或天亮了他醒來之後，至少我可以確保他吃藥，打點他吃早餐，然後我再載他到醫院去和你們會合。」托比把心裡的全盤計畫，一一道出。

「好啊，太好了！」聽完托比的想法，夏洛蒂趕緊著手進行兩人的計畫，滿懷感激地對丈夫說：「你真的幫了個大忙。如果媽媽那裡有任何最新的消息，我會馬上傳簡訊給你。」

「如果你爸睡著了，我會在客廳沙發上躺著小睡。」

夏洛蒂伸手進去包包裡找出父母家的備用鑰匙，交給托比。她一邊搖頭一邊說道：「如果沒有你，我該怎麼辦呢？我還想說，這下可能要讓老爸自己照顧自己，直到我從醫院趕回去為止。這樣的安排，實在好太多了。」

［練習17］

不思考的回話練習

這是專為那些最討厭別人問他「你到底在想什麼」的人，量身定制的練習題。你或許會不假思索地回答類似「沒什麼」的答案。但問題是，除非你腦死了，否則總有一些想法停留或占據你的腦袋。所以，現在讓我們投入這個遊戲，試著玩玩這小練習。

一、先建立一個共識，假設你或你的伴侶問對方這問題：「你在想什麼？」而另一方的回答，顯然與致缺缺。

二、另一方除了「沒什麼」不能回答之外，其餘的答案都可以不假思索地回答。不要考慮是否有意義，只管直接而如實地反應你頭腦裡正在想的事，如果你正想著要繫鞋帶，那就真實地說出來。如果你正想要去烤土司，那就據實表達，直接說出來。

三、如此反覆練習，直到你們兩人完全不需再三思索說什麼，就能直接回應與表達。

為什麼要這麼做？原因無他，因為與你的伴侶一起擁有開放的思緒與頭腦，意謂著——該分享什麼相關內容，其實不是由你決定。如果你習慣對伴侶洩露天機，老是藏不住心中「小事」，那麼，一旦發生「大事」時，你將更容易毫無保留地與對方坦誠溝通。

「二四七」協議

一如第一章所討論的，那些樂於為自己打造伴侶圈圈的夥伴們，他們也同時達成一份協議與共識：將這段感情置於其他任何事物之前，在優先順序上，這段感情始終優先於其他事。他們同意一起遵守這份原則：「我們優先」。而他們可以執行的其中一份具體協議，便是讓自己成為對方隨時找得到的諮詢者。按照這份共同協議與共識，他們願意成為對方每日二十四小時、每週七天隨時奉陪的諮詢者。

當我說「二四七」，我的意思正是那字面的數字。每一對伴侶都要彼此珍惜、好好享受屬於他們的「二四七」熱線。換句話說，如果伴侶某天正中午，忽然沒來由想要打電話給愛人報告「鼻子癢」這類看似微不足道的瑣碎事，他／她的伴侶將會在電話那頭，開心地以「哇，好開心聽到你的聲音」之類的興奮口吻來回應對方。這份殊榮，要成為雙方隨時隨地、充分享受的特權。因此，舉例來說，如果你是我的伴侶，我們此時在床上，而我因為白天的事而焦慮不安，以致輾轉難眠，於是，我把你叫醒了，即便在如此疲憊的狀況下，你仍願意無怨「無氣」地起來陪伴我，幫助我。為什麼？因為我也將如此待你，或許情境不同，但極有可能也是處於一種對我不方便和備受打擾的狀況下。原因無他，因為那是我們的協議與約定。那是我們彼此願意付出的確據，確保我們不會孤獨，確保我們可以互相倚靠。我們如此做是出於心甘情願，因為我們想要這麼做，也因為我們可以做得到；當然也因為我們樂此不彼，而且在過程中充分感覺被愛與安全感。我們無法對他人提出如此要求，也不會有其他人願意如此無悔對待我們。

現在問題是，那是不是表示每一個人都可以隨時隨地想要聯絡就可以不顧一切找到他們的伴侶呢？當然不！如果你的鼻頭有點癢，而你的伴侶正飛越大西洋去出公差，你大概不太可能打電話到航空公司找人吧。重點不在於你的伴侶隨侍在側，或讓你隨時找得到，而是因為你知道自己隨時隨地可以找他／她連結，是這份感知與確信令你倍覺安全感，而你的伴侶也將展現高度的包容與接納。不只如此，這份美好的陪伴與互動，對你們彼此而言，都是一種正向的好處與祝福。

高昂的維修代價？沒關係！

那些置身於伴侶圈圈的伴侶們，他們彼此約定要成為對方隨時找得到的那一位，同時，他們也從這個外人進不來的封閉性圈圈關係中，深獲情感性的滿足。當然，這份協議所付出的高昂維修代價和挑戰，有時候確實不好應付，但若能為此而努力，肯定值回票價。那些期待對方要互相遵守二四七協議的伴侶們，肯定會被認定屬於高昂維修一族。

在我們的文化裡，一般若被貼上「高昂維修」的標籤，那可是帶有貶損意味的詞彙。尤其當男性形容某位女性「高昂維修」時，最典型的刻板印象不外乎把這樣的女性視為需索無度、難以伺候的女人，不但需要極大的專注力，同時也因為過度在乎自己的外貌或難以取悅和討好。但那不是我在這裡要表達的意思。我在這裡所談的，是兩個願意為彼此而多走一里路的伴侶。他們非常樂意、竭盡所能要為彼此的好處，而將對方置於生命中最高等級的位置。他們所付出的一切，沒有絲毫勉強，而是心甘情願地付出，因為他們深知對方也將如此無怨無悔地待自己。從一個角度來說，他們確實是高昂維修一族，那是因為他們期待伴侶能在他們需要時隨時守候。我之所以如此不厭其煩地一說再說，是因為我擔心我所解釋的重點，會背離我們一般對親密關係該如何運作的傳統觀念與基本假設。

〔練習18〕

標示你的守候網絡

所以，你和伴侶之間已經立下共同協議，同意要成為守候對方的諮詢者。對你而言，要如何落實這份理想的約定？建議你藉由這個練習，找出更多你可以善用的途徑與法則，檢視自己可以如何讓彼此成為守候對方的諮詢者。你可以單獨進行這些練習，也可以和伴侶一起玩。

一、記下你們任何一方每一次「尋找」對方的紀錄，看看一週有幾次，同時寫下每一次尋找對方的緣由。原因很多，可以是與你們這段感情相關的重大事件，抑或一些在當下的時刻，感覺特別重要的事情。譬如，你們家隔壁的青少年鄰居，把音響開得震耳欲聾，你們兩人需要討論一下，到底誰該走去隔壁跟少年的父母「客訴」；也或許是痠痛緊繃的肩膀需要來個按摩舒壓。也可能純粹想要與伴侶分享廚房窗戶望出去那片染紅天際的夕陽景致。至於我自己的清單，我和妻子經常在一天之中數次「造訪」彼此，我們所分享的內容包羅萬象，有些是當下某個重要時刻的感受，有時候則是一些好玩而愚蠢的有趣經驗。

二、當然，即使你同意要成為彼此最首要的諮詢者，你們仍會在那一週內各自轉向他人尋求認同或協助。請留意並記下你所尋求的第二順位他者，同時觀察你們之間的互動，思索你為何轉而尋求其他人。如果你是獨自進行此項練習，那麼，你對於伴侶的次要諮詢者，恐怕所知有限。

三、你可能想要以圖表來記錄（或重點摘要）你的諮詢動向，一目了然地說明你諮詢的網絡。如果你與伴侶一起進行這項練習，那麼，你們可以各自取一張紙，然後在紙張正中央畫一個代表自己的大圓圈。現在，請標示伴侶與你的關係。你們倆都一起在圓圈內嗎？請你逐一把次要他者——那些你尋求協助、聊是非、相約出去等其他諮詢者——的名單，都寫在白紙上。這些他者與你、與你伴侶的關係如何？他們被標示在哪個位置？對你而言，有沒有哪些人與你伴侶的重要性其實不相上下，甚至有較勁意味？比較一下你們的表格，看看你們彼此是否成為對方最首要的諮詢者。如果不是，請為此好好談談，然後再重新擘畫你的圖表，好讓你身為最優先與首位諮詢者的身分與角色，可以重新被釐清與界定。

四、七天結束前，坐下來重新檢視你的體驗——你可以選擇獨自一人或和你的伴侶一起進行這趟七天的回顧。想想看，你和伴侶之間是否符合你們的預期與想像，真的頻繁地投奔對方嗎？會不會有些時候，你們其中一人其實很想去尋求伴侶以外的他者，但最終放棄？如果是這樣的話，你為何不隨心所欲去找那位他者？

你是否想過要更換你所投奔的那些次要諮詢者？比方說，當一對伴侶完成他們的圖表之後，她赫然發現，身邊的伴侶在著手規劃爸爸的生日派對前幾天，早已先和媽媽討論過好幾回才告訴她。他為自己的疏忽向伴侶道歉，同時承諾未來一定讓伴侶優先參與，以及掌握更多男方家族的事。另一方面，他可能會笑著指出，如果她找水電工之前可以先詢問他，其實他可以把堵塞的水管修好呢！

第六階段引導原則

這本書的第六階段引導原則是，伴侶要成為彼此最首要的諮詢者。我觀察到那些致力於創造與維繫緊密關係的伴侶，往往也經歷了更深刻的人身安全與內在的安全感，更精力充沛，能承擔更多風險，同時在整體上，比獨來獨往的伴侶承受較少的壓力。當你承諾成為伴侶最首要的諮詢者時，你同時也敞開門戶，邀請伴侶「有為者亦若是」，也能如此甘心待你。於是，你們彼此都能在時間與心思上，交流和互動，一同享有自由自在、無拘無束的暢通管道。你也藉此在你們的關係中建造了互利雙贏的機制，那才能充分發揮兩人在一起的加成效果，遠遠比你們各別的單獨生活還要豐富與美好。

如果你還記得，這份「兩人總比一人好」的觀念，我們其實已在第三章的內容中提過，那是特別針對錨定型伴侶的敘述。我們舉了一對錨定型伴侶的例子，那是瑪麗與比爾斯，他們認定彼此就是生命中最首要、不可替代的諮詢者，他們彼此之間毫無隱瞞，也不只一次公然表示可以向對方坦言任何事情。同樣的，當你同意要成為彼此最忠心的諮詢者時，你與伴侶可以往前大步跨越，再度確認你們彼此都可以為對方而甘心成為錨定型伴侶。

這裡特別為你列出一些支持原則，作為指引：

一、擬訂一份正式的協議，彼此約定要為對方保留「二四七」專線，那是一份時時刻刻、捨我其誰的共同約定。許多伴侶發現，一份言明清楚的正式協議，有助於增添可信度與吸引力；也讓互相立約的雙方，在往後更容易遵守協議內容，因為那些明確的協議重點，都是在重要時刻時，雙方認同而簽訂的。

這同時也給你一個機會，讓你藉此自由地表達任何有所保留、猶豫或惶惑的不同意見。如果你們當中，有其中一人是孤島型或浪潮型，你們可以開誠布公地討論，有沒有哪些情結使你怯於與伴侶連結。藉此機會好好檢視，到底是什麼事情使你害怕與遲疑，也同時試試看你可以如何從這份連結的維繫上使自己獲益？腦力激盪一下各種需要應對與處理的情境與可能性，或許你會因此而發現那些使你裹足不前的問題。

訂定協議的過程，也是個透過口頭的言語，不斷強化協議內容的過程。還記得那個「來演我」的遊戲嗎？經常在口頭上表達類似的話，譬如：「我永遠在這裡，親愛的」，或「你可以隨時告訴我任何事情」，或「我永遠是你的，二四七」等諾言，肯定深深打動你伴侶的心。

二、為你的伴侶開發專屬的諮詢訊號。尤其一開始時，你與伴侶都處於摸索的階段，你們需要找出有助於彼此互動的方式，足以讓對方意識到「你有緊急需要」。比方說，如果你的伴侶是一座孤島，或許他／她會期待一個具體而明確的訊號，好讓他／她可以自在地扮演陪伴者的角色。你可能要先表達：「抱歉打擾了，我知道你正忙著處理許多事，但是我真的需要幾分鐘時間和你談談……」

當然，也有一些訊號是非言語的。某種無聲勝有聲的表情，或某個舉手投足間的特定姿勢，好讓與你互動的伴侶藉此注意到你，甚至開始去感知你當下的需求。譬如，緊握伴侶的雙手極有可能是個提示，要告訴你先把其他事擱置，好讓你可以專注於彼此與彼此當下的需要。

三、認知一件事：你需要情感的連結，與互相倚靠。「倚靠另一個人」，乍聽之下實在有點令人感覺不安和惶惑。你或許會想說，能號召越多人支持你，你將加倍感覺安全感，畢竟，如果和認同你的伴侶比較起來，認同他人實在太輕而易舉了，對嗎？

聽起來似乎沒錯。但不要被這假象給迷惑了。當然，你與生命中最重要的伴侶之間所發展的親密關係，以及隨之而來的期待、依賴與共同需求所產生的負擔，確實比其他關係還要沉重與嚴肅。然而，那也同時是個潛藏著無數恩澤與祝福的關係。你與伴侶對彼此的期待或許很高，但那些隱藏其中的潛在祝福與收穫，也是無比豐碩與美好的。

我常想，在我們與伴侶的關係中，我們其實沒有好好釐清對彼此的期待。我們從未具體而明確地讓伴侶了解我們真正的需要為何。是的，你要他／她讓你感覺人身與內在的安全感，你期待自己被愛、被呵護。但到底要如何落實這些行動？面對生命中最首要的諮詢者，你最想、最需要從他／她身上得到的，到底是什麼？

這是個我無法也不想替你回答的問題。你必須自己作答，或與你的伴侶一起找出別具意義的答案。不過，我倒是可以告訴你一些因為幸福連結與互相依賴的伴侶，發生在他們身上的狀況。這些伴侶總能滿足彼此最深的情感需求。那意謂著他們可以坦然分享與討論任何感受、憂慮、關切、疑惑以及興奮雀躍等激昂高亢的情感；那也意謂著他們可以自由分享所有塵封的祕密與往日記憶；當然，這樣的關係，也意謂著他們可以毫無隱瞞地各揭曾被擊敗的傷痕、執迷痴戀與各種夢想幻象。此外，這些深度連結的伴侶，立志會以「二四七」的精神，奉陪到底，他們所介入與關心的事情，對局外人而言，恐怕只是微不足道的芝麻綠豆事，根本不屑一顧，但他們卻樂此不疲：你的任何瑣碎小事，我都當成天下大事，哪怕是腳指甲終於長出來了，家裡冰箱製冰器發出的聲音，乃至有人最近寄到電郵裡的笑話一則，我都樂於成為第一個分享這份喜悅的人。

第七章

保護伴侶圈圈：如何含括伴侶之外的人？

有時候，人類好像群起奔走的一大群動物，但其實，我們基本上是兩兩一組的被造組合。我們從母體呱呱墜地的初始，便是嬰兒與母親的兩人一組，乃至延伸至其他的兩人組合。如果另一個成人，譬如說父親，在那時刻與我們一同較勁爭取母親的注意，那麼，我們在幼年時，便已開始提早練習，去接受自己偶爾要被排擠在父母的獨占關係之外。是的，那種感覺很糟糕，我知道很不好受。然而，那過程其實也在幫助我們為未來的三人一組、四人一組或更多不同人數的組合做準備。我們慢慢學會如何在雙親之間成為三人一組的小群體，使我們在這過程中學習成為次要角色的能力，讓我們一邊了解獨占與排他關係的價值與需要，一邊另起爐灶，再去形塑其他的兩人一組。

有關兩人或三人一組的事件，放置於親密關係的個人手冊而言，是個極其重要的角度。我們已經討論過，我們的安全感，端賴我們與最親密的那一位彼此倚靠和連結的能力。我們選擇某個人，來與我們建立成年後的伴侶關係，就像小孩子在害怕驚嚇或疼痛或興奮時，他們知道該投向誰的懷抱尋求慰藉。因此，透過這份成年後的兩人組合所建立的關係，我們會優先選擇尋求某個人的安慰與刻不容緩的關切。

然而，身為伴侶，我們在這世上從不孤單。或許我們倆一組，但我們永遠可以找到第三號人物。這位我所謂的「小三」，可能是個第三者、第三物、第三任務或身分，或任何可能介入你們的伴侶圈圈者，或難以自成一「格」的「人事物」。比方說，第三者可以含括你們的孩子、岳父母或公婆、其他家族成員、朋友、生意夥伴與老闆甚至陌生人。而第三物則可能包括你的工作、興趣、電玩、電視節目等等，生活中諸如此類的事物，多得不勝枚舉。在一些時候與情境中，我們還可以輕易將「小三」含括在我們的伴侶圈圈之中。譬如，如果你和你的伴侶彼此都喜歡賞鳥，你自然會將這份嗜好帶入你們共組的生活中。但倘若你喜歡賞鳥而你的伴侶喜歡看足球賽，那麼，想要把你們各自的「小三」融入彼此的親密關係中，恐怕挑戰太大。

在這一章中，我們將聚焦於如何面對與處理第三者的議題上。我們要特別專注於伴侶經常面對的四大重要「小三」：對方的父母、孩子、毒品與酒精以及外遇。

第三者的威脅

不善處理「第三者」的伴侶，經常在他們進入一段穩定的親密關係之前，便已出現這一類措手不及的傾向。一個經驗老道的諮商師，通常可以從伴侶如何談及其他人，便隨即觀察或診斷出此類傾向與問題，其中最明顯的，不外乎他們如何在諮商師面前聊及對方的種種。一般而言，這些伴侶會不斷將他們最首要的伴侶邊緣化，他們透過與他者或其他事物建立獨占而排他性的連結，來背叛對方。比方說，其中一位伴侶可能重視自己的姊妹更甚於自己的伴侶，而另一方則可能將酒精看得比自己的配偶還要重要。這兩個人通常都與他們的小孩建立一種不健全或扭曲的親子關係。對他們而言，親密伴侶都不是生命中最親近的諮詢者，也從不為彼此的人身安全與內在安全感付出任何努力。他們要麼無能為力去創建，或根本無法維繫真正的伴侶圈圈。

當然，他們都不是罪大惡極的人。事實上，他們不過就是正常而尋常的凡夫俗子，他們只是不懂得發展一種與他者的連結方式——所謂他者，意即自外於「他們倆」的那些人、事、物。他們並沒有連結於安全的愛。這些伴侶可能是孤島型特質或浪潮型特質，也或許純粹因為太年輕缺乏經驗。另外，也可能在他們年幼時，各自原生家庭的父母經常設下了錯誤的典範，屢屢破壞他們的伴侶圈圈而隨意讓孩子們介入，這些不適切的行為模式，使年長後的伴侶「有樣學樣」，以致混淆了成年後的伴侶關係。

過動的內在原始人與遲緩的內在大使

擁有「過動的內在原始人」與／或「遲緩的內在大使」，不管是擁有其中一項特質或兩者兼具，這一類的伴侶很難讓外在的其他人進到他們的內在世界。譬如，如果孤島型的內在原始人持續不斷亮起警示紅燈，則他／她或許會選擇專注於某項目標或任務。對內在原始人而言，花時間與第三者相處——不管「小三」指的是工作或興趣嗜好或某種成癮行為——比花時間與伴侶相處還要更安全、更輕鬆自在。

許多小孩子特別投入於這一類自我孤立的行為。心理學家稱此為「平行遊戲」，其中尤以兩至三歲的孩子最具備這類典型的行為模式。我們經常可見幾位孩子同在一間房子裡一起遊戲，但他們卻自顧自地各玩各的玩具，彼此互不干擾也不交流。當孩子們漸長，內在大使也隨著年齡的增長而日趨成熟，他們會越來越擅長於與身邊朋友玩在一起，然後，我們看見兩個孩子開始學習和平共處，一起分享同一件玩具。接著，再稍長一些，兩個孩子逐漸開放他們的小圈圈，容許多一些玩伴加入——意即第三者。如果孤島型成人伴侶也遵循著所謂「平行遊戲」的本質，來進行他們之間的互動關係，那麼，我們便可推論，他們的內在大使其實是備受內在原始人所催促而匆匆行事。

浪潮型伴侶也可能深受內在原始人的影響與支配。他們比孤島型伴侶更不可能投入「平行遊戲」中，卻更傾向去尋求外在的他者作為他們的第三者。他們的內在原始人會驅使他們以此種手段與方式，來懲罰那些他們認定無法回應或拒絕他們的伴侶。這類伴侶不會以低調而安全的方式把第三者引進他們的關係中，反之，他們往往選擇遊走穿梭於第三者與伴侶之間而樂此不疲。如此拉扯與掙扎，引致沒完沒了的摩擦與衝突，兩造之間的分歧日益擴大，最終使內在大使漸行漸遠，乃至銷聲匿跡。

根據我的觀察，那些不曉得如何在兩人關係中與第三者和平共處的伴侶，通常也因飽受他者的介入而舉棋不定、搖擺不斷。他們經常因為孩子而深陷某些特殊的困局之中而難以自拔。不管面對的第三者，是雙親或孩子，有時候兩者皆然，都可能在某個時刻因為厭煩而使他們亟欲逃離和擺脫。飽受困擾的伴侶，常感覺自己被排拒在外，孤單、欠缺安全感或深受威脅等等，都是他們在當下所經驗的真實感受。面對難以避免的第三者，許多伴侶因為欠缺問題意識或處理不當而衝突不斷，甚至最終以分手告終。一般而言，那些感覺被背叛的伴侶，會將全副精神聚焦於第三者或他／她認定為威脅的人事物上，但卻渾然不覺自己的言行舉止，恐怕早已成了這段親密關係的威脅。無法在現有的兩人關係中，有效地包容與含括他者的伴侶，通常兩人的天性與本質是不相上下而且極其接近的。

許多在這本書所提及的伴侶，特別在處理第三者的威脅這個議題上顯得疲弱無力。你可以試試看回顧前述的篇章，檢視一下我們曾經討論的個案，看看能否找出哪些伴侶符合這方面的特質。

［練習19］

誰是你們的第三者？

上一章，你練習標示出生命中的諮詢者。這當中，你或你的伴侶所提及的次要諮詢者，極有可能在角色扮演上成了你們關係中的第三者。建議你此時以嶄新的角度來檢視，同時找出哪些人最有可能成為你們這段關係中的第三者。

誰最有可能？

一、其餘家庭成員，譬如孩子與雙親，都是最自然的第三者。你或許不會將他們視為外圍的他者，因為你們都來自同一個血緣與家庭，但嚴格說來，對你們兩人組合的關係來說，他們確實是典型的他者。

二、其他普遍的第三者，可能是社交圈裡再熟悉不過的朋友。當你與你的伴侶與其他伴侶交流互動時，那些朋友也都被認定為第三者。

三、還有，別忘了那些「非人」的事物，也可以是第三者。你與你的伴侶經常投入與參與的那些活動，是否也成了你們關係中的第三者？

當你列下第三者的清單時，請留意哪一些人事物已經牢牢潛入你們的關係中。問問自己，面對那些第三者的出現，你的感受為何？要如何發揮第三者的優勢，使伴侶得以與第三者和平共處，還能使伴侶圈圈從中獲益？

作為第三者——岳父母與公婆

對大多數伴侶而言，隨著親密關係的發展，岳父母與公婆自然介入兩人的關係中。最初，是對方的父母與對方的兄弟姊妹，然後，隨著伴侶的年齡漸長，開始多了媳婦與女婿。我提供的個案是伴侶的家人，但不管是前者或後者，應用的原則大同小異。

對錯誤的人大開門戶

三十幾歲的蘇珊娜與克勞斯，有兩個年幼的孩子。蘇珊娜與喪偶的父親關係很親。婚後第一年，克勞斯不但很欣賞岳父，也很享受與岳父互動。他們經常促膝長談，聊兩人都有興趣的政治議題。然而，當克勞斯與蘇珊娜的第二個孩子開始學走路時，這段岳父與女婿的關係開始變味，蘇珊娜開始央求父親來幫她帶孩子，她原在孩子出生時辭職一段時日，現在又想要藉助父親的協助而重返職場。不消多久，這對伴侶開始發現他們得持續不斷為了關係中的第三者進行對話與溝通。

嚴格說來，這裡真正的問題不是第三者；事實上，無關乎蘇珊娜的父親。如果我們把問題釐清，所謂第三者——不管是人或事物——通常一開始對大家而言都是中性的。如果有一天，第三者開始出現負面特質，一般而言，是因為其中一位伴侶把另一個伴侶邊緣化了，迫使對方以某種形式與姿態，不知不覺扮演起第三者的角色。當然，也有一些例外的狀況，譬如一些不好的壞習慣，某種成癮行為，或與可怕的人來往等等，這對於被排擠在外的另一個伴侶而言，這個第三者，自始至終都是個頭痛的存在。無論如何，儘管是最外圍的人事物，無論最終轉而成為正面或負面的角色，一切端賴伴侶們如何面對第三者。當第三者介入時，如果某一方在伴侶圈圈中的地位因而被降低或遭貶抑，那麼，你幾乎可以確定，那個介入的第三者，不管是人或事物終將被厭惡和唾棄。

當克勞斯發現蘇珊娜經常與父親談論私人問題，岳父也逐漸取代了他的角色而成為妻子最先分享與諮詢的對象時，克勞斯難掩心中悲憤與失落。這對年輕夫妻開始頻頻為此而爭執，克勞斯對岳父大人在家中所扮演的角色，越來越不滿，敵對的怒火日益升溫。

而他們的對話，開始圍繞著這些內容爭鋒相對：

「我不要他今晚過來這裡。」克勞斯一聽蘇珊娜宣布她邀請父親過來一起吃晚餐後，發表了他的不同意見，「其實，我想跟你說，我希望他再也不要過來我們家。」

「他是我爸欸！」蘇珊娜強調，她繼續堅定表態：「更何況，他為我們家付出那麼多。如果不是他協助帶小孩，我根本就不可能去上班，你也一直支持我去上班啊，記得嗎？話說回來，我爸是對你做了什麼糟糕或可怕的事嗎？」

「我已經告訴過你了，」克勞斯怒吼，「我所做的每一件事，他都不贊同。特別是任何和你有關的事，他總是有不同的意見。」

蘇珊娜雙手抱胸前，她心中有數，也準備迎接一觸即發的一場戰爭。「我爸喜歡你，當然他也愛我。」她稍微停頓，然後繼續說道：「你也該承認，我過去這六個月來一直悶悶不樂。」

克勞斯怒不可抑，反諷問道：「你是指，和我一起不快樂嗎？我和你很快樂啊。」

「所以，你不快樂是因為我囉？」他重複確認。

「我多麼希望你能在扮演孩子的父親這個角色上，更稱職，更多投入一些。」

克勞斯怒瞪身旁的妻子，咬牙切齒地說：「我和孩子們的關係非常好，謝謝你。」

「既然這樣，為什麼孩子們總想要找外公？」她正面迎戰，「孩子們總是要外公抱他們……」

克勞斯打斷妻子的話，怒嗆道：「我簡直不敢相信，你竟然拿我和你爸爸比較，還說他比我更適合當孩子的爸爸！」卡勞斯的怒火一發不可收拾，繼續說道：「那種感覺就像在說，他才是你心目中最棒最稱職的爸爸，對嗎？」「你曾經告訴過我的那些話，你說你爸常常不在家，你爸怎麼虐待和粗暴對待你和你媽，你爸喝太多酒——怎麼啦，這些都成了你心目中好爸爸的典範嗎？我甚至從來沒有對孩子們大聲吼叫欸。」

「但是，你也常常不在家，不是嗎？你的工作總是比家庭來得重要。」

克勞斯的音量顯然調降一些，繼而回應妻子道：「你知道嗎，我現在覺得自己一點也不像是你的丈夫。當你說你現在寧願要你爸的時候，我真的感覺澈底絕望，澈底被你打敗。」

蘇珊娜皺著眉頭，說：「不，這裡需要你，我要你。你知道的，我只是希望你能和我爸爸和平相處。如果你不能為他做到這一點，但你是不是可以至少為我、為我們的孩子而做？」

「這麼做對我們彼此都行得通嗎？」克勞斯提出條件，「當你爸在孩子面前開始批評我的時候，你會怎麼做？或者你要告訴我，這些事如何與我的原生家庭產生關聯嗎？然後呢？」

蘇珊娜站起來，想要為他們之間的對話畫下句點。「你想要成為這個家的主人，那麼，麻煩你去處理這件事，不要拿這些事來威脅我。」蘇珊娜一邊說，一邊走進廚房預備晚餐。

一如你所看見的，蘇珊娜對克勞斯其實早已心懷不滿。她厭惡他老是以工作為重，那令蘇珊娜覺得克勞斯想要藉此逃避承擔家事與照顧孩子的責任。雖然蘇珊娜的父親從來就不是個理想的好爸爸，但年歲漸長的老爸，已經洗心革面，成了她心目中最期待的父親形象。蘇珊娜不但沒有找到正確而有效的方式，讓父親加入她與克勞斯的親密關係之中，反之，她在邀請父親介入的同時，卻不自覺將丈夫驅逐在外了。最終，因著蘇珊娜對第三者有欠妥當的處理方式，使克勞斯對岳父的不滿情緒日益高漲，甚至使他連帶把怒氣發洩在自己的孩子身上。與此同時，我們看見克勞斯面對第三者的態度與處理方式，也好不到哪裡去，他那種拙劣而惱羞成怒的情緒反應，使蘇珊娜加倍輕視他的工作與他身邊的同事。

讓對的人進來

培力與蘭妲，也是育有兩名孩子的三十幾歲夫妻檔，經常邀請彼此雙方的家人到他們家共進晚餐。這一週，培力的家人將於週五過來共享宵夜。來賓包括培力的父母，他的妹妹、妹婿與他們年幼的孩子。早在蘭妲與培力結婚前，培力的母親與妹妹便曾與蘭妲有些意見相左的火花。不管是蘭妲或培力，兩人都對妹妹的教養方式不以為然，當孩子在他們當中時，兩人也盡可能對培力的妹妹保持禮貌的距離。

然而，經過這幾年的時間，培力與蘭妲開始找出可行的應對之道，來面對彼此的家人，甚至和平共處。他們學會在家人來訪之前，提早規劃，提早針對可能面臨的困難與挑戰進行討論，假設某個問題出現時，彼此要如何回應等沙盤推演。這對夫妻達成共識，他們要緊密相連，成為團隊，竭盡所能保護他們的伴侶圈圈，同時維持「我們與他們」、「敵我分明」的立場。一旦某一方需要離開現場或想要提早終止那場聚會，他們甚至還為此擬訂了逃離計畫。他們說好了，要經常四目交投，以此作為傳遞訊息的序幕，當他們邀請其他人加入對話時，會先彼此對望，同時開發其他只有他們明白的各種暗語與線索，好讓他們可以互通訊息卻又不致讓來賓感覺尷尬或不自在。他們兩人都善於掌握某些剎那，及時耳語一番，溫和而適切地溝通某些重要私訊與心聲。

當培力的父母提早抵達時，顯然是當晚的重頭戲。孩子們開開心心地出來迎接與問候祖父母，然後便退到各自的房間。當婆婆到廚房協助蘭妲時，培力隨即望向妻子的雙眼，試圖從妻子的眼神中接收足夠的訊息，以確定蘭妲沒事，不需要丈夫在身邊。培力把父親帶到客廳，父子倆坐著喝飲料，聊生意。不久，培力的妹妹與先生、小孩陸續抵達。孩子們再度出來和每一個家人打招呼，同時邀請姑姑的小孩到房間裡一起玩。培力的妹妹陪著母親與嫂嫂走進廚房幫忙，而妹婿則到客廳加入男士們的聊天群。蘭妲與培力再度眼神交會，確保一切狀況都在掌控中，沒有任何求救訊息。對蘭妲而言，除了眼睛睜大這個方式不是她溝通線索的強項，其餘的暗示與動作，她都盡可能明確，所以，蘭妲經常不忘給丈夫一個清晰明瞭的信號。

過了一些時候，培力聽到他母親的聲量提高，而妻子的聲音明顯有些尖銳。他馬上起身，往廚房方向走去，要了解蘭妲的狀況如何。這一次，蘭妲向丈夫傳遞了一個更為明確的訊號，表達她快受不了身邊那兩個女人。培力隨即走過去，讓她把手上的工作暫時擱置，伸手環抱她，在她耳畔輕聲說，他何等幸運能擁有她。培力感受到妻子在他環抱的手臂裡，安然自在。蘭妲親吻了他，然後他開始去支開另外兩個女人。

「不如我們都到客廳去坐吧？我們到客廳一起聊聊。」培力一邊說，一邊引導他的母親與妹妹走向客廳，獨留蘭妲一個人在廚房預備晚餐。

培力坐在沙發上，他發現母親和妹妹坐他旁邊，父親坐在斜對面的雙人沙發上，而妹婿則站在爐火邊。當蘭妲從廚房走進客廳時，她雙手捧著雞尾酒，留意到眼前座位的安排。培力隨即起身，請父親與他交換位置，好讓他自己和蘭妲可以一起坐在雙人沙發上。原來，蘭妲和培力維繫伴侶圈圈的策略，從座位的安排與控制開始，尤其當他們被其他人拆散到不同位置時，這樣的策略更顯重要。他們在餐桌上的安排亦然，藉此讓雙方隨時得以近距離彼此支援與撫慰。

培力總能敏感地察覺蘭妲的需要，隨時予以安慰與支持，而蘭妲也同樣對丈夫的需求，敏銳而細膩地予以滿足。培力的妹妹較強勢，經常在各方面占上風，每一次與妹妹對話時，蘭妲總能適時幫助丈夫舒緩那股高漲的氣焰所傳來的無形壓力。當培力感覺消沉灰心時，她完全能掌握丈夫負面情緒的症狀，譬如，他說話的速度會越來越快，而且不斷表示自己的脖子僵硬。

當一場家庭餐敘圓滿落幕之後，當培力與蘭妲一起走進廚房收拾與清洗碗盤時，兩人不忘竊竊私語，甚至互相祝賀，肯定彼此任務達成，而且完美出擊。把邀請夫家家人一起共進晚餐處理得賓主盡歡，而且過程中沒有使主人夫婦為難或引發任何衝突，無疑像打了一場完美的勝仗。正因為他們對此駕輕就熟，所以夫妻倆都不覺自己是被排拒在外的第三者。

作為第三者——孩子

對許多伴侶而言，不曉得如何妥善面對某些特質的第三者，通常也不太知道如何面對其他不同身分的第三者，也因此，要如何將孩子含括在彼此的兩人世界中，對伴侶來說，這個問題顯得格外棘手與困難。

排除在外

蘇珊娜與克勞斯的兩名孩子，分別是九歲的布萊恩以及六歲的泰咪。目前，兩名孩子都已上學，蘇珊娜不再需要常常請父親過來家裡協助照顧孩子，她已經可以外出找份兼職的工作。克勞斯因為工作時間與節奏的限制，無法像妻子般投入較多時間在孩子的照顧與教育上。

最常見的狀況是，克勞斯回家晚了，但在著手其他事之前，他想要先見見孩子們。他覺得自己花太少時間陪伴孩子，因此只要有任何機會，他總是想方設法要和孩子們玩個夠。但這樣的想法與舉止卻觸怒了妻子蘇珊娜；除了不想讓孩子在臨睡前玩得太興奮，另一方面，看見克勞斯一踏進家門便深受孩子們的熱烈歡迎與重視，這一點也讓蘇珊娜憤憤不平，這些心中的不滿與怨懟，她都一一深藏心中。

克勞斯和兩名孩子盡興玩樂一番之後，便退到主臥，開始打開筆記型電腦完成一些亟待進行的工作，把兩名興奮的孩子留給妻子去處理「善後」。有一晚，正當克勞斯好整以暇地坐在床上，筆電擱在大腿上，耳機傳來活潑輕快的音樂時，忽然，一陣尖銳刺耳的聲音，穿透音樂傳進耳朵。當聲調越來越激昂而令人不安時，克勞斯知道蘇珊娜正與泰咪吵架。他百般不願地離開床上，循著聲音走下樓，踏進客廳。

「把電視關掉！」蘇珊娜吼叫，竭盡所能地發揮母親的所有掌控力與權勢，「我已經給你五分鐘警告，你卻完全不在意。現在馬上把電視關掉！」

「為什麼？」泰咪哭叫，「爹地，告訴她不要這樣！」

「發生什麼事了？」克勞斯問蘇珊娜。

「我已經告訴她了，給她五分鐘的時間把電視關掉，她需要準備上床睡覺了。我實在很厭煩每一晚都要這樣反覆不斷的打仗。現在已經過了睡覺時間了。」

「我一點都不累！」泰咪尖叫，「而且，她根本就沒有說五分鐘。」

「對，她沒有說五分鐘。」哥哥幫腔，為妹妹聲援，「泰咪說得對。」

「不公平！」當泰咪將她的狀況轉向爸爸而提出申訴時，她的聲調持續升高。

「可能孩子們沒有聽到你的警告。」克勞斯平靜地對蘇珊娜說。

蘇珊娜的鼻孔微張，睜眼怒視丈夫，不可置信地再問丈夫：「你說什麼？」

「我是說，孩子們可能沒有聽到你說的警告。」面對蘇珊娜抓狂的舉止，克勞斯難掩鄙視與不耐，「嘿，平靜一下，好嗎？」

「很好！你來處理！」蘇珊娜怒氣沖沖地嗆聲，「今晚交給你，你來帶他們上床睡覺！」說罷，蘇珊娜一把抓了皮包與車鑰匙，旋即走出家門；克勞斯絕望而無力地看著妻子消失眼前。頃刻間，看似蘇珊娜一人獨自離家，實則兩人都覺得一起輸了這場戰役；兩人都把對方排除在外。在那個最需要在孩子面前一起聯手，以家長的身分同心教育孩子的時刻——這裡的孩子，意即夫妻關係的第三者——卻因為夫妻對立的處理模式，而任由孩子來發號施令，陷父母於相互指責的窘境裡，反客為主，最終竟使父母淪為第三者了。

為了讓自己平靜下來，克勞斯先坐在沙發上。看來孩子們對媽媽的忽然離去，似乎已見怪不怪，泰咪與布萊恩二話不說，隨即爬上爸爸的大腿，再多觀賞了十五分鐘的電視節目。

溫暖地包容與含括

培力與蘭妲的兩個孩子，分別是十歲的杰麥爾與八歲的莎拉。當培力在晚餐時間回到家時，他與蘭妲早已說好，在問候孩子之前，他們倆要先彼此相擁問候。為了澈底實施，他通常會在抵達家門前先打一通電話回家。蘭妲會知道要先在門口附近等著迎接下班的丈夫。他們彼此擁抱，直到兩人都覺得自適自在了，確保彼此眼神對望得夠久，久得足以讓雙方重新聚焦於對方身上，然後，再讓自己慢慢調適居家的環境。只有當這些程序完成以後，他們才會把注意力轉移到孩子與其他活動上。

稍晚，當培力協助女兒莎拉準備上床時，他聽見蘭妲在樓梯間和杰麥爾有些爭執。杰麥爾因為沒有按規定完成作業，而失去玩電子遊戲的特權，孩子正為此惱怒不已。面對杰麥爾的不服不從，蘭妲向來處理得游刃有餘，但今晚她卻為此而倍感無力。培力從妻子的聲調與語氣中，感受到她的耐心已瀕臨爆發點。

培力給女兒莎拉一個快速擁抱，答應她馬上就會回到她身邊，然後趕緊衝到樓下。他走進孩子的臥室，站在蘭妲身邊，好讓妻子充分感到彼此的團結一致，培力還親吻了蘭妲的臉頰。然後他幽默地說：「讓我們聯手把他殺了。」

三個人忽然對此荒唐建議而捧腹大笑，瞬間舒緩了每一個人的緊張情緒。

眼看父母「同仇敵愾」，心手相連，杰麥爾只能歎口氣，認命地拿起數學課本，準備做功課。

培力再度親吻蘭妲臉頰，在妻子耳畔輕聲說到：「幹得好！」隨即離開房間，一個箭步奔往女兒莎拉的房間。

蘭妲和培力藉由妥善處理第三者，成功堅固了他們之間的伴侶圈圈。他們懂得如何與伴侶的家人應對進退而不讓對方被冷落、或被排拒在外，同樣的，他們也知道如何含括兩名孩子進來，卻又同時不被他們干擾或影響到夫妻倆的關係。他們從沒有一刻讓對方成為突兀的第三者，也不曾削減或貶抑對方的主體性，更不忘隨時隨處提供安撫與支援的力量。孩子們也察覺並感知到這一點，同時也感覺被溫暖地含括進入父母的圈子裡。

作為第三者——毒品與酒精

許多伴侶以成癮或強迫症行為作為他們的第三者。而毒品與（或）酒精成癮，是其中最普遍的狀況。其他還包括性與色情成癮、愛情成癮、賭博、暴飲暴食、網路媒體成癮、購物狂與過度消費、潔癖或集物癖、孤僻封閉、社交狂等等。

背著我偷做

克勞斯來自一個酒精成癮的家庭。有些時候，這些對酒精的愛好在一定程度上反映了他的德國血統，德國人總是難免要暢飲大量啤酒與酒。雖然如此，據克勞斯說，他的父親卻遠遠超越了他們德國文化的規範，因為直至今日，父親仍好酒貪杯。蘇珊娜經常抱怨克勞斯「有其父必有其子」；也常指責他背地裡偷喝，她擔心如果克勞斯不澈底改變，無疑為孩子們設下了不良行為的壞榜樣。這個問題，已然成為他們之間日益升溫且頻頻引發爭執的衝突點。

「別以為我不知道你什麼時候偷喝，」她說，「你一喝酒，馬上變了另一個人。」

「什麼意思？」克勞斯答，「怎麼變？」

「你開始變得瘋瘋癲癲，邋邋遢遢的。一點也不像我的克勞斯！」

「我以為你喜歡我有點胡鬧瘋狂的樣子。你說我很好笑，和我在一起很好玩，不是嗎？」克勞斯開始為自己辯護。

「是啊，當我們外出和朋友在一起的時候，你可以胡鬧好玩。」蘇珊娜坦承，隨後繼續說道：「但有時候我真的很替你捏把冷汗，為你感到難為情。我不曉得欸，你會胡言亂語，讓自己看起來很愚蠢。而且你也會說一些和我有關的隱私，那些話讓我很尷尬。我真的很討厭你做這些事！」蘇珊娜邊說邊想起最近發生的一些狀況，越說越氣。

「我什麼時候說過哪些隱私的事？」克勞斯回答時，聲調越來越大聲。

蘇珊娜用手捂口，目光呆滯。她站在那兒陷入沉思，彷彿腦海裡正播映著惱人的電影情節。片刻寧靜之後，克勞斯打破砂鍋問到底：「我在問你，我什麼時候曾經公然說些讓你難堪的隱私？」

蘇珊娜搖著頭。「我不想告訴你，」語氣中難掩失落與哀怨，「你一定會否認到底，因為你根本就不記得。」

「你說說看啊！」

「有一次我們和你的生意夥伴，還有對方的妻子一起出去。」

「對，我們去那家義大利餐廳。」克勞斯補充說明。

「對。你喝了幾杯酒之後，我們開始聊到睡眠足夠的問題，你告訴他們我每一晚都吃安眠藥……。」

「然後呢？我說你吃安眠藥這件事，有什麼不對嗎？」克勞斯打斷妻子的話。

「等一下！」蘇珊娜把手舉起來，以一種尖銳的語氣來回應丈夫。「你沒有讓我把話說完。你說，我每一晚都吃安眠藥，但是那根本就不關他們的事。而且，你還進一步把吃完安眠藥之後，我的狀況和所有細節都說出來。你說我用力拍擊冰箱，而且第二天早上完全不記得自己做過什麼事。那對我來說簡直就是羞辱！他們根本不需要知道這些私事和細節。」

「我不記得我有說過那些話。」克勞斯的反駁，充滿自我防衛的神態。

「對呀，我就知道你根本不記得自己說過的話，」蘇珊娜繼續說道，「我剛剛一分鐘以前就跟你說了。這就是讓我覺得很被羞辱的原因。我就是得跟一個邋遢狼狽、令人討厭的酒鬼在一起，你根本就不在乎我的感受，而且還是跟你的朋友在一起的時候！」蘇珊娜悲從中來，開始掉淚。

「那根本就是神經質的過度反應，你吃那些要命的安眠藥，然後隔天醒來連我們做愛你都不記得。」克勞斯生氣地說。

「那根本是兩回事。」蘇珊娜澄清狀況，一邊強忍即將奪眶而出的淚水，「我從來沒有在公開場合讓你尷尬難堪。」

「不，」克勞斯回答，「你老是說自己不需要那些藥丸。但後來我卻發現你語焉不詳，動作看起來很愚蠢。有些時候，我擔心你不等我回來就擅自服藥，萬一讓孩子看到你搞出一副狼狽混亂的狀況，該怎麼辦？你記不記得上禮拜，我甚至還得把你的車鑰匙藏起來，才能阻止你開車出去買東西！你想想看，你搞出來的這些狀況會讓我有什麼感覺呢？現在不只是我每晚喝酒的問題，而是你根本就不在我身邊。」

一段死寂般的沉默後，蘇珊娜開口說話了。「我猜我們都同時讓某些東西介入我們彼此的關係——對我來說，是安眠藥，而你呢，就是喝酒的問題。」

「對，我想，確實是這樣。」克勞斯歎了口氣。

我罩你、我挺你

蘭妲和培力都很喜歡偶爾小酌幾杯，酒精對他們的關係而言，從來不是威脅。不但如此，他們甚至將喝酒視為彼此共享的生活情趣。有時候，當朋友回家而孩子們都上床睡覺了，他們偶爾興致一來還會抽抽大麻。但是，只要任何一方對此感到不舒服，那麼，另一方一定尊重對方的意願，隨即停止不再重複。

當兩人一起和朋友外出用餐時，他們兩人都會小酌數杯。他們在事前便已達成共識，要互相監督彼此的喝酒狀態，因為他們太了解，個人要在酒酣耳熱的情況下冷靜地自我檢視，簡直是太難了。因此，他們需要彼此監督。如果其中一人留意對方的言行舉止開始有點超出常態了，而且確實與醉酒後的反應有關——或做任何事，於是——他們將在對方耳畔輕聲提醒：「夠了。」這就是「停止喝酒」的提示了。

如果兩人中的某一方話匣子一開，仿若即將開啟對彼此有威脅感的對話，他們會擰一下對方的大腿，傳達一個「請小心進行」的訊息給對方。

蘭妲與培力都很喜歡這一類為彼此量身定制的記號與特殊暗語。這不僅可以為彼此的伴侶圈圈提供保護與安全的功能，也讓他們與他者保持安全的關係。他們倆人都將自己視為對方在公開場合中的保護著與監督者，並將對方小心翼翼地守護在一個危機四伏的社會情境中，有時候隨意出口的一句話或舉止，一不小心恐怕便輕易破壞了一段無比重要的關係。

顯然，這對伴侶心手相連，彼此相挺。

［練習20］
清楚明確的傳達訊息

一如我們所看見的，當第三者在場時，蘭妲與培力建立了一套屬於他們兩人的「記號系統」。你也可以如法炮製。

一、好好盤點一下你們的暗語與記號。檢視你與伴侶所使用過的記號，即便你可能從未對那些手勢或表情有所警覺或意識。下一次，當你們與一位局外人在一起時，請留意你與伴侶之間的互動；同時也注意你們是否能快速而準確無誤地掌握彼此丟出來的線索和記號。

二、開發新的暗語或記號。建立只有你們兩人明瞭的私密語言，這不但有效，而且饒有趣味。小孩子最喜歡互通一些別人看不懂、聽不懂的暗語，他們對這玩意兒樂此不疲，興致高昂。找個機會和你的伴侶好好溝通一下，讓對方知道在某些棘手的情境與場合之下，你們要如何在第三者面前，譬如雙方父母或公眾場合下，有效傳達彼此的想法與立場。在那些情況下，你最想傳達給伴侶的訊息為何？

記住，你所傳達的訊息要含蓄，而且要符合你伴侶對訊息接收的敏感度。比方說，如果你的伴侶把你想要傳達的「善意協助」信號，解讀成「求救訊號」的威脅，那就會啟動一種自我防衛的機制。當然，大聲喧譁式的信號也是個有欠考量的方式，例如，使你的女婿感知到你那些「毫無神祕感」的言談，明眼人一看就知道你故意要將他排拒在外。

三、下一次當你親臨某種場合時，請好好練習你的新暗語與信號，然後，再看看效果如何。但要確定那些暗語與信號的出現，是符合你們預先說好的順序！

作為第三者——外遇

婚姻以外的情愛與性關係，可說是親密關係中最具威脅而直接的第三者。根據我的專業經驗，婚姻裡的不忠，是伴侶們尋求諮商的最主要原因。好消息是，知道如何細心呵護屬於你們的伴侶圈圈，有助於挽救你們的關係，即便婚姻中的一方或雙方同時都涉及婚外情，以致這段關係陷於岌岌可危的險境。

或許你會好奇，不忠到底有多普遍？其實，很難說；這一切有賴於你所閱讀的統計數據，同時要看你如何定義「不忠」。傳統的定義指向婚姻之外的性關係，不論那是短暫的一夜情或長期維繫的性關係。在此定義之下，由湯姆．史密斯（Tom Smith）在二〇〇六年所主導的芝加哥大學「全國民意研究中心」所呈現的一份研究報告顯示，在一萬名受訪成人中，有百分之二十二的已婚男士與百分之十五的已婚女士至少曾經有過一次婚外情的紀錄。但大部分人傾向以較廣的尺度來定義婚外情。另一份在二〇〇七年所進行的調查報告則顯示，在七萬名受訪的成年人中，估計有百分之四十四的男士與百分之三十六的女士曾經欺騙伴侶，這個結果，恰恰支持了對不忠更寬鬆的認知。

對你們的伴侶圈圈而言，不忠的意義為何？這是我想切入思考「不忠」的角度。因為，你與伴侶的外在、內在安全感——那些最重要的情感生存法則——取決於你們彼此互相認定的監督關係，你可以將忠心視為伴侶圈圈的同義詞。想當然耳，涉及性關係的外遇與不忠，顯然是對「忠心」最大的違背與破壞。除此以外，還有其他不忠，其中包括：

- 與第三者建立深厚而親近的情感連結，並將你或你的伴侶排拒在外。
- 與第三者分享你伴侶的祕密。
- 與第三者在網路或螢幕上隔空「談情做愛」。
- 逾越一般社交界線的調情或辦公室戀情。
- 不與伴侶共享、自行使用色情媒介。

二加一等於零

你聽過有一句話說：「兩人是同伴，三人成群眾」嗎？面對不曉得如何包含局外人的伴侶而言，「三」不只是群眾，而是徹頭徹尾的零。因此，我覺得，倘若一對伴侶無法建立屬於他們的安全三人組（或更多人一組），最終恐怕危及甚至破壞他們的兩人世界。讓我們再次回到克勞斯與蘇珊娜的個案。

在這對夫妻的婚姻裡，不忠一直是個持續存在的威脅。較早之前，克勞斯曾和辦公室的同事有過一段熾烈而短暫的外遇關係。最終，因為蘇珊娜發現了兩人罪證確鑿的電郵通信並給克勞斯最後通牒，而終結了這段婚姻中的出軌事件。克勞斯向妻子保證，出軌關係不會再延續下去，蘇珊娜不需為此而倍感威脅與不安。然而，縱使那已是十年前的往事了，但至今仍深深烙印在蘇珊娜心裡揮之不去。

當克勞斯需要在辦公室加班或夫妻倆偶爾吵架時，抑或沒來由的某個情境之下，當蘇珊娜頓覺失去安全感時，他們之間的對話會演變成：

週六早晨，夫妻倆圍坐廚房餐桌喝咖啡。蘇珊娜好奇詢問丈夫：「你們昨天的午餐餐敘怎麼樣？」

「哦，還好啊。」克勞斯聳聳肩說道，「你知道的啊，就是普通的義大利麵和蔬菜沙拉嘛。他們還預備了很不錯的甜點，還有巧克力……」

蘇珊娜打斷丈夫的話，尖銳問道：「所以，你坐在克莉絲特旁邊？」

「克莉絲特？」克勞斯的臉扭曲成一團，反問：「對呀，又怎麼樣呢？」

「你怎麼故意跳過不說呢？你以為你只要聊聊食物，我就會忽略這一點嗎？」

這一次，輪到克勞斯打岔：「這有什麼好說的呢？我是坐在克莉絲特旁邊啊，但是我的另一邊是戴維。嘿，放輕鬆，好不好！你要我告訴你多少次呢——我和克莉絲特之間不會有什麼事的。」

顯然蘇珊娜沒有被說服。「那是你說的。但我看過她是怎麼盯著你看。在聖誕派對時，你和她說話的時間比和我說話的時間還要多很多。你老是不斷讓我看見另一種狀況，你要我怎麼放心和放鬆？」

「我的天啊！我到底要解釋幾次啊？」克勞斯的不滿情緒慢慢升溫，他所提出的抗辯與防衛，看來一點都無法使蘇珊娜釋懷。「我們當時正在談一份一月一日到期的報告，因為接下來的連續假日已經沒時間處理了。事實上，那些事情已經徹底毀了我的派對心情。但是我已經為這件事跟你道歉過了，不是嗎？現在的問題是，你到底什麼時候才要放下這件事呢？」

蘇珊娜的思緒遊走。其實，她非常渴望要放下那種沒安全感的心態；只不過，她不曉得要如何處理與面對。想起十年前克勞斯的那段外遇，蘇珊娜悲從中來，忍不住潸然淚下，沉靜一會兒之後，她幽幽地說：「或許等你不再常常把我跟其他女人相提並論時，我才能放下這件事吧。」

克勞斯被妻子的誠實打動了。他很想伸手過去，把她抱緊，然後向她確認他對她的愛。但同一時刻，他卻又感覺一股強烈的罪惡感鋪天蓋地襲來。儘管他深愛蘇珊娜，但他知道自己卻也經常被其他異性吸引。他曾經告訴自己，應該沒什麼大不了吧，那不過是「異性相吸」的自然律在作祟。比方說，克莉絲特，她聰明又時尚，克勞斯非常享受與她共事。他甚至經常為了多看一眼克莉絲特的迷人笑容，而戀戀不捨離去。克勞斯想說，類似的打情罵俏應該無傷大雅吧。

卡勞斯駐足沉思。既然無傷大雅，那何必感覺罪惡感呢？他曾經也想過，是否該對蘇珊娜認錯，坦承自己偶爾會被其他女性吸引？他心想，或許將藏在心底裡的念頭據實以告，便可減輕不必要的罪惡感。但他也擔心這麼一來，最終會不會被迫要放棄些什麼？可能他將因此而失去與克莉絲特之間的友情。有時候想到自己竟然那麼殷切期盼禮拜一早上去上班和克莉絲特見面，他還會感覺一陣難以啟齒的羞愧。但不曉得為何，原想懺悔認錯的念頭，竟惱羞成怒，他忽然衝口而出：「你老愛這樣哭哭鬧鬧，我根本沒有將你和別的女人比較！別那麼愛鑽牛角尖了，好嗎！你到底知不知道這樣有多令人討厭啊？」

你或許已經認出，克勞斯與蘇珊娜都是浪潮型特質。他們兩人對於深度連結這件事，總是若即若離、搖擺不定而充滿矛盾。以外遇形式出現的第三者，激化了他們之間的矛盾情結。對克勞斯而言，那意謂著他可以繼續保留一個開放的選擇和機會，把這潛在危機維繫在家裡，成為一個緩衝，好讓他得以持續與第三者保持聯繫。另外，對蘇珊娜來說，那意謂著她要繼續惶惶不可終日地生活，擔心是否還會有另一樁外遇事件——不管是真實或想像——但她已深受影響，並為此而難以全心全意投入婚姻中。

另一方面，對於孤島型特質的外遇，理由卻不盡相同。孤島人經常將第三者當成他們逃避婚姻或一段感情的門扇。婚外情被他們視為一種獨立自主的宣示。有些孤島人甚至為自己的多元多重愛侶的傾向，而說出一套饒富哲學與心理意含的論調。他們甚至可能鼓勵身邊伴侶也如法炮製，並且堅決主張，嫉妒對各方都是個無意義的無聊議題。但我們現在無意在此爭論這樣的主張與角度是否合法。撇開其他的聲音，我們只想說明一點，談到保護伴侶圈圈，任何形式的外遇，都是對婚姻關係的大破壞。

二加一等於沒問題

當然，外遇不僅止於孤島型與浪潮型特質。錨定型特質也難逃外遇考驗。蘭姐與培力開始交往的第一年，兩人開始穩定約會但尚未住在一起時，有一次，蘭妲與高中時曾經交往過的前男友約好要見面吃晚餐。她事先告訴培力這件事，並邀請他一同前往。然而，培力信任蘭妲，而且考量她和多年未見的前男友敘舊一定有很多話要聊，於是他婉拒了。

蘭妲和前男友喝了些酒，分離前，當他給她一個飛快的晚安親吻之後，兩人卻在車上情不自禁地親熱擁吻起來。

第二天早上，蘭妲所做的第一件事就是打電話給培力。她告訴培力，他們需要盡速見面談一談。

「我很懊悔我做了些不該做的事，我必須要告訴你。」當兩人坐下之後，蘭妲繼續說道：「我對我所做的事，羞愧得無地自容，你有權對我生氣發飆。」

培力凝視蘭妲，回答：「你在說什麼？你可能犯了什麼大錯嗎？」

「你對我毫無保留的信任，竟然造成那麼糟糕的後果。」蘭妲痛苦呻吟。她持續解釋前一晚與前男友之間所有互動的過程。她讓培力有機會探究所有相關的細節，結束前她有所覺悟，說道：「原來其他的都不重要，我一心只想要和你在一起，拿全世界和我換也不要，你就是我的世界。但如果你想要分手，結束這段感情，我不會怪你。」

培力非常震驚，他覺得自己需要一些時間去面對與處理這突如其來的事件。接下來幾天，他慢慢發現，蘭妲的前男友其實對他們的感情不足以構成任何威脅。他反倒感激蘭妲的誠實，勇於承認自己所犯的錯，而且她悔意十足，一點也不想再犯，爾後也不再重犯。

事實上，這段原本不堪的錯事，至終卻成為他們痛定思痛的教訓，使這對伴侶更積極去開發一套屬於他們的「酒測」方式，彼此監督與提醒。幾年過去了，有時候，他們還會拿這件塵封往事來互開玩笑，蘭妲會調侃丈夫：「別讓我一個人和你們的帥哥老闆單獨在一起哦！」

「哦，我一定會緊緊黏在你身邊。」培力風趣地回應，「黏得被套上說是淫蕩行為也在所不惜，說不定我會被老闆開除哦。」

因為這對伴侶心中沒有一絲疑慮，他們非常清楚彼此所建立的伴侶圈圈是何等堅固，牢不可破；於是，他們笑得格外輕鬆自在。

第七階段引導原則

這本書的第七階段引導原則是，當伴侶們與兩人以外的他者相處時，應該避免讓彼此成為被排拒在外的電燈泡。每一對伴侶都會與他者建立某種關係，因此，面對這些考驗的絕佳出路，便是倚靠一個強而有力的完整伴侶圈圈。當你與這個圈圈裡的親密愛人關係堅定時，第三者的存在只會擴大與深化你們彼此的關係。蘭妲與培力這對伴侶的故事，便是其中一例。

以下提供一些對你有助益的原則，作為指引：

一、你的伴侶永居首位。不管你以言語或行為——或在大事上或微不足道的小事上——都以對方為首，而且要恆常如此提醒你的伴侶。如果你的伴侶自信十足，他／她知道自己在你眼裡是最重要的那一位，那麼，要讓第三者成為威脅，恐怕難上加難。問題就在於，我們經常假設身邊伴侶早已知道自己是最重要的那一位，所以不覺得需要再提醒。不過，你應該知道老是以「假設對方知道」為由而省略不說的下場，通常慘不忍睹，最終搞得裡外不是人，損了人又不利己。

二、不要去逃避介入關係的他者或第三者。我們或許會合理地推測，既然親密關係以外的第三者那麼麻煩，不如就保持距離以策安全。然而，這樣的做法，在孩子與雙方父母作為第三者的關係上，顯然是行不通的；即便面對外圍的他者，也一樣不可行。事實上，我們身邊的朋友與其他各種關係所建立的互動，使我們的生活過得豐富而精彩。關鍵不在於如何避開或縮小與他們的接觸連結，而是要找出一個健康的方式，將他們含括進入我們的兩人世界中。

你可能會好奇，如果我所喜歡的某個「第三者」，非我伴侶所喜愛、所認同，那麼該如何是好？事實上，這樣的狀況隨時都可能發生。除了你的孩子之外，大部分的外圍他者或一些興趣與嗜好，極有可能只有你們其中一人喜歡或熱衷參與。但這些其實不重要。記得在第六章所說的，你已經同意要在那裡陪伴你的伴侶了。那是什麼意思呢？那意謂著，你會出席那場「實在不怎麼令人興奮」的公司尾牙或餐敘；那意謂著你要一起去觀賞那部看起來有點傷感、無聊或有點暴力的電影。或捨命陪君子，去看一場棒球、足球、英式足球、籃球或曲棍球比賽。為什麼？因為——請容許我像不斷跳針的錄音機般，不厭其煩地反覆強調——你這麼做，是為了你的伴侶，而你的伴侶也將如此待你。

如果你至今仍無法享受與朋友在一起的樂趣，也沒有興趣參與任何派對、電影或遊戲，那也好，那就請你聚精會神在你的伴侶身上，然後，開始去享受伴侶所享受的快樂。

三、你要知道，身為伴侶所擁有的力量。在童話故事裡，國王與皇后總是過著幸福快樂的日子，接下來則是國泰民安，風調雨順。但如果他們面臨困境，則他們的國家也難逃受苦。如此原則與道理也適用於你的家庭中。如果你與伴侶之間彼此守護、緊密連結，那麼，你與孩子、與原生家庭、來賓甚至和你們家的寵物之間，自然也能建立起和樂融融的關係。你們彼此之間的關係，將如實映照在他們身上。當你們與大夥兒一起共處時，一切共處的基調與方式，都由你們兩人一同訂定。環顧四周，那些安穩地置身於伴侶圈圈中的配偶，不僅讓自己受益，最終也祝福了身邊的其他人。

第八章

健康的衝突：如何達到雙贏？

我在第二章已指出，大腦最重要與首要的職責，是預備衝突。我們不得不承認，聽起來真是個可怕的論述與主張，但卻也是個不容置疑的科學論證。事實上，我們都擁有與生俱來的內在原始人，而我們的內在原始人經常蓄勢待發，等著迎戰。

你與伴侶日復一日——甚至是時時刻刻——一磚一瓦，費力地蓋建起你們的內在原始人與內在大使之間的根基，這件工程的建構扮演了無比重要的角色，它決定了你是否以愛相待或爭論衝突。有時候，我們難免會以為，只要你掌握好兩者之間的動態平衡，那麼一切便否極泰來，從此以後，天下太平：沒有歧見，沒有爭辯鬥嘴，沒有敵意仇恨，也沒有衝突爭吵。

抱歉，可能要讓你失望了，那樣的奢望實在太不切實際了。其實，如果有伴侶告訴我，他們從來不曾吵架，我當下會懷疑不信。當然，那些構築了健全而穩固的伴侶圈圈者，他們之間的衝突頻率與衝突強度或許都會相對低得多，因為他們已經學會要把彼此之間的這段關係，置於其他順序之前；其中也包括我們在上一章所提及的，如何含括第三者到我們的圈子裡，如何權衡對自己有利的判斷，譬如，當我們這麼做時，那些他者和外人會如何評價我們？我們看起來得體妥當嗎？雖然這些自我要求與好處，或許沒有任何明顯的好壞，但卻足以與親密關係的需求相互較勁與爭競。即便最無懈可擊的伴侶圈圈，也無法倖免於衝突與不睦。

所以，一對成功的伴侶關係，不代表他們已經懂得如何避免衝突，而是他們懂得重新布局，善用各種資源，掌握吵架的藝術，成為這方面最稱職的內行人。

乍聽之下似乎矛盾而弔詭，但確實如此。我可以很誠實地說，你若學會如何衝突，你與伴侶將會生活得比現在更快樂愜意，你們之間的關係與安全感也會加倍升溫。事實上，「吵得好」不但不會摧毀你們的伴侶圈圈，反之，還會正向地強化與深化你們的伴侶圈圈。縱觀整本關於這段親密關係的指南手冊，或許這是攸關存活的最關鍵重點呢！

我們將在本章內容中，找出一些「吵得好」的不同技巧，包括：在合宜的時間點升起善意白旗、持續待在遊戲區、沒有人比你更懂得對伴侶察言觀色，成為對方最內行的解讀專家，不要試圖隱瞞事實或粉飾太平，然後從容而滿有智慧地迎戰。

防患於未然

在我們進入善用衝突的議題之前，我們或許需要重新思索，該當如何避免不必要的衝突。雖然我一再強調，逃避衝突從來不是重點，但是，如果我們能在一開始便把不必要的衝突排除消解，那未嘗不是件好事。

豎起善意白旗

其中一個避免戰爭的最佳方式，尤其當沮喪憤怒已累積到某種程度之後，便是快快豎起善意白旗。你辦得到，你的伴侶也可以做到；但其實這都無所謂，最重要的是，其中一方要先採取第一步行動。

你應該還記得，提到避免衝突，聰明迷走神經是其中一個最重要的內在大使。聰明迷走神經不只提醒我們在採取行動之前先大口深呼吸，也幫助我們調整說話的聲量，以示友善與親和。在你開口之前，你會稍候數秒留意一下自己說話的語氣與音量。我們還有其他的內在大使，你若還記得，尤其是經常幫助我們對他人感同身受的前額葉皮質——可以使我們的杏仁核在紅色警示燈亮起之前，冷靜下來，事實上，那往往是個不存在的威脅。所以，請再三確認你的伴侶從哪一種情緒走來，請為一場山雨欲來的風暴開一扇友善的對話大門，讓雙方有機會表達彼此不同的觀點與立場。對話時，記得使用你們再熟悉不過的暱稱或親密愛語，來確認你們的愛並未在這場混戰中消失。當然，還有其他各司其職的內在大使，也可以幫助我們表露友善親和的臉部表情，以此消解伴侶的惱怒與不悅。掛上一抹直率真實的笑容，絕對比任何話語更能有效傳達一份發自內心深處的善意。

聽起來很可笑嗎？我可不覺得。我們在第四章的內容中看見，保羅與芭芭拉如何使用臉上的一抹微笑或一個眼神，或緊握一下對方的手，便能成功安撫彼此的內在原始人，同時傳達對對方的支持。雖然在吵得不可開交、爭得面紅耳赤之際，要做到這些舉止和技巧，或許難有具體成效，但你仍可在任何需要的時刻，不妨學一學。無論如何，很多時候，我們確實可以從一個善意微笑、一個恰到好處的撫摸與令人感到安心與鼓舞的聲音中，免去了一場不必要的戰役與衝突。

不過是言不及義的「吧啦吧啦」廢話

當你豎起善意白旗時，本質上，你是刻意選擇走捷徑。你想辦法避開所有足以引發衝突的氣話，退而求其次，就事論事地以單純的姿態來溝通。其實，即便在引爆衝突的過程中，這樣的方式也能及時制止一發不可收拾的後果。有時候，當衝突倏忽來到一個進退維谷的僵局時，對你或伴侶最有效的出擊方式是……閉嘴。

我真的這麼認為。閉嘴，不要再多說什麼。你確認自己的內在原始人已經深受威嚇，你也明明知道，此時此刻，你的口裡恐怕也吐不出任何有益於人際互動的好話，請耐心等候你的內在大使歸隊以後，才開口說話吧。

你應該還記得，我們的左腦主掌語言和邏輯。它擅長整理與分析資料，將所有進入爭論舌戰的支微末節等論點，都預備妥當，隨時準備出擊。最理想的狀況是，左腦可以將那些詳實的論據，一一分析分類，讓唇槍舌戰和平落幕；但也有最糟糕的後果——由內在原始人驅使（最有可能是我們的杏仁核）——產出了一堆言不及義的「吧啦吧啦」廢話。一般而言，備受威嚇的伴侶口中所說的話，大部分是廢話，一派喋喋不休的胡言亂語不過是為了要擋掉攻擊或侵犯。衝突發生時，就像兩個大腦的杏仁核與杏仁核在互動交手，毫無彈性可言，而且嚴重缺乏繁複周全、創意或緊急應變的跡象。如果你與伴侶有意好好面對與處理那些杏仁核對彼此所造成的傷害，那麼，你在當下情境所說的一切話語，至終依舊不會被採信或被大打折扣。

因此，建議你將伴侶從威嚇不悅的情境中，轉移並朝向友善與親和的方向。你若能做到這一點，便能終止一場不必要的衝突。

〔練習21〕揪出言不及義的廢話

下一次，當你與伴侶深陷一場衝突時，不妨試一試，看看自己能否透過「揪出廢話」來逆轉局勢。

一、事先和伴侶建立基本共識，無論你們哪一位，都可以在火花四濺之中，有意識地揪出廢話，進行合宜的修正。兩人事先達成共識，不但必要而且重要，彼此輪流擔負起揪出廢話的職責，而非讓某個人老是獨當一面。

二、當衝突爆發時，請留意你們彼此之間對話的內容與方式。如果你發現自己開始盡說些某某人說了什麼話、或你們當中有人就像多年前一樣，一點兒也沒改變，或有人早已說過對方根本就是個愚不可及的蠢蛋或傻瓜，當這些論調出現時，十之八九你已陷入言不及義的廢話之爭裡了。該是停止的時候了。

三、現在，請採取適當的修正策略。譬如說，你或許可以豎起善意的白旗（好吧，我覺得自己在這裡實在幫不上忙）。或更進一步走上前，充滿愛意地伸手撫摸一下伴侶，告訴對方：「對不起，我把事情搞得更麻煩了。」或者「我愛你，我實在不該再提起這些無關緊要的事。」

四、一旦你修正了，請千萬別再回到言不及義的「吧啦吧啦」廢話漩渦裡。反之，將你的底線論點與立場，濃縮成言簡意賅的一句話，坦誠告訴你的伴侶。為什麼呢？因為內在原始人無法處理與分析複雜的詞句，而內在大使又還沒完整歸隊。所以，為免鑄成無可挽回的大錯，還是把一切口頭話語上的溝通，維持在簡短而美好（要特別強調「美好」）的目標上。還要記得專注於那些對你伴侶有效的功課與練習，而非只關切對你有幫助的方式。

待在遊戲區裡

我在諮商經驗中發現，許多不曉得如何吵架的配偶，通常在他們的童年時期也沒有學會如何玩打鬧遊戲。打鬧遊戲對男生與女生都同等重要，而且非常重要。

大部分哺乳類生物，尤其在他們幼年時，都對打鬧遊戲樂此不疲。身為獨特的人類，我們最早的遊戲，往往與我們最初的照顧者有密切的關係，在近距離之間，使用我們的眼睛與聲音來學習與投入各樣遊戲。母親與小嬰孩之間可以玩得沒完沒了，當他們兩人四目交投時，總會喋喋不休、嗯嗯啊啊、親暱低語個不停。但對於小老鼠、小貓咪與小狗來說，牠們的方式則迥然不同，牠們就是近乎本能地互相打鬧翻滾。或許看起來像陷入某種戰爭之中，但其實樂趣無窮——牠們從不在意誰贏誰輸。

打鬧遊戲對人類而言，來得比較遲，通常需要身邊的手足來幫助我們發掘，如何將自己的力氣與衝擊施展於另一個人的身體上。我們學習在一推一拉之間，如何充分掌握力道，如何讓對方知道不能再用力推擠或拉扯等等。在較力互動的過程中，某種程度的較勁精神自然不能少，但更重要的是好玩與樂趣。年輕時的錨定型人，在玩起打鬧遊戲時，通常比孤島型與浪潮型更為奔放輕鬆，孤島與浪潮這類較缺乏安全感的特質，使他們不時有所保留。這套遊戲的模式，將延續至他們成年後的生活之中。

遊戲的心得：沒有輸家

小時候學會好好遊戲，成年後就會好好吵架。有安全感的伴侶都知道，一場恰到好處的爭鬧衝突，要在遊戲區裡進行，也止於遊戲區。我的意思是，衝突吵架不是要讓我們醜態百出，因此，要維持某種玩樂的意識與興頭在其中，最好還能參雜一份善意特質在內。畢竟，所謂遊戲，就是要好玩而充滿樂趣。一旦喚起遊戲的精神，自然不會有人在乎誰贏誰輸了。

要怎麼做到？事實上，是你的內在大使立下的汗馬功勞。原因很簡單，一旦內在原始人的軍隊穩操勝券，那恐怕一場戰爭就免不了了。所以，關鍵就在於你與伴侶是否聆聽與順從你們的內在大使。內在大使所傳輸的訊息類似這樣：「我們都還好，每一個人都可以存活，放輕鬆！你們其實深愛著對方，記得嗎？你們的關係不會因為這場衝突就陷於危機之中，不會的，放心。」

聽到這樣的訊息，會讓人想要重新接上電源，啟動戰爭。你與伴侶其實可以發展一套溝通系統，其中包括：學習如何讓你的內在原始人懸崖勒馬，同時確保任何衝突都能在充滿善意的根基上進行。在第七章，我們看見蘭妲與培力如何善用只有他們能心領神會的私密語言，在第三者面前自在溝通。這也是我想在這裡提出的建議。如果你無法在一開始便把遊戲共識的根基設定好，那麼，你們便無從知道或無從掌握如何在衝突中保留一份玩興與趣味。所以，請在更早以前便開始進行討論：倘若衝突發生，你打算如何去感知、如何去溝通。將這些共識建構在你們一起同玩的基礎之上。在和平共處的時候，先熟悉你們彼此所設定的「點頭與眨眼」等默契（或任何說好的記號和暗語），然後，在張力與危急十面埋伏之際，學會如何讓這些符號派上用場。

如果你真的相信，最終沒有人是輸家，那麼，當你投身於打鬧遊戲時，你將感覺更為輕鬆自在。你知道何時該進攻，何時該退守。對於安全感較匱乏的個人，退守的姿態意謂著認輸或放棄個人的立場，那是一種失敗的宣告，甚至可能是充滿羞辱的認輸。但對較有安全感的伴侶則非如此。他們知道那是一場漫長的賽程，所以，即便雙方短兵相接，如火如荼地交手，他們也總能輕鬆自在地卸下防衛。

〔練習22〕一起玩

你和伴侶最近一次盡情大玩打鬧遊戲，是什麼時候？還是……從來不曾一起玩？好吧，該是捲起袖子把所有尖銳物件移開準備來玩的時候了！

一、首先，找個安全的地方，讓你們可以自由移動，而且確保不會傷到任何人。譬如：戶外草坪，或一張超大型雙人床或軟地毯，甚至一張大型的運動地墊也可以。

二、開始之前，先設定一些遊戲規則。比方說，任何一方若喊出：「暫停」，則雙方都要立刻停止。假設過程中出現一些令人感覺危險的上下顛倒等動作，你們彼此一開始就要先達成共識，確保沒有人會犯規做一些被禁止的動作。

三、開始了，請一起躺在床上（或地墊、地毯或草坪）準備「開打」吧。你們可以互相推擠拉扯，滾動又蜷曲身子。隨心所欲地發出任何聲音，但最好不要說話，因為那會使你分心，你需要專注於身子與體能的發揮上。如果你必須分析情勢，可以等結束後再進行。

之所感、所思與所欲。

解讀你的伴侶

其中一個掌握衝突要點的元素，是解讀伴侶的能力，在每一個不同的當下與時刻，知道對方之所感、所思與所欲。

有時候，出現一些狀況時，我們或許未必能即刻警覺有異，但我們經常能從身體裡去感知。說不上為什麼，我們就是能感覺有些事不太對勁。或許閱讀伴侶最有效的方式，是透過我們的視覺敏銳度。當我們直視伴侶時，我們的雙眼快速而持續地記錄所有資訊：對方雙眼的濕潤、有點退縮、一抹微笑的暗示，噘起嘴唇等等；即便是最含蓄隱晦的線索，也能急速傳來──先傳入內在原始人，然後再傳給內在大使。至於我們在第二章所認識的杏仁核，在此過程中則扮演極其重要的角色。

深陷鬱悶情緒的伴侶，經常轉移目光，不想與伴侶有任何眼神接觸。那可是天大的錯誤。失去持續性的眼神交會，將使彼此錯過許多及時而當下的接觸與心情的追蹤，進而將各人置於一個更內在、靜態而充滿往日情懷的角度裡。伴侶之間如果避開眼神交會，將錯過內在大使傳遞而來的重要訊息，並任由內在原始人接管。一旦發生這樣的狀況，每一個伴侶便一步步與對方漸行漸遠──或許不是身體或空間上的遠離──但卻是需要高度警惕的另一種遠離狀態。其他時候，有些無法眼神接觸的錯過，純粹出於座位與身體距離的位置不夠理想。當伴侶之間無法近距離面對面（距離不得超過三尺），當然就難以準確閱讀彼此的表情了。尤其當伴侶們一邊談話一邊開車，或肩並肩走路時談論某個話題，我們很容易會將小議題急速升溫，成為大問題（記得第二章探討過蕾雅與弗蘭克林在車上的衝突個案）。為此，我建議伴侶們切勿在眼神無法交會的情境下，談論重要議題或涉及情感性的敏感事件，除非，你們確定彼此可以維持眼神接觸，而且同時準確閱讀到對方的所有暗號與提示。何必讓杏仁核掌握不必要的主導權呢？

當然，如果你急著想要與伴侶溝通一些重要事件，或許你會以為，直接拿起電話撥打是比較乾脆俐落的選擇，因為你不需要等到面對面時再談論。我要不厭其煩再強調：這方法糟透了！沒有眼神對望、單憑電話傳來伴侶的聲音，其實充滿誤導的可能性。如果你或伴侶的內在原始人維持高度備戰狀態，那麼，一場原可避免的戰爭與衝突極有可能瞬間爆發，但你們如果可以在彼此的臉上閱讀到足夠而充滿愛意的訊息，那麼，一切張力便可降到最低。當內在原始人蠢蠢欲動時，單靠聲音，尤其是言語，經常是不足以應付的。

數位衝突的危機

比打電話更糟糕的想法是，寄發電郵或傳簡訊。許多伴侶高度依賴這些科技產品來互動，當然，如果落實第六章所說的「二四七協議」，這些隨時隨地可以聯絡的方式確實有不可替代的價值與貢獻；要注意的是，如果你們之間已醞釀一些「異見」或任何潛在的爭論議題，則要加倍提高警惕。我見過不計其數的伴侶們，因為以文字的簡訊方式來討論敏感議題，而陷入難以收拾的困擾中，原因很簡單，因為無法閱讀到對方的聲音、語氣、意圖或感受。

我們來看看一個個案。二十五歲的吉爾與卡洛，兩人都是研究所學生。他們透過手機的留言簡訊，周而復始地以此方式來維繫彼此的關係與感情。身兼獨立的個體與伴侶的角色上，當兩人關係親密而融洽時，他們其實非常享受這樣的互動模式，樂在其中；但水能載舟、亦能覆舟，尤其當他們缺乏安全感時，這些互通簡訊的方式與內容足以撕裂兩人的關係，進而亮起備戰警示燈。嚴重的話，他們的情緒甚至會被錯誤解讀為充滿敵意與宣戰等負面意味。

我們來閱讀一個例子，檢視實際的簡訊留言所可能引發的問題：

吉爾：現在就需要你的愛。

卡洛：無法說話。

吉爾：無法說話？我沒要求你要「說話」。

卡洛：什麼啦？

吉爾：沒事。

卡洛：我在會議中，晚點再說。

吉爾：晚點不能說。到時候再看看哦；）

卡洛：好，真的讓我越來越生氣了，這個；）是什麼意思啊？

吉爾：該走了。

卡洛以為吉爾不理她了，最後她竟錯過了他們約好的晚餐約會。按著她的想法與推理，她期待吉爾主動澄清他在訊息裡的意思。然而，因為在電郵或文字的留言訊息裡，非常容易令人誤判情勢或忽略了某些情感性的表達，因此，吉爾根本不曉得他激怒了伴侶，隨後更忘了要再留言解釋。等到他們當晚碰面時，兩人的內在原始人早已身披盔甲，子彈上膛，隨時準備迎戰。

如果他們能少一點仰賴手機互留訊息，卡洛與吉爾或許得以免去一場戰爭與衝突。如果他們持續使用這種互傳訊息的方式，那麼，他們需要明白，還要及時傳遞強烈的善意訊息，不論是透過文字留言、打電話或約個時間見面，而且要越快越好。

[練習23]

「來讀我」的遊戲

這和第四章所提過的「來演我」的遊戲很相似。只是這一次，你們要輪流解讀彼此的情緒。

一、請你的伴侶挑選一種情緒，然後「努力入戲」，但禁止一切言語和任何張揚或明顯的活動。按照遊戲規則，你的伴侶只能透過臉上的表情、態度或手的姿勢，來傳達選好的情緒。

二、你的任務是去閱讀伴侶的心情與情緒，看看你的猜測有多接近正確答案。

三、然後，角色互換再練習一次。你挑選某個情緒，然後演繹出來，讓你的伴侶來猜測與閱讀你。

四、你可以考慮從一些簡單的情緒開始練習：生氣、快樂、難過、害怕、驚訝。如果你想玩一些更富有挑戰性的遊戲，不妨試試看一些較為迂迴含蓄或糾結複雜的情緒，譬如：失望、被棄、釋放、鄙視、嫉妒、罪疚、羞恥、無助、信任。

吵得好、吵得妙

截至目前為止，我們已經談過，要掌握「吵得好」的竅門，其實就是要確保我們的內在大使是否能把我們的內在原始人管好。如果你游刃有餘——真的能做到，不管你的伴侶是否能在當下配合演出——那麼，你們對這段關係的容忍度便大為提升。

但你其實應得一種比「容忍」更深刻的關係：你配得享有更精彩的關係。為此，想要在關係的建造上，相互成長的伴侶，需要承擔起管好彼此內在原始人的職責。還記得之前談過的「沉默迷走神經」與「聰明迷走神經」嗎？聰明迷走神經使我們維持某種活躍的社交互動，而沉默迷走神經則不然。每一位伴侶都想要確保對方的聰明迷走神經與其餘的內在大使都處於正常運作的狀態；確認你的呼吸正常，肌肉放鬆，還要留意你說話時的語氣等聲調。事實上，當你這麼做時，你正匯集你內在大使的所有資源。如果其中一人當天過得不太好，那另一個人就要士氣高昂地站出來。反之亦然。你總要追蹤和跟進對方的情緒。如果你們正吵得不可開交，請你專注於檢視：

到底吵多兇是太過分，而吵多久才算太久？你曉得何時該喊停，或何時該轉換議題，或轉移彼此的注意力。有時候，讓彼此有個喘息空間確實有助於雙方平和冷靜下來。只不過，千萬別任性地轉身離去，也不要怒掛電話或果斷拒絕。反之，請務必確保每一次的稍事「休戰」都是雙方能接受的——先說好，二十分鐘到三十分鐘的休息——而非單方面宣告暫停。如此這般負責任地進退應對，就是我所謂「吵得好」的境界。

「吵得好」這玩意兒，是出於內在大使、透過內在大使、而且為了內在大使。它確保內在大使得以堅持到底。記得，只有內在大使可以被影響、被說服、被哄騙、被誘惑。反觀內在原始人，它可一點也不在乎維繫關係這檔事；它們只在意自己是否會被殺。所以，當你們爭鋒相對時，你與伴侶的內在原始人，最好都不是堅持到底的那一位，不然後果就不堪設想了。

深諳吵架之道的伴侶，想要努力找出讓彼此雙贏的結局。他們的終極目標是雙贏的解決之道。他們互相說：「我們彼此都要對此感到滿意」，或「你快樂，我才會快樂」；抑或「我們一起同心面對」。與此同時，他們也不怕對彼此表達：「我們都還好，但剛剛發生的一切不太好。」或「雖然你可愛，但我得自己想辦法去找出來。」或說「我愛你，但你實在是我的背上芒刺，有時候讓我很頭疼，我想你應該很清楚。」他們之所以能這麼說，是因為他們的內在大使知道如何揮舞善意白旗，也因為他們確定沒有人離開遊戲區。

對你好，對我好

我在諮商現場上見識許多前來尋求幫助的伴侶們，都抱持一份期待：每一個伴侶理應掌握某些讓關係有效運作的法則。這些伴侶以為對方都該事先了解，都該接受過訓練了。他們老是搞不清楚自己需要承擔起彼此訓練的職責，或以他們的父母從未教導的方式，持續地相互督責與提醒。期待你的伴侶隨時隨處、全方位地分享你的價值觀，終將引致更深沉的幻滅、失望與憤怒。

「你應該要為我做這件事！」一位伴侶向對方解釋，努力嘗試要說服對方。

「但從來就沒有人那麼做！」另一位伴侶則試圖勸阻對方去做某件事。

「我可不是為了這個和你結婚的！」還有一位伴侶這麼說道，嘗試要修正伴侶的道德規範。

在這些個案中，不難發現，伴侶們都想方設法各表意願與主見，要讓對方的所作所為，都能滿足自己的期待與要求。他們說得彷彿彼此之間早已建構一套雙方默許的共識，但你若留心聆聽，便不難發現，他們其實以「一切都為這段感情著想」之名，行利己之實。很多時候，這無異於欺負與霸凌。

我們還可以找到其他更好的出路。除了利用恐懼或威脅來操控彼此去做或不去做一些事，你還可以善用積極正面的影響。記得，你手上那本增進彼此關係的手冊裡，提供了許多對伴侶有利的豐富資訊。你可以為了更好的未來而非更糟糕的關係——以最佳途徑與管道，多多使用這些資訊。而這裡的「好」，意謂著對你們雙方都好。當然，利己的意圖依舊存在，但卻延伸到更大的

「關係益處」為考量去權衡，因此，當衝突發生時，不再有人敗退，人人都是贏家。

讓我們以此來驗證一下，看看這套法則如何落實於一對伴侶身上。

尋找一場公平對決

唐娜與錫恩，是一對年近五十的伴侶。唐娜工作的高科技公司，舉辦一場時髦又絢麗的活動，兩人受邀參加。其實，唐娜經常要求錫恩陪她一起參加這一類的公司活動，但他總是拒絕。身為景觀設計師的錫恩，毫不隱瞞地表達自己厭惡這些活動。從一方面來看，錫恩的拒絕對唐娜而言，是一種冷漠與無愛的表現，如果他真的在乎她，他將會明白這樣的活動對她的職場是何等重要。而另方面，雖然唐娜明知錫恩置身於一群工程師同事中簡直無聊透頂，但她仍堅持要他參加，這讓錫恩感覺妻子一點兒也不體貼他的感受，在他的解讀裡，那也是一種漠視與無愛——如果她真的在乎他，她會放他一馬。

讓我們來看看這對伴侶可以採取哪些不同的解決之道，來面對這種境況。

情境一

面對唐娜的要求，錫恩一副不情願的表情，轉動著雙眼。此舉顯然觸怒了唐娜。「我不覺得這是不公平的，」她抱怨，「我們說過要在工作上彼此支持，而這就是我的工作啊。你看起來一點都不幫忙、不支持我。」

「嗯，你也一點都不體諒和支持我的感受啊。」錫恩不客氣地反駁，類似的回絕，不曉得早已發生過多少次了，「你知道我有多討厭這些事，你這樣逼我參加也讓我覺得很不公平。當我提出要求時，你可以說不，那為什麼我就沒有拒絕的權利呢？」

「你說這話是什麼意思呢？我常常做你要我做的事欸！」唐娜不同意丈夫的指責，生氣噘嘴道，「我們老是去看你喜歡的那些爛電影！」

「謝謝哦！我不曉得原來你覺得我喜歡的電影都是爛片呢！不過，我們也去看你喜歡的電影，不是嗎？我們也常常去看你喜歡的無聊愛情電影欸。」

「太好了，拉倒！」唐娜惱怒回應，「我自己去。」說罷掉頭離開房間。

數分鐘之後，錫恩大聲喊道：「好啦好啦，我去啦。」

唐娜也從另一間寢室不甘示弱地大聲回應：「不用為我做善事了，我也不會再為你做什麼事，這樣滿意嗎？」

最後的結局，錫恩還是勉為其難參加了。唐娜欣慰自己不需單獨赴約。但與此同時，她卻隱隱感覺一股焦慮感在醞釀中。她知道自己終究要為此付上代價。

情境二

唐娜留意到錫恩對赴會的邀約，興致缺缺。她已厭倦了老是要費神費力地請他陪著聯袂出席，所以，這一次唐娜說：「我想讓你知道，我今晚需要出席一場非常熱鬧的社交聚會。我可以單獨去，你可以隨心所欲，看你想怎麼樣就怎麼樣吧。」

錫恩驚訝地看著她：「真的？你真的這麼認為？」

唐娜沉默片刻，然後回答：「當然是真的。」

「太好了！」錫恩說。

之後，當唐娜正準備出門參加晚會時，她看見錫恩舒服地靠在長沙發上，觀賞他最愛的電視節目。顯然錫恩很開心，但唐娜可不這麼覺得。「好吧，那就再見了。」唐娜刻意揚起聲量，想要把丈夫從電視螢幕的專注中拉回現實。離開前，她也沒有給錫恩一個擁抱或親吻。

「再見！」他漫不經心地道別，渾然不覺唐娜明顯不悅的神色，「盡情享受哦！我會在家裡等你！」錫恩雖然感覺慶幸得以逃過一劫，但他卻隱隱覺得自己終究要為此付出代價。

情境三

錫恩堅定表達立場：「我真的真的不想參加今晚的晚會。」

「我明白，我完全了解，」唐娜繼續說道，「但是，今晚的晚會對我非常重要。」

「你的晚會每一次都很重要啊，唐娜……」錫恩正面回應道，「那我呢？我的感受重要嗎？」

「當然，你的感受也很重要，」唐娜說，「好吧，那我要怎麼做，才能讓你覺得陪我出席是一件值得做的事？」

「什麼意思啊？」錫恩驚訝問道。

唐娜坐下，挨著錫恩身邊，因為她想直視錫恩的雙眼。「如果你今晚陪我出席晚會，那麼，明天我們一起去看那部你一直想看的動作片，你覺得這個建議好不好？」

錫恩揚起眉毛，一副陷入思考與衡量的神情。「這個建議聽起來不錯，但我想我還需要更多一些。」他回答。

這下子輪到唐娜需要思索片刻了。想了一會兒，她說：「好啊，不然這樣吧！今晚你想要幾點離開晚會，我都配合你，只要我能完成我的任務，不要離開得太高調或太明顯就可以了。然後，一起回到家之後，我幫你抓背二十分鐘。」

「完整的二十分鐘？」錫恩樂開懷地笑，「行！就這麼說定！」

唐娜也笑了，然後把食指往上指一指，補充說道：「但是，你一整晚都不能抱怨哦。這一點可以做到嗎？」

「行！沒問題！」錫恩回答，忍不住親了唐娜，把她往後推倒在沙發上。

當晚，兩人開心赴約，沒有人感覺委屈或不公平。

經營伴侶圈圈的家務事

上述三種情境，到底哪一種最理想，我們心裡有數。確實，當衝突發生時，情境三是唯一公平的解決之道。但有太多伴侶卻恆常搖擺於情境一與情境二之間：總有一方覺得自己處於劣勢，在這場互動中被不公平對待而心懷不平。事實上，真正的原因在於，他們不曉得在伴侶圈圈中如何建立協商的基本法則。

當然，伴侶們通常有自己的一套見解、看待事情的角度與立場，而且也不見得喜歡在被指定的時間做同樣的一件事。比方說，兩人未必同時喜歡看動作電影，也不是每一個伴侶都熱衷於公司的晚會。你可能想要花大錢在一頓奢華昂貴的美食上，但你的伴侶可能想要把這筆錢省下來，用來規劃一趟深度長旅遊。某些時候，你或許心血來潮，想要去探視伴侶的父母家人，但下一次你未必想這麼做。持平地說，這是再合情合理不過的事。然而，我的重點是，這一切都不應該成為問題。

要讓它們不成為問題，你需要學會有效地溝通與協商。總而言之，重點不外乎：

一、你的協商溝通，不需要完全對等、對位；

二、其實，討價還價無妨；

三、你所做的任何妥協，不該造成某一方的虧損或委曲求全。

好好思考與衡量這些過程，將它們當成經營伴侶圈圈的重要家務事。

下一次，當衝突步步逼近時，與其坐在那兒期待伴侶像你的複製品般照你所求去運作，不如集結你的所有能量，用來找出你自覺有意義且對雙方都有益處的解決方案。總要想辦法持守你的協商能耐，一直到目標達成。事實上，協商結果可能沒有任何進展，也不見任何具體決策，甚至毫無行動可言，除非，你與伴侶達成共識，一同認可那些解決之道對你們雙方不但可行，而且能讓雙方同享好處。

我們可以在情境三裡，一瞥其過程中可圈可點之處。唐娜與錫恩以錨定型特質來進行協商與討論。相對而言，當孤島型面臨同樣處境時，伴侶們各自想要隨心所欲完成不同的事，唯一的出路便是各做各的，互不相干；顯然，情境二已生動地詮釋了孤島型伴侶的因應之道。另一方面，我們也從情境一見識到，原來一個伴侶可以勉強另一方順從自己的想望；那是典型浪潮型的處理模式。

如果你與伴侶勉強達成對雙方而言都不甚滿意的出路，那麼，你們可能需要擬訂一些補償或修復的取代方案，作為彌補之道。但要圓滿處理著實不易，尤其過去一些不平等、不公不義與漫不經心的負面經驗，難免影響當下的處境。我說過，協商與討論未必需要對等對位，甚至就某種意義而言，你們其中一方可能需要在一些特殊時刻放棄一些權利，這原本無可厚非；然而，長遠來說，如果要堅守「對你好，對我也好」的原則，則我們需要避免某一方長期被虧負或被錯待的情況，因此，任何不公平的內容，總需要找出平衡的解決方式來面對，這才是長久之計。

費時費力的長跑

伴侶之間所衍生的一些議題，總需要找出解決之道，如果無法及時處理，那就留待以後再處理。但也有一些議題恐怕難以解決，甚至可能常常成為潛在的衝突源頭。事實上，沒有兩個一模一樣的頭腦，要找到兩個人對每一件事都見解一致、立場一致，那是近乎不可能的事。因此，身兼研究學者與婚姻專家的約翰．高特曼（John Gottman）指出，伴侶們其實不需要去解決那些恆常存在卻又懸而未決的衝突，他們只需要有效地處理那些議題即可。我同意這觀點。那些置身其中、費時費力長跑了一段時間的伴侶們，如果懂得掌握「好好玩、好好吵」的訣竅，那麼，他們將以無懼與自信的態度，在這段親密關係裡，如魚得水般適應得很好，而且不避諱任何衝突。

開誠布公，毫無隱瞞

丹尼斯與凱特琳是吵架大師。他們對彼此的需要關切有加，尤其論及對彼此而言極其重要或異常敏感的話題時，兩人都予以高度關注。他們建立的共識與策略是，從不忽略任何事情，不論狀況有多複雜。當衝突發生時，沒有任何一方會擔心自己被擊倒或徹底被打敗；針對任何爭議性的事件，他們也從不迂迴表態，總是明確地直抒意見，譬如不滿或喜好。假若凱特琳想要提出一些明知有違丹尼斯喜好的議題，她總是未經鋪陳便快速直言，那其實就像玩一場「打了就跑」的閃電遊戲，但那是他們事先都同意的遊戲規則。

譬如，某一晚兩人共進晚餐時，聊起了一些人生中的美好事件，不著邊際地閒聊。忽然，凱特琳凝視丹尼斯的雙眼，煞有其事地說道：「我們得談談你的工作狀況。」她指的是丹尼斯最近面臨的降職，以及他答應要另找工作的事。凱特琳知道這個主題會給對方帶來些許不舒服的尷尬反應。

丹尼斯低垂著頭，避開凱特琳的眼神交會。「我知道。我們要現在談這個話題嗎？」

「不，」她急速回應，「不過，我們終究要談談這個問題，對嗎？」說罷，她隨即轉換話題。

丹尼斯也從剛才的情境中快速回復，然後兩人繼續享受一頓愉悅的晚餐。

當晚稍後，兩人準備上床休息時，凱特琳對著伴侶說：「關於你的工作……」

丹尼斯歎了口氣，說道：「哎喲，拜託啦，寶貝，我不想在這個時候談工作欸。」

凱特琳親吻了他，看著他的雙眼，說：「親愛的，我知道你不想要談這個話題，但我們不能永遠逃避不談啊。你明天自己主動談，或者由我來開始這個話題，好不好？」

「好。」他帶著笑容回答她。

他們之間的對話，果真在隔天如願展開。丹尼斯對自己的降職尚未完全釋懷，也未有任何應對之道，對他而言，這話題依舊沉重。然而，這對伴侶相互支援、彼此扶持的心意，是如此真實無偽。他們從不因為感覺糟糕或預期不好的反應，而藉故規避任何重要議題，反之，一如在第四章所談論的，他們成為對彼此瞭若指掌的內行人，知己知彼，而且曉得如何互相搭配、安撫、彼此影響、激盪與鼓舞。顯然，兩人都準備好要並肩長期作戰，一起走遠路。

記得美好，忘記不好

如果你的伴侶喜歡提起你曾傷害他／她的往事，不意外的話，你的反應可能會：「你為什麼老是念念不忘那些事情呢？難道你不能忘記嗎？」

顯然你想不受往事羈絆，繼續往前走。但想想看，其實這些不愉快的往事與記憶，會不會是你自己助長了對方難以忘懷？因為你總是無法及時把事情做好。

任何深刻而強烈的感受——正面或負面——如果長時間根植於我們的意識之中，終將轉換為長久的記憶，那是我們內在大使的工作，尤其是負責將短期記憶轉換為長久記憶的海馬迴。另一方面，負責處理安全感的內在原始人與執行任務的杏仁核，會確認我們並未忘卻那些痛苦的記憶。因此怨恨於焉成型。

如果你長期深陷這種狀況，那麼，你與伴侶理應避免再新增與累積任何怨恨。其中一個做法是，讓內在大使去掌控你的內在原始人。重新修復你的痛苦記憶，使它成為好的記憶。凱特琳的做法是，堅持要丹尼斯和她談談工作的狀況與想法。如果丹尼斯不願意談，而凱特琳又順著他的意而不再提起，那麼，兩人都將因此而留下缺憾的記憶：對丹尼斯而言，他會將注意力放在工作上，而從凱特琳的角度來看，她會覺得丈夫想逃避她，因為他過度耽溺於憂鬱中而不可自拔。

最理想的方法是，在不好的記憶累積而成為怨恨的長久記憶之前，要趕緊將它轉換成美好的記憶。然而，我們也可以在若干年之後才將不好的記憶轉移。我並不是說，長久累積的怨恨苦毒，會在彈指之間就自動消失無蹤，但假如你和伴侶願意同心面對與努力，你們終究可以跨越這些障礙，而成功轉換的可能性，指日可待。

〔練習24〕感謝清單

這份練習取材自日本文化的自我觀照，稱為「內觀療法」。雖然執行起來不容易，你若屬於浪潮型特質，恐怕做起來會加倍辛苦，但值得用心嘗試。請至少用三十分鐘的時間來練習。

一、在一張紙上，畫三個欄位。

二、最頂端的第一欄，寫下：「他／她為我做什麼」。請列下伴侶上一週為你所做的每件事，盡可能詳細而具體——譬如：「他昨天早餐為我烤了份鬆餅」，而非籠統地說：「他下廚」。在持續執行之前，務必詳列伴侶為你所做的每一件事——甚至包括你期待的事；以你已經享有的實況為主。

三、在第二欄的頂端，請寫下：「我為他／她做什麼」。你可以花較少的時間來填寫這部分，但無論如何，還是要越具體詳細越好。

四、最後一欄內容，請寫下：「我給他／她帶來的麻煩」。你可能會問，為何沒有第四欄標註伴侶帶給我們的麻煩？答案是，你或許對此早已瞭若指掌，所以無須再敘述。這部分也像以上其他欄位一樣，請謹慎而巨細靡遺地填寫。坦白說：不論你是有意或無意，你真的對伴侶造成許多困擾與難處，甚至是對方的負擔呢。

五、現在，重新省視一下已經完成的清單。如果你正確無誤地完成，第一欄與第三欄理應比第二欄還要長。請特別留意那些伴侶為你付出但卻不曾被你好好珍視與感激的恩澤。

六、你可能會發現自己想要寫一封感謝伴侶的信，特別感謝對方為你付出的三件事。或許你也忍不住想再寫一封向伴侶致歉的信，列出你傷害對方的三件事，請伴侶原諒你所加諸予他／她的痛苦。最後，或許你會想將這一長串的清單與伴侶分享。如果一切進行得順利，你的伴侶可能有意如法炮製，也以同樣的練習來回應你。

第八階段引導原則

這本書的第八階段引導原則是：想要在一起生活的伴侶，必須學會如何好好吵架這門學問與藝術。如果你與伴侶所建立的伴侶圈圈是堅固牢靠而安全的，那麼，你其實不必擔心一些衝突爭論會危及你們的關係。你已經能夠掌握彼此所傳遞的失意線索，然後盡速處理與調整。你不會忽略與擱置問題而任由那些傷口化膿潰爛，反之，你會積極去改正錯誤、修復或豎起善意的白旗。

以下提供一些原則作為指引：

一、不允許有人打輸。當然，沒有人想要打敗仗，我確信你與伴侶也不會例外。有些時候，強烈表態與爭取個人意願是很誘人的一件事，每一個人都想要替自己掙回一些勝算的分數與面子。但坦白說，如果最終你的伴侶被擊潰、或因為輸得很慘而放手一搏，或失常失控地引發衝突，請問這樣對你個人有何好處？損人不利己，真的不值得！更何況，即便扳回一局，卻也是付出極大代價而獲得的勝利。

因此，你要重新訓練自己，重新調整衝突的策略。重新思索，該如何拆卸盔甲，減緩衝突的爆發力，而非試圖澈底解決所有衝突。更重要的是，當你吵架時，你們雙方都要贏……不然就一起輸而賠上一段關係。那肯定不是個理想的結局。

二、不允許有人棄權。容我說得更明確：吵得好與棄權或放棄立場是兩回事，更與放棄個人利益毫無關聯。吵得好就是與你的伴侶毫不遲疑、毫不隱藏地投入其中，盡情吵架，但同時又不願過度堅持你的立場。你與對方像跳探戈一樣，一進一退，直到雙方達致一份對彼此都有好處的共識為止。你們將各人的想法放在溝通的平台上，開創一些嶄新的建議與行動，讓彼此都因此而釋懷與心滿意足。

三、每一個衝突都帶來美好的一天。當我提醒你要好好吵架，我其實是建議你的內在大使管好你的內在原始人。談何容易？這一點我們都知之甚深，更何況當雙方陷於激烈的爭吵過程中，要讓內在大使掌握大局，簡直是難上加難。所以，不必期待在第一次嘗試時便要百分之百讓你們的衝突「達標而成功」。如果雙方的爭鬧不斷升溫，你也澈底忘了我所說的話，千萬不要因此而放棄。沒關係，還有機會，明天再試一次。

第九章

凝視的力量：
透過目光接觸來重燃愛火

上一章，我們檢視了一些好好吵架的策略與原則，同時學會盡可能不與伴侶陷入爭奪戰。那些不諳此道的伴侶們，經常不自覺發現自己處於高度警戒的狀態中，不只在衝突過程如此，有時候甚至在一場特殊衝突結束後一段時日，依舊繃緊神經。或許口頭上會喊卡，要求休戰，但在他們的杏仁核底層，其實仍然處於箭在弦上，隨時蓄勢待發的備戰狀態。如此一來，他們之間的關係，彷彿一直陷於綿延無期、沒完沒了的戰役之中。反觀其他伴侶，他們也許已經學會如何掌握一些衝突的訣竅，讓雙方都能持守到最後。他們曉得如何解讀對方，如何在適當時機揮起善意的白旗，又在何時招兵買馬，再戰一回。這些過程與步驟使他們持續處於勢均力敵的狀態。但如果他們之間的愛意逐漸降溫，即便掌握了吵架技巧，這些伴侶仍會在愛意匱乏之中，因為無法重燃愛火而面臨危機。「吵得好」是一回事，但要「愛得好」則又是另一回事了。

我們將從本章內容，學習如何善用你的內在大使與內在原始人去做愛，而非作戰。那是最終極的重新布局，而且不像你所想的那般艱難。其實，你與伴侶早已嘗過親密連結是怎麼一回事；現在還要更進一步去思索，點亮愛火、復燃情意，其實是使你們深刻連結的最首要元素。你最需要做的，就是熟悉各種點燃愛火的方式，甚至早在愛火漸熄之前便投身其中。

情慾遠在天邊

許多伴侶一心想著要如何再創或持守一段更為親密的關係與連結，當他們前來尋求協助時，我經常告訴他們，情慾遠在天邊而愛卻近在眼前。我提醒他們不要混淆這兩者，更別仰賴情慾來重燃他們的愛情，許多伴侶犯下了這個大錯。

成為陌路人

看看這個個案。維特與塔提亞娜今年五十五歲，他們的兩名雙胞胎孩子最近剛離家上大學，這一對伴侶忽然發現生活中開始多出許多兩人獨處的時間，遠比過去任何時候都還要多。一開始，塔提亞娜非常期待早已說好的浪漫旅行。然而，幾個星期之後，她那興致勃勃的滿腔熱情，逐漸被一股無預期的焦慮所取代。當孩子每天在身邊一起生活時，她從未留意自己與丈夫之間其實已漸行漸遠，兩人的距離與落差甚大。過去全家一起吃飯時的話家常，總是圍繞在孩子們的學校活動、運動與功課上。在那樣的情境下，往往很容易略過丈夫在這些互動中顯然較少參與的角色。此外，丈夫總是被大量工作占據：即便在吃晚餐時，他依舊手機不離手，手機緊貼著耳朵是維特的常態狀況。

現在，孩子離巢，獨留兩人在家，塔提亞娜才猛然意識到夫妻倆親密程度的匱乏與疏離。事實上，他們並沒有任何衝突或吵架，嚴格說來，這段關係沒有任何顯著的「不對之處」。如果要挑剔的話，那或許就是他們之間鮮少做愛。即便如此，兩人之間卻也從未開誠布公地承認，那對他們之間確實是個需要正視的問題。事實上，維特經常透過送花與奢華的禮物，來表達他對妻子的愛意，那是他在這段婚姻關係裡持續付出的行動，因為他想讓妻子感受到他天長地久、持續不變的愛。

塔提亞娜決定要和維特談談，看看兩人是否能積極規劃一趟出遊，或許可以藉此重燃兩人之間漸熄的浪漫火苗。塔提亞娜知道維特也很期待這趟旅遊，而且視之為浪漫之旅，因此，她不想提出太批判的個人意見，或對他所安排的行程不以為然。

「我們要去的地方，你想得很仔細了嗎？」某一晚，兩人吃完晚餐後，站起來準備離去時，她試探性地詢問丈夫。其實，那一頓飯吃下來，兩人不過簡單聊了幾句話，貧乏而安靜。

經此一問，維特頓時精神抖擻，轉向她，抓起手機放入口袋裡。「我們在曼哈頓市中心找一間頂樓套房。我們常常說要找個機會待在充滿活力的大都會，不是嗎？下午的時候，我們可以去觀賞舞台演出，晚上去跳舞，然後去最棒的餐廳，博物館……」

塔提亞娜打斷他：「對啊，我們以前確實說過那些計畫，而且我想一定很棒。」她小心翼翼地說：「不過，我們也曾經聊過緬因州，一間有火爐的小屋。你覺得類似這種比較隱祕安靜的地方怎麼樣？」

維特的臉扭曲成一團，他大叫：「寶貝，拜託，這是我們的行程欸，沒有任何花費的限制啊。我們以前帶孩子去過太多度假小屋了！」他隨之大笑，抓著她，以華爾茲的舞步將她引到客廳去。「等著瞧吧，我會精心籌劃一段你這輩子最美好的時光！」

塔提亞娜感知到丈夫的滿腔熱情，不忍讓他掃興與失望。她告訴自己，如果緬因州的安靜退隱只會加劇與突顯兩人之間的距離與疏離，最終親密不成，反倒弄巧成拙了。與此同時，她又忍不住感慨，一趟豪華度假如果少了一些屬於兩人的親密相處與談心時刻，那實在有違彼此想要重建親密關係的本意。

這是一對無能持續點燃愛火的伴侶。他們之間的問題不僅止於愛火熄滅，就連找出疏離的原因都難以做到。他們待彼此像陌路人。維特竟然還刻意營造一種生疏的感覺，自以為可以藉由外在的喧鬧來催生某種情慾渴想，製造一些深情感動。是的，這對伴侶竟如此乏善可陳地度過了二十年婚姻而未曾想過離婚。但是，他們在這些平凡日子裡所感受到的任何興奮喜悅，其實都是不冷不熱的感覺，因為這些感覺是建基於一種存乎距離中的愛，遠在天邊的單薄之愛。他們靠此關係而安頓了長久的一段時日，因為他們根本不曉得要如何擁有一段咫尺之愛。

內在原始人的鑒定：尋找熟悉感

想當然耳，伴侶不盡然總是緊密依偎。至少，我們並非一開始就如此。回想最初的交往與相愛，身為新鮮戀人，我們都是隔著一段距離看見對方，認識對方。我們行注目禮，從各個不同角度來端詳彼此：整體的身型等各部分、衣著、外在修飾、頭髮顏色等等。

我們的頭腦在這個過程中扮演不可或缺的重要角色。它仰賴不同的感官，從周遭的環境中搜尋不同人物的資料，按著這些對象與我們的遠近距離來判斷。比方說，當你看到有人越過房門，你會使用遠端視覺系統（也可以指「視覺背流路徑」）來追蹤對方，看他／她是否持續站在原處或往前移動，或已經遠離視線範圍。這個視覺系統與你的杏仁核還有其他內在原始人串聯合謀，進一步判斷對方到底是否令人安心、是否吸引人、你是否希望他／她向你靠近。記得，內在原始人的主要目標，是讓自己免於被殺。除此以外，他們的存在與價值，是為要使物種得以代代相傳、恆久長存。為此，他們知道如何探測任何潛在的欲望，他們顯然是這方面的專家，即便從遠處探視，也能勝任有餘。

談到配偶的篩選，我們的大腦傾向一套簡單的神經生物學配置，換句話說，大腦比較喜歡熟悉感。一個看起來太疏離的人，比較容易引起錯綜複雜的負荷，進而排斥我們的內在原始人。太多的生疏感是一種威脅（我特別使用「生疏感」這名詞，作為「連結」的反義詞——以此指涉猶如陌生人的特質）。熟悉感外加適度的生疏感，有利於挑起情趣與吸引力，使兩造之間日益親近，身體距離也越來越靠近。然後，當一切靠得夠近了，我們的內在大使終於有機會投入其中，開始進入心理生物學的診斷過程，以此來判斷眼前這個人選，是否符合一段長期伴侶關係所需具備的條件。

到最後，一段愛情的萌芽，必須先通過內在原始人與內在大使兩方聯手策劃的嚴密把關。至於情慾性事，只需要通過內在原始人的審查即可。

愛在咫尺眼前

那麼，當兩人在近處相依偎時會發生什麼事？究竟什麼原因，會引發絢爛耀眼的愛情煙火？我指的，並非只有情慾想像的飛舞火花而已。我認為花一些時間來思索與檢驗神經生物學的動態演出，絕對值得——到底它們如何在這場驚天動地的愛戀情事中粉墨登場，興風作浪？因為這些過程的探究，其實就是這段關係中重燃愛火的關鍵因素。

內在大使的鑒定：親近與個人性

當我們靠近一位潛在的伴侶時，最明顯的一點是，我們的感官開始投入工作。其中包括，我們最首要而重要的親近視覺系統（也有人稱之為「視覺腹流路徑」），這是為了那些被視為安全無虞的人或物件，以及那些被嚴密關照與監督的對象而保留的系統。

當你趨近另一個人，來到一個大約兩、三尺之遙的距離時，當你的大腦開始調整而轉向親近視覺系統時，你可能會發現自己開始猶豫再三、躊躇不前。近距離與另一個人面對面，你的大腦被設定從臉部開始檢視：當你們兩人交流互動時，臉上細緻而柔和的肌肉轉動，皮膚色澤的千變萬化，雙眼的閃爍飛舞與瞳孔的縮放如何與嗡嗡作響的神經系統相互配合。你可以在臉部與身體上看到更多細微的變化。原來，遠距離與近距離看一個人差別如此大。

大部分的人一開始先在近距離掃描臉部，首先聚焦於嘴巴，然後是眼睛。因為我們的右腦擅長社會性與情感性的感知，我們會想要花時間直視別人的左眼（右腦交叉連結於左半邊身體）。於是，我們對對方的凝視，停留在嘴巴、右眼與左眼的三角形部位，但我們基於安全感考量，選擇聚焦於左邊。當然，也有很多例外的狀況。譬如，在一些人的文化與習俗中，直視別人的眼睛被認定是不禮貌或極不妥的舉止。對其他個人而言，因為接受不同的文化影響，有時候避開眼神接觸是為了安全考量，或因為無法從眼神取得任何線索，卻轉而發現嘴巴所傳遞的暗示與訊息，遠比身體其他部位來得清楚了然。

另一個投入近距離工作的感官，是我們的嗅覺。我們依照對方的身體所散發的氣味——不同層次的香味——來進行鑒定，不僅包括濃郁的香水味、男士香水與香皂；我們還可以嗅聞到更為內斂精緻、由內分泌神經系統所分泌的味道，傳遞某種強烈的意含，包括：善意、性刺激、懼怕甚至厭惡。我們可能會進一步配合這些氛圍而做出短暫或持續性的肌膚探觸。我們甚至會感知到比較內隱、含蓄等不同程度的感覺，這些感知充滿力量，而且難以言喻，譬如我們常聽人家說：「當我站在她身邊，我感覺自己心跳加速。」便是詮釋這種情境的實例。

我們如何墜入愛河

我們是在拉近距離時才墜入愛河的。我說的是扎扎實實的愛，而非想像中或隔著遙遠距離類似不切實際的浪漫情愛，也不是戴著情色面具的虛假之愛。

要燃起真愛火苗，靈魂之窗的雙眸，扮演極其重要的角色。當你凝視伴侶的雙眼時，你不只看穿他／她最深切的本質，也看見整齣神經系統的精彩演出。你可以見證由情感、能量與實況輪番轉化的一場內在風貌，如此生動、精彩而瞬息萬變，而這場內在世界的演出，不但描述了你的伴侶，更定義了你的伴侶。

我們的身體，在逐漸老化的過程中，無可避免會出現益顯老態的種種記號。最明顯的記號，如果遠遠觀之，包括髮色、體重、姿態或肢體靈敏度的改變。近距離端詳，老化的記號則包含肌膚上的皺紋與日漸粗糙的手指。但是，你是否注意到，我們身上有一個器官竟神奇地不受老化影響？我們的眼睛！只要我們在思緒上、情感上不斷維持健康，這雙眸就會持續美麗、明亮而炯炯有神。擁有了這雙眼睛，我們彷彿便能隨心所欲地，以此作為恆常相愛的媒介與管道。

持續幾分鐘的眼目凝視，可以帶來身心的鬆懈，全然的安全感，還有完全的投入，與享受頃刻間的當下與此時。依附理論的權威丹尼爾．史登（Daniel Stern）特別稱之為「相見時刻」。

一次又一次的相見

五十幾歲的肯特與珊卓拉，結婚二十五年，孩子們都已成年離家。兩人的身體看起來都很健康，他們以平常心來面對身體的自然老化，並不刻意去積極養身或保健。他們身邊許多朋友都在臉上動了手腳，開始接受一些整形手術與注射療程，但這對夫妻不但抗拒，而且笑看同儕之間所施加的各種「回春伎倆」等壓力，他們對「保持不尋常的青春」，頗不以為然。

肯特與珊卓拉在這段婚姻的起始，便已了解到，兩人彼此凝視與深情對望，會引發重燃愛火的一股強烈力量。肯特說：「當我看著珊的雙眼，我好像一次又一次，重返最初見到她時的當下。」

珊卓拉也以無限深情來回應丈夫，她說：「看肯特，是我這輩子從未感覺厭倦的事。我花很多時間看他的眼睛，那是一種超越言語和詞彙所能形容的感覺。」

最近，肯特與珊卓拉注意到身邊的朋友開始怨聲載道，這些在長久的婚姻關係中經常抱怨無聊沉悶而不滿足的朋友們，大多逃避近距離的互相凝視與對望。這些伴侶們喜歡保持一種距離，經常拿一些情色笑話和議題來開陌生人的玩笑，彷彿幾聲空洞的哈哈大笑，便能解決他們日漸疏離的問題。肯特與珊卓拉甚至懷疑，這些朋友們在婚姻中所承受的單調乏味之苦，說不定是因為缺乏近觀的凝視與對望，乃至無力重燃愛火。

我同意。事實上，當一對伴侶逐漸遠離對彼此的靜態觀察，或選擇一種遠距離便可維繫的想法，那麼，兩人便會越來越容易安於沉悶而乏味的熟悉感。可是，當我們近距離與對方四目交投時，我們不可能繼續維持一種熟悉的狀態。那是因為在近距離中，當我們凝神對望時，我們所看見的，是一種充滿深沉奇異、錯綜多元所交織而成的情感。我們開始對彼此的這份奇異感有所警覺，也藉此使我們保持一份對彼此的新奇感，與無從預知的難以捉摸。這些過程，保留了足以重燃愛情烈火的熟悉感與新奇感。

〔練習25〕

凝視彼此，由近而遠

試試看和你的伴侶一起進行這項練習。你需要較大的房間或寬敞的戶外，好讓你們可以單獨在一起。建議你們可以在回到家之後，在即將結束一天之前，進行這項練習；

當然，你們也可以依照彼此最方便的時間練習。

一、兩人緊靠，或站或坐，彼此的距離不超過兩尺。問你的伴侶，當天過得如何。當你留心聆聽或因不解而提問時，請專注地看著對方的眼睛。你從他／她的眼神中，看見什麼提示或線索？看看你是否能同時留意聆聽與端詳雙眼。千萬不要盯著對方看！只要持續審視你伴侶的雙眼，並從中找出一些訊息。

二、數分鐘後，在對方結束談話之前，你們兩人調整距離，彼此相離，隔遠一點。如果可能的話，請至少保持二十尺的距離。再一次，請你們專注凝視對方的雙眼。和之前相比，你覺得那份連結如何？是否和剛才一樣緊密？

三、最後，再度靠近，然後，總結你們之間的談話。這一次，請把眼睛閉上，只用你其他的感官來進行探觸，譬如嗅覺、觸覺，當然還有聽覺。

四、角色互換，重複上述步驟一至三，這一次，由對方來問候你當天過得如何。

五、完成練習之後，比較彼此的心得與感想。近距離（張開雙眼與緊閉雙眼）凝視與遠距離對望，兩者之間的差別為何？哪一種時刻令你感覺彼此特別緊密連結？

與孤島型、浪潮型的近距離接觸

有些個人，尤其是孤島型與浪潮型伴侶，近距離接觸對他們而言，是個挑戰。他們可能抓不住伴侶所傳出的重要線索，或純粹掌握得不夠快，也可能就是不曉得如何快速修復不協調的一些時刻。當然不至於全盤皆輸或毫無指望，只要浪潮或孤島型伴侶是伴侶的稱職經理人，那麼，他／她總能適時彌補對方的不足。當然，兩人未必都要同時成為深刻了解彼此的經理人，如果有一方真的難以勝任，那麼，另一方就必須略勝一籌，彌補不足。

與孤島重燃愛火

許多孤島型伴侶在面對近距離互動時，面臨某種程度的挑戰與難處，雖然在交往期間，他們這方面的特質並不明顯。一如他們被歸類的名稱與屬性，孤島傾向內省式的凝視，或從遠處冷眼旁觀。

他們的童年經歷，或可解釋他們何以如此。許多孤島型伴侶鮮少在幼年時接收大量的身體接觸，也不曾接受來自父母凝視嬰兒雙眼所帶來的安全感與刺激。反之，他們所接觸的大部分經歷，大多是過度被侵擾、中斷或違和與衝突的。因此，許多成年孤島型人都曾累積一些與伴侶太親近所體會的嫌惡經驗。這些不舒服的負面經驗不只包括凝視，還涵蓋了嗅覺、味覺與觸覺的體驗。許多孤島型伴侶指出，當他們的伴侶試圖靠近他們或想要維繫一種親密的肢體接觸時，他們經常感覺一種無以名狀的惱怒，甚至覺得被侵犯了。他們當下的直覺反應可能是私領域被侵擾了，隨即又為自己的反應感覺歉疚，而試圖以一些委婉的藉口、逃避、退縮或怒氣來隱藏自己的嫌惡感受。

孤島型的朱特，大學時談戀愛期間，最愛深情凝視艾琳。他很迷戀女友深綠色的雙眼。艾琳的瞳孔總是睜得大大的，彷彿天真而誠懇地邀他走進她的生命。朱特心想，那是何等美麗、迷人而安全無邪的一雙眼睛。

結婚兩年後，有些部分改變了。他開始對這雙曾經迷戀不已的雙眼有了另一番迥異的解讀，他覺得艾琳的眼神充滿強求、侵犯、管太多。她的瞳孔看起來細長狹窄，就像小針孔。於是，他不再凝視她的雙眼。當艾琳與他人互動時，他寧願從遠處看她。當妻子向他靠近，想與他有身體上的探觸時，他竟感覺惱怒不悅。她的聲音引起他莫名的怒氣，而她的觸摸有時候甚至令他感覺雞皮疙瘩、不舒服。此外，他也對她呼吸與皮膚的氣味感覺特別怪異。他不再享受彼此的親吻，而且開始有意避開，非不得已時，那就輕輕觸碰一下嘴唇，敷衍了事。

艾琳也是孤島特質，但她努力不去關注那些正在發生的事。她將自己埋首於工作，試圖說服自己，這一切淡漠的表象，不過是已婚夫妻必經的自然過程；那不過是應驗了多數人所說的：「婚姻是愛情的墳墓」。

朱特開始慌了。他開始自問，到底自己的知覺感官怎麼了？是什麼原因造成如此轉變呢？難道他不再愛了嗎？他理所當然地如此認定。他逃離所有與艾琳親近的探觸，因此，他無從與她重燃愛火。他根本無能與她一同激起任何生疏感或新奇感。她對他而言，過度熟悉了，熟悉得了無新意。與此同時，朱特開始遠遠地與婚姻以外的他者建立情色關係。他偶爾與其他女人搞曖昧，甚至玩起一夜情，想從性愛與浪漫關係上尋找刺激與歡愉，一如他以前與艾琳所做的那樣。可一旦有哪個女人開始有進一步的要求或想要持續介入與交往，他的厭惡反應隨即啟動，二話不說，立刻速速切斷所有關係與聯繫方式。

當艾琳發現他在婚姻裡的背叛與不忠，並將他踢出家門時，朱特才不得不坦承自己的問題。歷經兩週的痛苦分離，朱特承認自己的錯，祈求艾琳再給他一次悔過的機會。艾琳同意與他修復關係。慢慢的，兩人開始再度「約會」。他再一次享受凝視她深綠色的雙眼，他的感官再度開啟，重新愛上她的嗅覺、味覺與觸覺。她的聲音溫暖他，一如最初兩人邂逅時的那般柔情。隨著這些為妻子而更新後的愛意，朱特的返家之路走得輕鬆自如。只不過，好景不常，如此美好與親密的感覺，轉瞬便又消失了，朱特的嫌惡感再度席捲而來。

「我到底是怎麼了？」他開始有些擔心，日夜不停地自問。

還好，這一次，艾琳已經認清問題癥結，曉得要說服朱特，一起與她尋求伴侶諮商的協助，將這些越來越嚴重而且無法靠自己解決的難題，一一陳述，尋求解套。

與浪潮重燃愛火

不像孤島型，浪潮型比較喜歡善用他們的感官，甚至渴望長時間、近距離的身體親近。浪潮型比較不會在肢體親密上，對伴侶產生嫌惡反應，除非他們曾歷經一些身體或性侵等創傷，那些過去的傷害可能會遏制他們對親密感的渴求。

由於浪潮型是渴望親密感的，因此，他們會顯得過度熱衷，有時候甚至逾越了隱私的範疇而對伴侶造成威脅感，尤其如果遇到孤島型伴侶的話，他們對過度積極的趨近行為很敏感，恐怕會招來排斥。浪潮型可能無感於他們的行為對身邊伴侶所造成的影響，因此他們不會為此而修正自己過度躁進的錯誤。

與孤島型迥然不同的浪潮型，因為在幼年時經歷足夠的肢體接觸，所以經常侃侃而談許多被父母凝視端詳的美好記憶。當他們談戀愛和交往時，浪潮型毫不隱瞞自己對親密感的渴望與主動，這些特質使他們顯得格外迷人，充滿吸引力和誘惑力，令人難以招架。然而，一旦關係穩定發展之後，浪潮型開始接收到某種隱然的威脅，包括被拒、迴避退縮或處罰——不管是實況或純然自己的想像。浪潮型對「被拒絕」容易產生過度敏感的反應，因而容易引起某種負面的預期，這往往使他們先發制人，不但先拒絕他們的伴侶，而且失去重燃愛火的能力。

浪潮型的康秀拉，把她與荷西的愛情視為美夢成真的故事。同為浪潮型的荷西，是個充滿朝氣、時髦、活潑而樂趣無窮的人。他們之間的性生活，套用康秀拉的形容詞，簡直就是「無比美好」！她從頭到腳，全人全心地投入這段愛情中。

當他們結婚後，康秀拉開始留意到，荷西在一些事情上，慢慢出現一些被她視為遠離彼此親密接觸的行為舉止。比方說，有一晚，他們在最喜歡的餐廳吃飯，兩人聊到下一週要去探望康秀拉的父母，忽然之間，荷西毫無預警地終止兩人的眼神接觸，將目光移走。

康秀拉立即發現但默不作聲，因為她擔心荷西會因此而找個理由不去探視她的家人。她知道荷西從來就不像她，樂於享受與家人共處的時間。

稍晚，當這對夫妻準備上床休息時，康秀拉再也無法壓抑心中的關切，於是開始詢問丈夫，急著想要一個答案：「你今晚吃晚餐的時候，為什麼故意躲開？」

荷西掩不住驚詫的表情，回答：「你在說什麼啊？」

「當我們聊到要去探望我爸媽，你並沒有看著我的眼睛。」

「啊？有啊，我看你啊，我一直都在看著你啊。」當康秀拉堅持丈夫沒有與她四目交投時，荷西開始防衛與辯駁：「好吧，我當時在挑魚刺，好嗎？難道你要讓我被魚刺插死嗎？」

康秀拉關燈，她背對著荷西，默然而絕望地自問：「怎麼了？我到底做了什麼才會造成這樣的轉變？」

此後，還有一些對質的情況不斷發生。每一次，荷西都堅決否認他對妻子有任何負面的感受或舉止。他堅持自己仍深愛她，甚至比婚前更愛她。

然而，康秀拉卻不以為然，她壓根兒不相信他所說的話。不管荷西如何否認，她開始將丈夫的所有眼神都解讀成拒絕、退縮與逃避。於是，康秀拉與丈夫漸行漸遠，她有時候會以為丈夫理應懲罰她，而莫名地火冒三丈，甚至為此而主動出擊，找機會報復與懲罰丈夫。當荷西嘗試凝視她時，她反倒避開了。不僅如此，康秀拉轉而往外冀求，她開始留意周遭環境中對她注目的雙眼。當發現其他男人對她表達傾慕之意或至少想認識她時，她經常為此而沾沾自喜。不久，康秀拉開始與一位年紀較長、充滿魅力的男人阿曼，展開一段婚外情。阿曼說服康秀拉與他進一步交往。她同意了，而且深信自己在這段新戀情中，再度發掘曾經一度與荷西所創造的興奮與美好。

然而，這段戀情並未維持太久便已開始變質。一如她原來的婚姻，康秀拉開始發現，阿曼那雙原來充滿愛慕的眼睛，曾幾何時，開始轉為輕蔑與鄙視。當她努力想要與荷西重修舊好時，她同意一起尋求伴侶諮商的協助。藉由心理諮商師的幫助，他們得以理解自己那股毀滅性的浪潮傾向，並重新點燃彼此的愛意。

第九階段引導原則

這本書的第九階段引導原則是，伴侶可以隨時透過四目交投的眼神接觸，重燃愛火。呼喚你與伴侶的內在原始人和內在大使，藉此而刻意投入那段起初的愛戀。乍聽之下，簡單得令人質疑，但最終的結果卻異常理想。你所做的這些努力，相當於阻撓與切斷你大腦的備戰狀態。假如你尚未開始以此方式來重新出發，建議你先試試看，再做出回應與判斷，或許會比較公允。

此時，我在這裡特別提供一些支援性的原則，作為引導：

一、不要害羞。有些人天生內向，動輒羞怯臉紅，要他自在地定睛凝視一個人——即便是他／她所愛的人——也會讓他／她很不自在。尤其對孤島型特質的伴侶，眼神對望是困難的功課。但其實，有些錨定型與浪潮型的人，也會不習慣長時間與伴侶目不轉睛的眼神接觸。鼓勵你勇敢跨越自我設限的框架。同時，如果你們當中一個人或兩人都感覺害羞不自在的話，請讓你自己首先融入其中。如果那種不舒服與不自在持續發酵，請好好檢視與反省，到底是什麼緣由使你望而卻步，使你們彼此無法感受內、外在的安全感？

二、多管齊下。我強調眼神接觸，因為那是重燃愛火最富有潛力的方式。但不要忽略其他的感官刺激，它們同樣充滿爆發力。你可以嘗試將本章提及的「我看見你」練習，調整為「我摸著你」的練習，甚至嘗試以其他譬如嗅覺與味覺來取代。

三、不要等待。如果你想要等到和伴侶衝突結束以後，再開始透過眼神接觸來重燃愛火，那麼，恐怕太遲了，至少就這個例子和理由而言確實太遲。當張力微弱時，你要提早練習。重點是，總要竭盡所能找出策略來重新布局，好讓你的內在大使提前在內在原始人發動攻擊以前，做好一切擺陣與萬全的準備。然後，當張力與衝突爆發時，那些加倍愛意的反應，將內化而成為你的第二份本質。

第十章

幸福的人生：
好的伴侶關係讓你身體更健康

想像你們家的管線配置出現滴漏狀況，而你已經超過三十年未曾仔細檢查過每月寄來的水費單據。現在，你才赫然看到單據上所顯示的數字，你被嚇得目瞪口呆。你竟然任由漏水狀況持續了那麼久，不只如此，想想看這些年來所流失和浪費掉的龐大水量……

現在，讓我們假設相同的測量狀況，也發生在你體內的能量消耗。想像你的壓力系統，從出生後的嬰兒時期至今，從不曾詳細檢查你究竟耗費了多少能量在適應人生各種壓力上？不僅止於此，還要再加上那些一次性使用、無法更新的能量，如此計算下來，所耗費的數量，肯定相當驚人。換句話說，這些能量，因為壓力，而一點一滴滲漏了一段長時間，一如那些從裂開的水管所流出去的水，再也無從回收。

你所收的那份整體消耗的壓力「清單」，正是布魯斯．麥克尤恩（Bruce McEwen）與其他科學家所說的「身體調適負荷」，那也是我們這一生為了適應各種不同狀況所付出的代價。身體調適負荷，包括四大主要生理學系統：心血管系統、自身免疫系統、發炎系統與新陳代謝系統。如果我們長時間累積了沉重的身體調適負荷，那麼，我們的身體將在這四大系統之一或整個系統裡引發各種疾病，包括心臟病、糖尿病、關節炎與一種稱為纖維肌痛的慢性疼痛症狀。

我們與他者的關係，尤其是我們投入最多、最主要的關係，將大大影響我們的身體調適負荷，或減低負荷，或加強負荷。當然，也可以正負一同施力，至於何者勝出，最終仍要由你自己來決定。有些個體——譬如孤島型，當然也包括許多浪潮型——他們會為了追求獨善其身而寧可選擇放棄關係，放棄他們最主要的關係；因為對他們而言，投入一段親近關係所需要承受的壓力，實在太大。他們可能想要逃避壓力，但也同時逃避了親密感。其他人或許早已預備好要追求一段深度的關係，但最終卻落得傷痕累累，在婚姻或其他關係的連結中，飽受各種受虐、被棄或其他各種現實的折騰與磨難。他們在關係裡所承受的壓力，使他們深陷患病的危機之中。當然，也有人在親密關係裡重新找到充滿生命力、充沛與輕鬆自在的能量。

我們要將最後一章的焦點，放在危害健康與有利健康的探討上，這兩者都出自人生中最主要的關係。當你一邊閱讀時，請一邊考量你將如何落實在你的關係經營上，以確保你能舒緩關係中的壓力，同時致力於追求一個更健康、更快樂的人生。

隱性壓力的危害

如果你請一對伴侶去辨識出他們生活中最主要的壓力來源，極有可能他們不會指向彼此的關係。但我卻發現在許多個案中，彼此的關係恰恰是他們感受壓力的源頭。只是，對一些伴侶而言，這意謂著盲點。

雖然他們可能警覺到生活中其他方面的壓力，譬如上司所加諸於工作的壓力，或經濟上的問題，但他們通常不以為這段關係有什麼壓力。

拉爾夫與羅萊恩在一起生活已有三十年。婚姻生活走到半途時，或明示或暗示，兩人都同時發現這段婚姻一直存在一些懸而未決的問題。譬如說，當兩人發生衝突時，拉爾夫會說：「你再不停止這樣大吼大叫，我會讓你從此找不到我！」事後他會說：「我不曉得，可能我真的不適合結婚吧。」

輪到羅萊恩生氣時，她會說：「如果你再胡扯那些討厭的廢話，我發誓我一定會馬上離開消失！」

通常就在這些時候，這對夫妻的其中兩個孩子開始出現憂鬱與焦慮的症狀。羅萊恩也跟著開始出現一些令人費解卻又無法言明的身心症狀與疾病。她的免疫系統開始妥協，然後她也開始變得鬱鬱寡歡。有心臟病家族病史的拉爾夫，也開始成為急診室的常客，不時聽見他抱怨心悸。

幸好，拉爾夫與羅萊恩都能夠一起接受心理諮商治療，試圖從致病的最根本問題找出原因。人生已經夠艱辛了，但如果彼此恆常活在擺脫不了的威脅中——威脅終結關係與終止生命，那無疑是更大的磨難。旁人看來問題很明顯，但對拉爾夫與羅萊恩而言，似乎卻不是那麼一回事。長久以來，他們已習慣以此作為自我防護之道，渾然不覺這樣的威脅如何根深柢固地影響自己，也影響家裡的其他成員。他們沒有意識到自己已然成為對方的負擔，加重對方的身體調適負荷。除了口不擇言的威脅之外，他們也瞧不起彼此，互相輕蔑，無法真誠相待。

拉爾夫與羅萊恩同意要停止互相威脅的行為舉止，當他們開始痛定思痛而付諸行動時，神奇的事發生了。羅萊恩的健康幾乎立刻大為改善，包括她的憂鬱症。而拉爾夫也不再感覺心悸了。孩子們顯得更快樂，不論在家裡或在學校以及他們的社交圈，都比過去適應得更好、更如魚得水。羅萊恩與拉爾夫偶爾仍會爭執，也會交相指責與互相抱怨，但他們不再說出對這段婚姻或彼此生命的威脅與恐嚇等言論。

可以惱怒但不可威脅

我常告訴伴侶們，在他們的伴侶圈圈裡，他們可以或說或做些令人討厭的事，但千萬不要在言語行為上威脅他們的伴侶。有時候，臉上的笑意看起來是無比惱怒，但之後再一笑置之就好了。但威脅卻不然，威脅會嚴重削弱你的安全感。更何況，你對威脅的定義與認定其實不重要，重要的是你的伴侶如何感受，一旦對方將你的行為舉止解讀為威脅，那你就有問題了。我們現在特別列出一些被認定為最典型的威脅行為：

- 暴怒
- 毆打或其他形式的暴力行為
- 威脅到婚姻關係的破壞或終結
- 威脅伴侶
- 威脅伴侶身邊重要的他者
- 堅持太久而堅決不願放手
- 拒絕修復關係，拒絕修正原來的錯誤
- 不告而別超過一或兩個小時
- 持續頑梗固執，對所犯的錯毫無悔意、不願道歉
- 慣性外遇或慣性的不正當行為
- 長時間將個人興趣優先置於兩人關係之上

♥ 對伴侶表露出鄙夷不屑（屈辱對方的言語，例如「你這個白痴笨蛋」等）
♥ 表露出對伴侶的反感與嫌棄（厭惡或排斥，例如「你讓我覺得噁心」等）

琳·卡茲（Lynn Katz）與約翰·高特曼曾經針對羞辱性言語對伴侶的傷害深入研究，他們發現這些負面的攻擊性語言不但使彼此的婚姻岌岌可危，也會對孩子的行為帶來破壞性的影響。高特曼甚至將這類羞辱配偶的言談，包括他所定義的嫌惡、輕視、貶損與冷嘲熱諷，列入導致離婚的重要前兆。

如果你的親密關係中開始出現以上這些狀況，那麼，你與伴侶一起生活已經造成張力與對彼此的威脅，最終，必然危及你們共同承諾要悉心守護的安全感。記得伴侶之間是互相連結的：夫唱婦隨，形影不離。因此，你若威脅對方或對方感覺被威脅，抑或角色對調，對你們彼此而言都不是好事。你必須要在你們的關係中，盡快除滅任何對彼此造成威脅的言談舉止。如果你發現自己無能為力而需要藉助心理諮商的外援，一如拉爾夫與羅萊恩的個案，請不要遲疑，盡速求助，我實在想不出還有什麼比投資在婚姻關係更有價值的事！

［練習26］

檢視壓力指數

提及家庭的壓力指數，你覺得自己可能有視而不見的盲點嗎？以下問題，如果你的答案都是肯定的「是」，那麼，恐怕你的壓力指數已達危及關係的高標了。

一、你或你家裡的其他成員，是否飽受一些長期而難以解釋的身體不適與小病，譬如消化問題、失眠、慢性疼痛、慢性疲勞或過敏？是否有任何自主免疫系統或發炎症狀的問題？

二、你或你家裡的其他成員是否飽受憂鬱症或焦慮症之苦？或承受任何情緒負荷過重的問題？

三、你或你的伴侶之所言與所行，已被感知為一種威脅嗎？

四、你與你的伴侶經常吵架嗎？

我知道這些都是不容易面對與回答的問題。但你若不問、不檢視，你不但要冒失去這段關係的風險，最終還將使你的健康與一生福祉都深受其害。

在伴侶圈圈之中療癒

其實，單單降低家中的壓力指數還不夠：你的這段親密關係可以也應該被視為支撐你身心健康與幸福的最強大力量。讓我們來看看其他伴侶如何處理這個議題。

蘇西與塔瑪拉都來自鮮少有任何肢體接觸與互動的家庭。憶起彼此的童年，兩人都沒有任何被擁抱、被哄睡、被親吻的記憶。身為伴侶，蘇西與塔瑪拉同時是好朋友，而且常常為彼此與他們的關係設想。偶爾，他們會起衝突，但彼此從未口出威脅的惡言。但在真實生活中，他們活在兩條平行線上，鮮少有任何肢體間的接觸。他們分房睡，彼此之間相敬如賓，沒有太多親密的愛慕或親熱的舉止。

蘇西與塔瑪拉對日益加劇的焦慮感頗有微詞，但兩人都不太善於緩和與安撫對方。他們從未發覺，長時間的身體距離與缺乏身體的親密感，已讓彼此為此付上代價。塔瑪拉的身體不太好，長期以來飽受纖維性肌肉疼痛、皰疹病毒症候群所苦，隨著年齡漸長，這些身體不適的狀況日益嚴重。蘇西的健康問題也亮起了紅燈，包括腸躁症、糖尿病、肥胖症與關節疼痛。

當這對伴侶接受諮商治療後，才終於發現，原來彼此近乎零的肢體互動，竟是健康問題的禍首，然而，改變從來不是一件容易的事。這一對伴侶的幼童記憶，都是鮮少被擁抱的孩子，因此，兩人對親密的肢體碰觸都有強烈的排斥與抗拒。雖然他們從未像其他伴侶那般彼此吸引與戀慕，但他們卻願意著手建立屬於他們的伴侶圈圈。他們開始調整睡眠空間，一起睡在同一間房間，甚至在夜晚時一起摟抱、相依偎。不消多久，兩人很快就發現，這些轉變竟使他們減少對身體不適的唉聲歎氣與抱怨。

我們都需要被探觸與撫摸

從科學的角度來說，自五〇年代以來的科學論據都不斷強調，每一個孩子都需要被撫摸、被抱以及哄睡般被搖晃懷抱。哈利．哈洛（Harry Harlow）與包括詹姆士．普利斯考特（James Prescott）的其他學者，都曾以恆河猴的研究而被許多人津津樂道，研究結果顯示，猴子對身體的探觸與擁抱，遠比對食物還要強烈渴望。其他的研究包括約翰．鮑勒迪（John Bowlby）、瑪格麗特．馬勒（Margaret Mahler）與其研究團隊，以及大衛．斯特恩（David Stern）等人，都在各自的研究中發現，人類幼嬰與孩童對身體觸摸有特殊的需求，這份需要會不斷延續至成年階段。我們都需要被撫摸、被擁抱、被緊抓，有時候還需要被人哄睡懷抱。即便在最微弱的壓力之下，倘若得不到任何擁抱與撫摸，我們的內在原始人始終不得平靜。

還記得第二章提到倫敦的送貨司機，因為工作的需要而發現他們頭腦裡的海馬迴長得比一般人還要大嗎？布麗吉特．艾普費（Brigitte Apfel）與其團隊曾經針對波斯灣戰爭退役軍人，進行一項研究，結果顯示，飽受慢性壓力之苦的退役軍人比恢復壓力創傷的軍人，擁有更小的海馬迴。此結果的其中一個解釋是，我們大腦裡的海馬迴其實在承受了一段時間的壓力之後，會慢慢萎縮。不只海馬迴會隨著壓力反應而調校大小，慢性壓力也會抑制與掌控壓力荷爾蒙的釋放。我們從來就無法決定海馬迴的大小，但這一切，其實是為要讓我們明白一件極有價值的事，那就是，有一些我們或許早已習以為常、視為理所當然的事——包括我們花在撫摸或擁抱的時間——其實可以帶來可量化的神經生物學研究數據等後果。

更何況，彼此撫摸與擁抱，還能降低風險與危害，意義非凡。

［練習27］

肢體的親密接觸

你與伴侶花多少時間在親密的身體接觸上？我指的不只是做愛，當然那是親密接觸之一，但應該還有比做愛更多的舉止，譬如：深擁、摟抱、依偎、牽手、親吻、按摩等等。這些親密行為不只為我們帶來無限歡愉，更是我們的良藥——有助於修復你的身體，也可以作為預防性的療癒管道，以維繫你的健康。

如果你還沒啟動這些親密行為，建議你將以下這些功課，加入你下一週的日常規律行動中。

一、每一天，找出一段至少可以讓兩人完整相處的十分鐘，可以是晚間睡前，或任何一段對你們方便的時間。

二、將這段時間「分別出來」，單單作為你們身體親密探觸的時間。沒有性愛！但可以依偎、摟抱、彼此表達關切甚至像哄嬰兒入眠般搖晃抱抱。如果你對身體的親密觸摸感到不自在，仍鼓勵你勉強自己去練習，然後坦誠與伴侶分享你的感受。極有可能你的觸摸經驗經常令你感覺反感與排斥。但那不代表你需要一直保持那種負面感受，對嗎？我們現在談的是關乎你健康的事呢！

三、這一次，請特別留意這些親密互動的練習之後，你的壓力指數與身體健康有沒有顯著的效果與影響？也許你想在一週以後持續這樣的親密互動練習，藉此一窺身體觸摸所帶來的完整效果。很多人在一開始的前幾天，便已明顯感受到正面效果，如果你毫無所感，那確實令人驚訝。

第十階段引導原則

第十階段的引導原則是，伴侶之間可以舒緩彼此的壓力與增進彼此的健康。以此重點作為這本書的總結，我覺得再適切不過了，就實際的成效上，這一點確實緊扣著我們已經討論過的主題。回頭檢視與前幾章相關的內容重點，我們的底線——譬如，建基於坦誠相待的伴侶圈圈、訓練有素的內在大使，得以好好安撫內在原始人，讓它在掌控之內、以及手頭上一份對親密關係及時更新的個人手冊——這一切，不外乎幫助你與你的伴侶遠離一切壓力源頭；你們也將藉此而打造更健康的身心靈，更幸福的生活。

以下提供一些幫助你落實原則的具體方法：

一、管理彼此的壓力。近幾年來，有關如何降低壓力的技巧與方法俯拾皆是。你或許對此早已熟悉——時間管理、三餐規律、睡眠充足、運動規律、放鬆舒壓等等，不勝枚舉。然而，其中一個最常被忽略的壓力管理方法，便是身邊伴侶所扮演的關鍵性角色。我以為，身為了解對方的專家，你已經對大腦如何運作的過程瞭若指掌，因此，你其實可以在你的個人手冊上，再額外記錄與附加一些不同的減壓方法。先掌握令伴侶感覺糟糕的三、四件事，有助於你對壓力的檢視與省察，說不定還會令你期待有加。

藉由相互支持去參與一些健康活動，努力維持生活型態的平衡，你與伴侶可以由此而紓解沉重的壓力。比方說，如果你發現伴侶的睡眠不夠，不要置身事外而是積極介入，一同找出解決之道。也許你自願承擔多一些家務，直到對方補充足夠的睡眠。如果你的伴侶在運動上疏忽怠慢了，那麼，或許是陪對方一起去健身房了的時候。假若伴侶辛苦工作了一天，那麼，或許當晚該去租借那部你們討論過的喜劇片，陪對方一起輕鬆嬉笑與舒壓。

二、對獨特的壓力經驗要多加留意。當你協助管理伴侶的壓力時，記得，每一個人面對與處理壓力的經驗與方式，不盡相同。比方說，一名稅務查賬員使你壓力倍增而輾轉難眠，但或許對你的伴侶而言，那不過是雷達螢幕上的一個細小影像，微不足道。就此情境來說，你們對財務事務的體驗與反應，來自你們迥然有別的不同經驗與感受。所以，當你試圖要灌輸個人對此壓力的評價之前，請務必謹慎行事。記得，你對他／她知之甚深，而且是稱職的專家；所以，當你想要幫助伴侶減壓時，請感同身受，務必要站在對方的角度與立場去同理。當然，有朝一日，情境對調時，你的伴侶也將如此待你。

三、年歲漸長⋯⋯並非所有身體疾病與病痛都源於壓力，但壓力肯定會強化與惡化任何疾病。當你與伴侶年紀漸長一同步上老化階段時，你們終究難以避免要面對自然律在身體上所帶來的各樣挑戰與改變。然而，我們知道，因著彼此全心投入、真心相愛，同時學習如何緩和衝突，學習放棄利己優先的選擇，而選擇對彼此有利的途徑等等，終將使你們的關係更為堅固牢靠，且在過程中不斷使自己為愛而連結，如此一來，幾乎可以肯定的是，你已立於最佳位置之上，因此，充分享受快樂、健康與終極滿足的人生，是指日可待的事。

後記

當所有該說、該做的都已然完成，那麼，我們多半會盡力而為，而且不會帶著搞砸關係的心態進入一段關係。我們竭盡所能去愛，也享受被愛。然而，無論我們的心態與動機如何崇高與美好，有一天當我們赫然驚覺自己竟把關係搞得灰頭土臉時，大多數原因是因為我們漫不經心，灰心放棄，或從來沒聽過這本書所提及的任何內容，甚至連其中一個原則與觀念都不知道。

這一切內容，對讀者而言，無疑是一份希望，因為我們所面對的事實是，你仍然可以為愛而連結，即便無法落實於眼前這段關係裡，但至少你可以為了下一段關係做好預備。永不嫌遲。不會有人入寶山而空手返回，每一位閱讀這本書的人，最終都能找到出路，把事情做好，把關係搞好。

還好，親密關係不像棒球，一旦三振就要出局。伴侶們的選項其實不少，而許多資源也唾手可得。宇宙天地不斷投擲新的機會到我們眼前，催促我們再做一次，努力修復關係，不管是與原有配偶的舊關係，或與新對象所建立的關係，打點一切後，由此重新出發。我們只需要想像一個更具原則性的理由，讓彼此牽連在一起，設想一個更能提升與深化生命的目標，好讓我們與另一個人，共同投入一段深度關係與連結中。這些目標，必須建基於幾個原則之上：真實而對等的相互性；毫無保留地將我們自己付出予我們所選擇的對方；按著彼此的本相，包括那些令人討厭的特質，真情實意地互相接納。

誌謝

首先，我要特別感謝我親愛的編輯兼好友，朱・柏曼（Jude Berman）。我不諱言，當我的逃避與閒懶本性蠢蠢欲動時，她總是不厭其煩地催促我要持續書寫。如果少了她的引導與溫柔的鞭策，我想，不會有這本書的問世。我這一生中有許多重要的導師，他們的恩情，我一輩子都還不清，請容我一一介紹：亞倫・思寇（Allan Schore）、瑪麗安・所羅門（Marion Solomon）、史蒂芬・珀哲思（Stephen Porges）、派特・奧楨（Pat Ogden）、哈維爾・韓瑞斯（Harville Hendrix）、約翰・高特曼（John Gottman）等等。

參考書目

Ainsworth, M. D. S., S. M. Bell, and D. J. Stayton. 1971. Individual differences in strange situation behavior of one year olds. In *The origins of human social relations,* edited by H. R. Schaffer, 17-57. New York: Academic Press.

Apfel, B. A., J. Ross, J. Hlavin, D. J. Meyerhoff, T. J. Metzler, C. R. Marmar, M. W. Weiner, N. Schuff, and T. C. Neylan. 2011. Hippocampal volume differences in Gulf War veterans with current versus lifetime posttraumatic stress disorder symptoms. *Biological Psychiatry* 69(6):541-548.

Bowlby, J. 1969. *Attachment and Loss.* New York: Basic Books.

Dittami, J., M. Keckeis, I. Machatschke, S. Katina, J. Zeitlhofer, and G. Kloesch. 2007. Sex differences in the reactions to sleeping in pairs versus sleeping alone in humans. *Sleep and Biological Rhythms* 5(4):271-276.

Fisher, H. E., A. Aron, and L. L. Brown. 2005. Romantic love: An fMRI study of a neural mechanism for mate choice. *The Journal of Comparative Neurology* 493(1):58-62.

Gottman, J., and N. Silver. 2004. *The Seven Principles for Making Marriage Work*. London: Orion.

Hanson, R., and R. Mendius. *2009. BuddhaJs Brain: The Practical Neuroscience of Happiness, Love*, and Wisdom. Oakland, CA: New Harbinger.

Harlow, H. 1958. The nature of love. *American Psychologist* 13:673-685.

Katz, L. F., and Gottman, J. M. 1993. Patterns of marital conflict predict children's internalizing and externalizing behaviors. *Developmental Psychology,* 29(6):940-950.

Kiecolt-Glaser J. K., T. J. Loving, J. R. Stowell, W. B. Malarkey, S. Lemeshow, S. L.

Dickinson, and R. Glaser. 2005. Hostile marital interactions, proinflammatory cytokine production, and wound healing. *The Archives of General Psychiatry* 62(12):1377-1384.

Larson, J. H., D. Crane, and C. W. Smith. 1991. Morning and night couples: The effect of wake and sleep patterns on marital adjustment. *Journal of Marital & Family Therapy* 17(1):53-65.

Lucas, R. E., and A. E. Clark. 2006. Do people really adapt to marriage? *Journal of Happiness Studies* 7:405-426. doi: 10.1007/s10902-006-9001-x

MacLean, P. D. 1996. Women: A more balanced brain? *Zygon* 31(3):421-439. doi: doi:10.1111/j.1467-9744.1996.tb00035.x

Maguire, E. A., D. G. Gadian, I. S. Johnsrude, C. D. Good, J. Ashburner, R. S. Frackowiak, and C. D. Frith. 2000. Navigation-related structural change in the hippocampi of taxi drivers. *Proceedings of the National Academy of Sciences* 97(8):4398-403. doi:10.1073/pnas.070039597.

Mahler, M. S., F. Pine, and A. Bergman. 2000. *The Psychological Birth of the Human Infant Symbiosis and Individuation.* New York: Basic Books.

McEwen, B. S. 2000. "Allostasis and allostatic load: implications for neuropsychopharmacology" *Neuropsychopharmacology* 22(2):108-24. doi: 10 .1016/S0893-133X(99)00129-3

Pakkenberg, B., and H. Gundersen. 1997. Neocortical neuron number in humans: Effect of sex and age. *The Journal of Comparative Neurology* 384(2):312-320.

Porges S. W. 1995. Orienting in a defensive world: Mammalian modifications of our evolutionary heritage. A Polyvagal Theory. *Psychophysiology* 32: 301-318.

Prescott, J. W. 1975. Body pleasure and the origins of violence. *Bulletin of Atomic Scientists* (Nov.):10-20.

Sapolsky, R. M. 2004. *Why Zebras Dont Get Ulcers* (3rd ed.). New York: Holt.

Smith, T. 2006. *American Sexual Behavior: Trends, Socio-demographic Differences, and Risk Behavior.* Chicago, IL: University of Chicago National Opinion Research Center.

Stern, D. N. 1998. *The Interpersonal World of the Infant: A View from Psychoanalysis and Developmental Psychology*. London, UK: Karnac Books.

Stern, D. N. 2004. *The Present Moment in Psychotherapy and Everyday Life.* New York: Norton.

Stutzer, A., and B. S. Frey. 2003. Does marriage make people happy, or do happy people get married? *The Journal of Socio-Economics* 35(2): 326-347.

Troxel, Wendy M. 2010. It's more than sex: Exploring the dyadic nature of sleep and implications for health. *Psychosomatic Medicine* 72(6):578-586.doi:10.1097/PSY.0b013e3181de7ff8

Waite, L., and M. Gallagher. 2000. *The Case for Marriage: Why Married People Are Happier, Healthier, and Better Off Financially.* New York: Doubleday.

Weaver, J. 2007. Many cheat for a thrill, more stay true for love. Accessed September 5, 2011. http://www.msnbc.msn.com/id/17951664/ns/health -sexual_health/

Winnicott, D. W. 1957. *Mother and Child: A Primer of First Relationships.* New York: Basic Books.

BC1054

大腦依戀障礙：

為何我們總是用錯的方法，愛著對的人？

Wired for Love:

How Understanding Your Partner's Brain and Attachment Style Can Help You Defuse Conflict and Build a Secure Relationship

作　　者　史丹・塔特金 博士（Stan Tatkin, PSYD）
譯　　者　童貴珊
責任編輯　田哲榮
協力編輯　朗慧
封面設計　黃聖文
內頁排版　李秀菊
校　　對　蔡昊恩

發 行 人　蘇拾平
總 編 輯　于芝峰
副總編輯　田哲榮
業務發行　郭其彬、王綬晨、邱紹溢
行銷企劃　陳詩婷
出　　版　橡實文化 ACORN Publishing
地址：10544臺北市松山區復興北路333號11樓之4
電話：02-2718-2001　傳真：02-2719-1308
網址：www.acornbooks.com.tw
E-mail：acorn@andbooks.com.tw
發　　行　大雁出版基地
地址：10544臺北市松山區復興北路333號11樓之4
電話：02-2718-2001　傳真：02-2718-1258
讀者傳真服務：02-2718-1258
讀者服務信箱：andbooks@andbooks.com.tw
劃撥帳號：19983379 戶名：大雁文化事業股份有限公司

印　　刷　中原造像股份有限公司
初版一刷　2018年2月
初版五刷　2020年7月
定　　價　380元
ISBN 978-957-9001-42-7

國家圖書館出版品預行編目資料

大腦依戀障礙：為何我們總是用錯的方法，愛著對的人？／史丹・塔特金（Stan Tatkin）著；童貴珊譯. -- 初版. -- 臺北市：橡實文化出版：大雁出版基地發行, 2018.02
面；　公分
譯自：Wired for love : how understanding your partner's brain and attachment style can help you defuse conflict and build a secure relationship
ISBN 978-957-9001-42-7（平裝）
1. 認知心理學　2. 兩性關係
176.3　　107001064